U0128721

古繼堂論著集

古 繼 堂 著

文 學 叢 刊

文史哲出版社印行

國家圖書館出版品預行編目資料

古繼堂論著集 /古繼堂著 - 初版-- 臺北市：
文史哲, 民 102.07
頁；公分（文學叢刊；302）
簡化字版
ISBN 978-986-314-128-0（平裝）

848.6   102013334

文 學 叢 刊 302

古繼堂論著集

著　　　者：古　　　　　繼　　　　　堂
出 版 者：文　史　哲　出　版　社
http://www.lapen.com.tw
e-mail：lapen@ms74.hinet.net
登記證字號：行政院新聞局版臺業字五三三七號
發 行 人：彭　　　　　正　　　　　雄
發 行 所：文　史　哲　出　版　社
印 刷 者：文　史　哲　出　版　社
臺北市羅斯福路一段七十二巷四號
郵政劃撥帳號：一六一八○一七五
電話886-2-23511028 ‧傳真886-2-23965656

定價新臺幣六○○元

中 華 民 國 一 ○ 二 年 （2013）七 月 初 版

ISBN 978-986-314-128-0   09302

古继堂论著集

目　　次

自序：回首浪漫的年代

　　我和我的夫人胡时珍，牵手风风雨雨走过了五十年的漫长征途。如今借金婚纪念之际，讲讲我们的故事，也是件赏心乐事。我们俩是武汉大学六十年代的同学。她是经济系的高材生，我是中文系小有影响的诗人，那时文科的公共课程中有俄语，这门课是我所有课程中最糟糕的一门。但它也作了我们幸运的媒介。我俩借同上俄语课的机会可以同进一个教室，将对方揽于视线之内。此事不久被同学识破，于是有人在黑板上写了几个大字，"李白与林黛玉"。过去曾经有人闹过"关公战秦琼"的笑话，把三国时的关公和隋唐时期的秦琼拉到同一舞台上，让他们打斗。如今竟有人将清朝的林黛玉与唐朝的李白拉在一起，让他们谈恋爱。当时在同学们的起哄之下，不但不觉难堪，反到觉得惬意。同学之间相恋，本来是很正常的事。但我们中文系的同学对细节特别感兴趣。在他们的善意追问下，我不得不将自己裸展。我生于1934年，她生于1941年，我比她大七岁。两人不同系，爱情胚胎是怎么孕育的呢？一般像我们这些年纪偏大的学生，都要在毕业前解决好个人问题，如果到了四、五年级，还没有情侣，精神上的压力就会越来越大。我到了大学四年级，心爱的人还不知道是谁。虽然周围不乏向我示好的女生，但还没有人进入靶心。一天在去教室上课的路上，在那高大的法国梧桐树下，突然眼睛一亮，一个皮肤白皙细嫩，中等身材，身后晃动着两条小辫，神态端庄而活泼的女生，闯进了我的视线。人去了，余香犹存。顿时感到她就是我心中的白雪公主了。于是我设法弄清对方的底细。很快就知道，她叫胡时珍，是经济系二年级学生，老家是孝感。这太巧了，我在孝感工作了十年，当了三年税务官和七年的法官，把它视为我的第二故乡。我们也算同乡了。于是便展开攻势。时珍与我们系的女生同住一个老斋舍－月字斋。武大的男生住新斋舍，女生住老斋舍。据说老斋舍是德国人设计的依山而建，斋舍的名字是按千字文头四句"天地玄黄，宇宙洪荒，日月盈昃，辰宿列张"排列。月字斋在第二层平台。到大图书馆还要上两层平台。一天晚饭后，我请同班的一位女生，直接到宿舍去叫她，说一个老乡要见她。她下得楼来见几个男生和女生悄悄点头会意。在人群中她也看到了我。她脸微微一红，大约明白了来意。同伴们很快撤退，剩下我们俩人同行。我实行围魏救赵的策略，收获蝴蝶效应，谈孝感，说武大，讲课程。不过，光打外围战，心中还是没底，我们迈着漫游的脚步，企图拖延时间，不知不觉走到了武汉水利电力学院的大操场。我提议找个台阶坐下。天色暗了下来，夜洒下一层薄纱，送来了一道屏障。我试探着轻轻地将一只胳膊搭在她的肩上，她没有推开。我想，不躲避，就是接受，接受就意味着鼓励。心里有了底气之后，胆子自然就更大了。很快，我们就进入热恋阶段。几乎每晚饭后，我便匆匆赶到大图书馆上晚自习，时珍早在那里占好了两个座位。爱情的风暴在两人激情的发酵下，既席卷了内部世界，也席卷了外部世界。许多人投来羡慕的目光，他们说古继堂像庐嘉川（青春之歌男一号），胡时珍像林道静（青春之歌女一号）。这种说法反映了我们那个时代青年人的英雄崇拜。我们的恋情也招来一些人的嫉妒。经济系原来盯上她的人，见中文系抢了他们的女生，竟写信到中文系告状。有些人利用担任支书，班长等职务对她进行打击报复，批评她"走白专道路"，"资产阶级恋爱观"。在种种压力下，我们悄悄地于 1963 年 7 月在孝感领取了结婚证，定下终身。没有婚宴、没有蜜月，更没有洞房，只有情感链条一根，把我们牢牢地拴在一起。任风吹雨打，五十年弥坚。那时，珞珈山的一草一木见证了我们的爱情。东湖之滨的波纹里有我们的悄悄话，珞珈山的林荫下有我俩轻轻的脚步声，武大大操场的草坪上有我们的坐痕。暑假她去孝感医院看病，一位女干部见她佩戴着武汉大学校徽，对她说，"我们法院一位青年干部，几年前也考上了武大。他真不简单，只念了四年小学，全靠自学成才，领导上要提拔他当院长，他都不干，非要上大学，多了不起。大家都说他一步登天。"别人越夸我，时珍越高兴，这种赞美，无疑像春雨浇灌了我们的爱情之树。人生最重要的莫过两件事，一是事业，一是家庭。而最终都得回归于家庭。因而人的一生是否幸福，最关键的是能否有个志同道合，心心相印的伴侣，组成一个美满的家庭，营造一个温馨的港湾，让疲倦了的心身能够返家归航，让倦怠的思维有个恢复和注入活力的地方。我与时珍从交往的第一天，就一往真情。那时还处在"三年困难时期"，吃不饱是男生的通病，时珍每餐都将她的饭省下来，拨给我吃。记得我们不在一个食堂，我每次打了饭，爬着山间小路到他们食堂西边一块石头上会合。石头边有个半截石墙，我们俩骑在小石墙上，家宴便开始了。春夏秋冬从未间断过。久而久之，那个小石墙便成了我们的家。小石墙周围的一草一木，都与我们有了感情。

　　大学毕业我分配到北京，在中南海工作，常有机会与中央首长在一起看电影、交谈。那是我最幸福的一段生活。有一次与毛主席、周恩来等中央首长一起看戏，我就坐在毛主席身后一排，能清楚地听到首长的交谈。1965年盛夏的一个星期天，在颐和园知春亭餐馆，聚集了众多同学。每人一碗阳春面，就算是我们的大婚典礼。1966年文革爆发，这真是一场内乱。我在混战中受到康生的残酷迫害。一场凶恶、残暴的抓"五·一六"运动，迫害了全国几千万年轻人。我被发配到"五·七干校"关进牛棚，进行非法审讯逼供。这件事虽然给我的身心造成了严重伤害，但也考验了我们的家庭和爱情。1970年时珍在生下第二个女儿古彦刚满月，就带着两岁的长女古欣到"五·七干校"探亲。那时我正关在牛棚里。当官的劝告时珍赶快带着孩子离开干校，不许探亲。时珍哭着闹着不走。孩子要爸爸，妻子要丈夫，那场面凄惨而悲戚。他们不但不理会时珍的要求，还轮番动员她离开。时珍说，你们给我一张离婚证我就走，否则我是不走的。大小头目如临大敌，一齐上阵都来围攻一个刚生完孩子的产妇。时珍在无奈之下，趁他们换班，把孩子留下来悄悄地跑了。于是他们慌了神，只好用摩托车把时珍追了回来，答应她夫妻团聚，住满产假回京。要想战胜冰雪，必须比冰雪还冰冷。

如果遇到了狼，向狼求情只会丢掉性命，反之，你还有脱险的希望。人虽然喜欢顺境，但有时逆境却可以激发出你人生的更大正能量。可笑的是企图利用"康老二四指示"把我们定成"敌我矛盾"的人，后来反而真的成了"三种人"。当诬陷我们的材料送到胡耀邦同志那里，耀邦同志看都不看，大笔一挥写道："一律恢复党籍，恢复工作。"耀邦同志的批示解救了一大批青年人，也挽救了被迫害人的家庭。我回到家里两个女儿高兴地从楼上跑到楼下，连喊带叫地告诉刚下班的妻子"爸爸回来了！爸爸回来了！"那声音像春讯，像喜报，传向四面八方。

　　"文革"中受到残酷迫害的教训，成了我无比强大的前进动力，成了我人生道路上最坚硬的基石，成了我一生最好的教科书。我认定搞政治斗争，是一种纯粹的能量消耗，是人生的一种自杀。于是我决定弃政从文，走学术研究之路。我坚定地冲破一切阻力，放弃一切幻想，决意要从中央的核心机关调到学术部门 —— 中国社会科学院文学研究所。专门从事台港澳暨海外华文文学的研究工作。

　　虽然在调动的过程中遇到多重阻力，但我意志已决。有志者事竟成，我终于达到了目的。1985 年春节过后，我像一个挣脱了罗网的小鹿，离开了伤心之地，成了中国社会科学院文学研究所的一名研究人员。调到文学所不久，我的研究成果便在全国报刊上出现。两年后的 1987 年，我的第一部专著《台湾女诗人十四家》由春风文艺出版社出版。此后，我每年都有专著问世。1989 年，我的《台湾新诗发展史》、《台湾小说发展史》分别在海峡两岸出版。人民文学出版社出版了我的《台湾新诗发展史》，辽宁教育出版社和春风文艺出版社出版了我的《台湾小说发展史》。几乎与此同时，上述两部专著均由台湾文史哲出版社出版。我的这几部专著，震撼了海峡两岸。两岸几十家新闻媒体进行报导并发表了一系列评论。台湾著名学者、诗人李魁贤写道，读了古继堂研究台湾文学的专著。"台湾的学者应感到汗颜。"我的大量的填补两岸文学空白的成果的发表和出版，奠定了我台湾文学研究拓荒者的地位。经过三十多年的经营，我出版的专著和论文集近二十部，大约有 500 万字左右。其中的专著多为首创之举。当我站在自己创造的峰顶回首起跑线时，真不敢相信自己半路出家，能有如此大的能量。面对我的成果回想起那些不眠的日日夜夜，回想起我的夫人陪我熬过的岁岁年年，真是令人不胜唏嘘，我的夫人劳苦功高。她精心培养了两个女儿，大学毕业后送她们出国留学。还代我迎来送往办理琐事，有时还帮我工整地抄写文稿，海峡两岸文坛朋友都知道她是我自带薪水的私人秘书。因而我常在书尾写上她的功劳，但每次她都执意地将这些文字抹掉。其实她在海淀区也是颇有名气的教师，曾多次获奖。如今在我们风雨五十年的金婚大庆之际，我要郑重地说一声，夫人辛苦了。让我们辛苦却幸福地携手走过从前，跨越以后，明年是我八十岁，我要说人生自古谁不老，且把八十当青春。

2013 年 5 月 26 日北京方庄

作者与谢冰心老人、詹澈於 1992 年 9 月 28 日摄於冰心书庐。

作者与钱锺书合影

作者於 1995 年 6 月 20 日海峡两岸诗学研讨会上接受陈委员颁奖。

作者夫妇及彭正雄和他的女儿彭雅玲於
1989 年 8 月 19 日摄於北京昆仑饭店。

大学毕业照　　　　　　武汉大学大图书馆前

作者夫妇与长女古欣、次女古彦

大学时代作者夫妇在东湖之滨

作者夫妇在台北新公园

老倆口和大女儿一家、二女儿一家

二女儿的俩个孩子依森和艾瑞

大女儿的儿子 Andrew 和
女儿 Michelle

金婚 50 年

作者夫妇与诗人雁翼作客台湾
左秋水主编涂静怡、诗人绿蒂

二〇一〇年美国钬斯奈乐园

作者夫妇拜访胡秋原

陈映真和古继堂在台北交谈

作者夫婦與詩人文曉村、快年、秦岳

作者夫婦在台灣日月潭中心島月老前合影

诗歌部分

长　城

夜晚，月亮和星星
从你的臂弯中升起
清晨，你用红绸
轻轻地抖出太阳一轮
你是中国茁壮的胳膊哟，
怀抱著一颗醒来的
中华民族之魂！

（该诗选入中国小学六年级课本）
1981 年 10 月

枫　红

枫红啊枫红
你是个奇特的精灵
孕育於泥土
展示於天空
蔓延于千山万岭
不过，你只有红成一面旗帜
才会有山摇地动

玉

本是大山的女儿，
本是石头的姐妹。

经过开挖、雕琢，
你被选了美。

从此成了朽木的装饰，
从此作了枯骨的陪衬。

可是你苍苍的母亲 —— 大山，
还在刻骨地思念你呵！

在你出走的地方，
深深地积了一潭污浊的水。

是她伤口流出的血，
和著眼里涌出的泪！

1984 年 9 月

邮　票

一个心灵的使者
一只腾飞的大雁

心中揣著一团火
揣著一个最坚定的夙愿

到那远天孤寒的雪线上
吐一个温暖的春天⋯⋯

1984 年 8 月

雪

洁白　素雅　柔和
漂移　静默　安祥
你以无比公平的面目
将大千世界装扮成一个模样

大道　深渊　地狱　天堂
一起披上洁白的盛装
凶险　丑恶　叼钻　善良
洋洋洒洒一样粉墨登场

不分青红皂白
掩盖了一切真相
不变是非曲直
用一把尺子仗量

去者难去
道路全都复盖上了伪装
归者难归
处处都有玄机暗藏

哦，表面上的柔弱
并非都是善良
门面上的漂逸
并非都是高尚

人们艰难地在大雪中跋涉
坚稳的双脚每一步都踏破迷茫
隆隆的铲雪机在道路上轰响
铲除隐患和不测也需用钢的力量

卧　佛

桃花开了，一片火红；
杏花爆了，点燃了山岭。
蜂蝶儿忙碌地装点著江山，
条条花枝上都坠满歌声……
良辰美景陶醉了游人
也陶醉了神灵。
不信你瞧：
绿涌红漫的卧佛寺裏，
醉倒一个闭目的老翁

　　　　　　　　1982 年 5 月　于万寿寺

老　子

少年老子发现
坚硬而不会弯曲的老树
风一刮，就断了
嫩绿而柔韧的新枝
在狂风中摇摆而不折
於是他说：
人要适应客观环境的变化
才能生存和发展

老子去买花苗
卖花人说的天花乱坠
竟是一支假花
再去买花，卖花人语朴无华
却繁华似锦：於是他感叹道
"美言不信，信言不美"

再於是，中国就有了第一个
朴素的唯物主义哲学家

蝴蝶谷

飞起来
一片斑斓的天
沉下去
一汪绚丽的湖

涌动
似彩色的波涛
旋落
像缤纷的瀑布

哦　飞腾
是求理想
旋舞
为寻出路

只要心中有个春天
就不会葬美於峡谷

1997 年 4 月

变　迁

繁荣挤窄了街道
竞争拉长了梦境
安静变得繁忙
熟悉变得陌生
冷清变得热烈
紧张取代了轻松
黑夜变成了白昼
荒野变成了市井
悄悄穿过一条往昔的僻巷
我的两耳穿梭著串串叫卖声
啊！走出街市我放眼远眺
无边大地正纷纷驱枯吐荣

1993 年 1 月 30 日

爬　山

猫下腰去
到这里就要匍匐向前
进攻是唯一的姿态
诚实是最大的考验

官和民在这里不分贵贱
给与和回报没半点偏见
坐小轿车来者请你退去
这里没有你通行的路线

贪婪者请免露尊容
这里的财富是大汗退潮後的青春容颜
黑心者请免抬贵足
这里只有汗珠和汗珠碰出的心灵闪电

累，是灵魂的养份
险，是对胆识的考验
只有将耐力推上极限
才能触及生命的源泉

哦，越接近峰顶
大山给予你越强的考验
只有智勇具"酷"的铮铮铁汉
方能超越峰巅，增高峰巅

2000 年 11 月

日　出

你在黑暗中孕育
你在血泊中临盆
大海是你生命的出口
血泊中崛起全靠自己

血必定燃烧成火
火必定燃放成光辉
只有经受住血与火的炼狱
方能肩起照耀大千世界的重任

2004 年 4 月

战栗的骄傲

头号发展中国家，中国
取代日本，成了头号
发达国家美国
债主中的头号

这新闻千真万确
是不掺水分的报导
虽然，这是用中国人的血汗
缝制成的一顶高帽
虽然，还耽心美国赖账
将这笔债务黄了
但是，比起解放前靠"美援"生活
是个翻天复地的颠倒

就像打工仔与顾主
双方的位置进行了对调
就像一个穷汉
制约了富人的钱包
虽然我们还不富裕

但是我们需要这种战栗的骄傲
像一个神话被解构
像一个大海乾涸的见了泥沼
虽然我们还赶不上乾涸的大海
但是当债主总比欠债的滋味要好

自由女神

看似高高在上
实则
战战惊惊

距离上帝
越近
越难作人

美国遇暴雨

我和同伴
漫步在纽约街头
突然电闪雷鸣
暴雨如注横流

打湿了我们的鞋袜
弄湿了我们的衣袖
只因我们有备而来
才没将我们的内里淋透

闪　电

与响雷为同胞兄弟
但却先於响雷冲向前沿
舆烈火同样性格
但却大於烈火万倍光焰

容不得阴霾横行
容不得乌云遮天
即使刹那间粉身碎骨
也要驱散乱世中的黑暗一片

我死了
我的生命换来碧水蓝天

2001 年 4 月

参观出土兵器

你曾是一团仇恨的火焰
在震天的杀喊声中卷入战争
冲撞、厮杀、喋血
懵懂地成了生命的克星

折戟沉沙，泥土使你冷静
千年隐没，大地改变你的个性
如今裸露在冰冷的铜铁展台上
你依然顽强地生长和平

2001 年 8 月

我是一个小雪人

我是一个小雪人
茫茫太空是我的老家
戴一顶洁白的头盔
穿一身坚固的铠甲
不怕冰冻三尺
不怕寒风扑打
守护著世界的洁白
捍卫著人间的无暇
即使到了生命的尽头
也按阳光的指令潜伏於地下

暗箱操作

它是个黑暗的世界
一切都被装进黑幕
它是个死亡的世界
堵死了與外界的一切窗口

这里不用眼睛观察
一切都是暗算，心中有数
这里不需半点光明
生死在黑暗中豪赌

生命只是个小小筹码
尊严是金钱豢养的家奴
不过，这是一个纸糊的堡垒
一缕阳光就能将它化为粪土

2002 年 11 月

眼　泪

一片丰盈的高地上，
有两眼清澈而透明的水井。
沸腾的感情是它的源泉，
旺盛的泉脉通向那深深的心灵。
哭和笑从一个溢口流出，
痛苦和幸福同一个闸门喷涌。
如何启闭那瞬息万变的机关，
就看你创造怎样的人生。

它能浇开希望的花朵，
也能把理想之舟载入绝境。
心灵的旗帜要作准确的导航，
才能冲去征途上的一串串恶梦
它常常发端於团聚後的分离，
也常常爆发於久别後的重逢。
要想使它全部变为珍珠，
就要有一架衡量生活的天平。

激动虽然是启动它的阀门，

但无情的冷漠也会将它冰封。
让它聚成一条欢乐的溪流吧，
叮叮咚咚贯穿我们的人生！

1980 年 10 月

锚

来吧！礁山背後的风暴，
来吧！灰色云雾中的浪涛。
虽然变化了一下外表，
但还是陈年那个老调 ——

作一次吞天夺地的横扫，
来一个玉石俱碎的围剿。
让大海中航行的船隻，
一起在风浪中翻倒……

但是一边倒的季节已经过去。
生活的大海再不服从一根信条。
灾难已经教会人们独立思考，
航海人的血泪早化作了预报风浪的警叹号

风越猛，旗越飘。
浪越大，船越高。
船和船紧紧相连，
心和心牢牢相靠……

那麽猛的势头，
那麽大的鼓噪。
连一只小船都没能打翻，
深深地感谢你呵，
艰苦岁月中成就的
心灵的纽带 —— 锚！

1980 年 3 月

在黄山峰顶

我以为
立於黄山峰巅
就比黄山还高
眺望重重雄峰
方觉自己渺小

啊，汲取别人高度者
只能在云雾中飘摇

2000 年 8 月

故乡的小路

故乡的小路哟
是那麽渺小，又是那麽古扑
雨天，布满泥泞
晴天，飞扬著尘土

两边的野草像刘海
红花黄花像流苏
它像一条长长的独木桥
在无边的禾海中沉浮

我曾在上面攀爬
我曾在上面匍匐
我曾在上面摔跤
我曾在上面学步

哦，假如没有它
我便坐不上城市的汽车
假如没有它
我便踏不上城市的柏油马路

如今祖国与世界接轨
它仍然是最牢固的基础
我虽然走遍了世界上各种道路
但迈出的仍然是小路上坚挺的脚步

　　　　　　2010 年 3 月 15 日　於多倫多

仙人掌

伸出那麽多手
去接露水
光闪闪，亮晶晶
滚动在你的手心

莫非沙漠里的饥渴
使你馀悸犹存
即使朝露满天
也不忘记积累

不过，你该明白
今非昔比
涌泉就在脚下
流水奏著清音……

1982 年 9 月

华盛顿哭墙下的沉思

哭墙，你是世界的哀痛
你是美国的悲伤
英雄碑应该高耸入云
你为何在地平线下匿藏
是因不义战争而羞愧？
是因死不得其所心怀惆怅？

人们从你们的死亡之地
看到更多，更悲惨的死亡
他们是穷苦的工人和农民
在你们的暴行中失去了亲人和家乡
他们是无数老人孕妇和孩子
懵懂中在你们的刀枪下见了阎王

不过，你们是另一种受害者
无奈中被别人赶进屠场
在死神操纵下夺人性命
在恐怖中为恐怖推波助浪

哦，你们的哭声和他们的哭声
最终筑成一堵高墙
将人类悲惨的哭声阻挡
他们的愤怒和你们的愤怒
最终汇成一波巨浪
将那侵略战争和它发动者埋葬

诗评 —— 有感于曹植的七步诗

七步诗，不是悠雅的文学创作
而是一道执行死刑的帝王令

七步之内，你是一个活人
七步之外，化作野鬼孤灵
七步诗是一张无形的罗网
这匆匆的七步怎麽走法
牵动著天下人的眼睛

大智融金，不在表像
大勇克敌，不在外形
且看你迈开那坚定的脚步
文雅的脚步中却带著雷霆

一步，踏平万丈深渊
二步，踏平无底陷阱
三步，踏碎千丈悬崖

四步，踏灭无边火坑 ——

你那高超的智慧令鬼神哭泣
你那攻心的战术使天地动容
七步诗闪耀著人性的光辉
它是正义与邪恶的分水岭

哦，智慧是暴力的天敌
凶残永远输给文明
当众人惊出冷汗的一刹那
你却以冷静的微笑迎接了
新生

写给蛇年

蛇年的到来
令我备感困惑
世界上最毒的动物
竟然不动声色
将众人一网捕获
千人为它欢呼
万人为他庆贺
一个"年"字
引众多动物轮番争夺
鼠牛虎兔
龙蛇马羊
谁都不甘示弱
猴鸡犬猪
也要各霸一方
平分秋色
人类竟如此愚笨
让一群野兽愚弄蛊惑

人权，人格，人性

原来也可以不必那麽
严格，认真，执著
如果自愿
不时也可以
有很大幅度忍让灵活
将人异化为动物
却不受任何控告指责

时空这个怪物
令人难以捉摸
像风，像雨，又像魔
不分昼夜，无时无刻
任意地吞噬生机
又将我们的青春一层层地剥落
它像个初学绘画的儿童
胡乱地用颜料
在我的容颜上复盖涂抹
把青春美人变成老妖魔

有时它又像一个失明的雕塑家
挥动那无形的刻刀
在我的面庞上任意切割
不容分辩地留下纵横沟壑
把我们变成残缺弯曲的木桩一个

哦，时空弄得我们
狼狈不堪，内外焦著
但是我们岂能束手无策
毫无作为地任其宰割

医疗，保健
展开生与死的争夺
运动，养生
将时空的恶招攻破

展开我无尽的亲情练条
让每个怀节都青春勃发
看我一家三代十口
个个斗志昂扬
人人精神焕发

他们身後
有无尽的连接，无尽的开拓
月球上放牧
火星上耕作
行走於星际
畅游于天河
从自由到自在
大道不惑
哦，比日月更长

比时空更阔
那是我浩浩荡荡的生命江河

哦，时空，无情的时空
你，岂奈我何？

编　钟

　　武汉东湖历史博物馆展有出土的战国时期的铜质编钟，
乐声动人。

　　　　你被埋没了多少年，
　　　　周身蒙上尘垢千层。
　　　　仇恨和耻辱之火将你冶炼，
　　　　污秽里保持著纯洁的魂灵。

　　　　出头之日虽然渺茫，
　　　　但你坚信阳光终会溶解冻层，
　　　　血和泪凝聚成新的音响，
　　　　压力再大也不把基调改动。

　　　　黑暗虽然吞没了你的青春，
　　　　但它同时也纯化了你的歌声。
　　　　因此你出土後的第一声呼喊，
　　　　便赢得了山山水水的共鸣。

　　　　抖落沾染在皮肤上的铜锈，

警惕荣誉之花再造的墓坑。
将坎坷的岁月谱成新的乐章，
传给後代作为生活的火种。

1980 年 3 月

中原油田井喷

啊，乌黑乌黑的血
流动流动的火
被压抑了千年的抱负和理想
从一个巨人的胸中
向外喷射……
每一滴都蕴含著一颗太阳
每一滴都包含著一个星座
倘若将那滚滚的感情化开
点点滴滴都能奔腾成汹涌的江河

啊！为了一个燃烧的夙愿
於旋转和飞升中突破
在期待那声惊心的钻探中
一腔热血沸腾了多少岁月？

1984 年 9 月

香山红叶

哦！满山满谷
红成一片。
是谁，是谁洒下
这麽多爱情的书简。

於是，
我懂得了香山的来历，
连石头都被爱的蜜液
浸泡得香甜。

轻轻地，轻轻地
摘下红叶一片，
敞开衣襟
夹进心的扉页。
请给我过於沉静的心，
燃起一把火焰。

轻轻地，轻轻地

摘下红叶一片，
悄悄地贴在耳边。
请你告诉我
由绿变红的体会
赠我一个火红的晚年。
我要像你一样，
即使匍匐在地，
也要把祖国的山水抱在胸前。
身去了，把生命的色彩
长留人间。

我要像你一样，
即使火花为灰
也要与土为眠
让那遍地春苗
嫩生生地
钻出地面。

1982 年 11 月

黄　河

啊，大潮滚滚，滚滚大潮 ——
我中华民族前进的序列：
巍峨砥柱，砥柱巍峨 ——
我当今中国擎天的胳膊！

花园口是个历史的档案袋，
带血的泥土卡片记载著历史的悲歌：
条条故道是条条没有走通的路，
顽强的民族曾在凄风苦雨中探索。

他艰难地闯过了九曲十八湾，
人们、神们、鬼们被他一一踩碎踏破。
斧头镰刀在熊熊烈火中交叉一揶，
哷嚓一声剪斯了你长长的悲惨岁月。

他用全身力气使劲一抖，
抖掉了你千里的黄沙和苦水：
他放出大汗一淋，
给你换上了清流和欢乐。

他从遥远的黑夜拎来一粒火种，
风朴浪卷恰似明灭的瞪火。
在龙羊峡做一个永久的太阳，
用人造之光熔化了所有的黑夜

他把汹涌的波涛和激流，
拧成一根长长的坚韧的绳索。
在三门峡挽上一个大大的结，
勒死那千年的天灾与人祸……

啊，黄河不再是一声长长的悲鸣和叹息，
而是一曲唱向未来的祖国的颂歌，
是巴彦喀拉山吹响的一管长笛哟，
时代的交响从每一个闸门的笛扎中流泄……

我的家住在边界线上之一

我的家住在边界线上

多风多雨
多雪多霜
道路曲折
日月漫长

一边是高山
一边是海洋
一边是黑暗
一边是署光

没有利益的双重复盖
却有结合部的明争暗抢
没有内地的市井繁荣
却有边陲的寂寞荒凉

虽然表面上显得消瘦而潺弱
内在里却无比神勇与刚强

因为每一根毛细血管
都能够通向心脏

形式上虽然单调而简陋
实际上却有无边无际的能量
因为每一粒激奋的黄土
顿时都能变成不可逾越的高墙

别看我死守的仅仅是一条线
那是神仙和魔鬼都不能跨越的屏障
别看我是那样温和，安宁而平静
若有强盗进犯顿时就会变成天罗地网

宁静淡泊是我的生活习惯
一贯反对耀武扬威霸市欺行
内心里永远牢记一个真理
失去边界就是整体的消亡

我的家住在边界线上之二

我的家住在边界线上
不慕中心
不羡辉煌
习惯於领受那
落日时的馀光

我的家住在边界线上
不争名利
不求声望
那一片绿油油的小草
是春天赐予我的盛装

我的家住在边界线上
深深知道这边界的分量
天地在这里分野
日月在这里起航
边界上的一切风吹草动
都是力和力的较量

我的家住在边界线上之三

我的家住在边界线上
清晨，日泼金
夜晚，月蒙霜

鸡声猫叫泼墨画
歌声笛音漫山岗
那静静的树影儿
午夜，被月亮缩短
清晨，又被太阳拉长

一条欢蹦乱跳的界河
在一幅精美的图画中流淌
和平，和谐，安宁与平静
像青青的禾苗骗地生长

葛州坝抒情

你屹立于大江的中心，
像彪形大汉平伸两条茁壮的胳膊；
水泥的巨臂拦住千年冲跑的光明，
钢铁的大手捞出万年流失的气魄。
船闸的小姆指将万吨巨轮高高托起，
像只和平鸽又从指尖轻轻滑落；
电子琴的乐声取代了船夫号子，
巍峨群山是纤夫们留下的最後雕塑。
围住万头野狮进行人工驯化，
谆谆地教会他们高唱现代文明之歌；
留住那一泄千里的野性怒吼，
输入电机化作漫山遍野的珍珠果。
汇集起八方河渠的追求，
凝聚住九天云雨的思索；
将山南海北的亿万个理想，
熔铸成滔滔洪流之上千古巍峨！
啊，汹涌澎湃的大潮之门哟，
千军万马浩浩荡荡从你脚下通过。
倘若每个闸门都为新潮打开绿灯，

那麼，我们的理想将会铺满多少日月。
啊，汹涌澎湃的历史大潮哟，
整个旧世界被你涤荡冲刷。
倘若你的道路上除去一切人为的闸门，
天和地将会变得更加宽阔！

1984 年 9 月

祖国·我的手掌

哦，我的祖国养育我的手掌
我的手掌上崛起了我的祖国
我的祖国和我的手掌一样富有
我的手掌和我的祖国一样辽阔
那高高隆起的肌肉
是祖国高耸的山脉
那道道深深的掌沟
是祖国的条条江河
那粗糙的皮肤
是厚厚的地壳
那密密的掌纹
是纵横的纤陌
那隐伏著的生命的血泉
是祖国心脏涌起的浪波……

伸开来
它绵长无尽
是通向遥远的
多功能的桥

聚拢来
它高耸入云
是通向无极无终的
连绵巍峨
在夜的边疆
它是醒着的流动的屏障
在深深的矿井
它是喷射光明的涌动星河
在广袤的原野
它是翻涌的麦浪接稻浪
在富饶的油田
它是深层的旺盛的血脉

它是智慧，它是劳作
它是发明，它是创造
它是无边的力量和无穷的生命
在孕育和诞生中自然融合

祖国炎热
它有风
祖国寒冷
它有火
祖国乾旱
它有雨
祖国雨涝

它有排洪的河

祖国面前有荆棘
它是永不卷刃的利斧
祖国身上有裂缝
它是缝合裂隙的钢索
在祖国的旅程上
它是飞渡茫茫宇宙
和无尽时空的不沉船舸……

每一根手指
都是一块丰产田
每一个细胞
都是生命的孵房一座
理想在上面成熟
青春上面结果
每一个汗毛眼里
都能长出一片葱茏的禾……
竖起来
它是阶梯
躺下来
它是桥面
现实和理想
失败和成功
昨天、今天和明天

轮换地在上面攀爬
鱼贯地从上面通过
太阳和月亮
是它旅途上点燃的两盏灯火

哦！祖国哟，祖国！
我的手掌四通八达
每一个血滴
都能染红大地
每一条纹路
都通向一个新世界
然而，只有接到中枢传来的资讯
它才响起隐隐的雷声
它才跳荡起炽热的脉搏

1990 年 5 月

加拿大阿昆冈国家公园

一、沼泽长桥

一条很长很长的木头小桥
婉延曲折地穿过沼泽，枯林，败草
沼泽中没有鱼虾
枯林中没有飞鸟
横七竖八躺卧的古树
昭示著岁月的荒老
它是现代社会的一处独特风景
招来了穿流不息的旅游人潮
寂寞者想往欢腾和热络
烦燥者渴求宁静和寂寥
调和生死和动静两极者
就是这具有独特穿越功能的长桥

二、铁　塔

钢铁支架竖起的铁塔
耸立於高高的峰巅

一级一级向上攀登
让人头晕目眩
老少青壮互相竞攀
一个个气喘吁吁汗水洗面
为了获得最佳风景
仿佛人人都忘记了风险
哦，假如每项事业都是一处美景
人的潜力将会发挥到怎样的极限？

三、蜜月湖

哦，好大一个湖
游艇穿梭，小岛密布
每个小岛上都有绿树，洋房
每户人家都有码头，船坞
这是一个甜蜜之海哟
爱在这里产卵，孕育，成熟
我们这七旬的中国老夫妻
在这里将五十年金婚密月欢渡
哦，假如你想知道什麽叫甜蜜
请将那晃动的波纹细细地默数

四、清晨的贝丝湖面

天空可以划船
湖面可以溜冰
天真烂漫的青年男女们
以拥吻与欢笑播种爱情
那些活蹦乱跳的少年们
用柳条垂钓扮鱼翁
哦，我刚刚张开思维的巨网
顿时，湖面便出现了诗的倒影

2011 年 10 月感恩节于贝丝湖

倾斜的树

在一次硝烟连天的炮火中
你轰然倒下，在弹坑中静卧
泥土像被子一样复盖
你成了失踪名单中的一个

没有鲜花，没有颂歌
只是大地感到多了一根骨络
没有阳光，空气稀薄
只是未来感到多了一层丰硕

没有激情，没有欢乐
只是忍耐和敖煎弥漫成长长岁月
没有功累，没有名惑
只是泥土感到有了魂魄

隆隆的春雷从大地上滚过
多少冬眠者在呼唤中复活
奋力腾起，将生命的姿态选择
弓步曲身，你在进攻中定格

澎勃崛起，
新枝丛发
弹坑中冒出的每一张叶片
都熠熠生辉像一团火

硕果累累
阳光闪烁
硝烟沐浴的每一个果实
都甘甜洁净，营养多多

期盼长寿的人们哟
请到这倾斜的果树下会合
深深地吸一口这里的空气
便能成倍地扩大你的肺活

立志拼搏的人们哟
请到这倾斜的果树下聚夥
看一看它强劲的进攻姿态
你人生的道路就变的明亮宽阔

泥土一族的人们哟
山沟沟里来的同志哥
缘於生命的共同体，它的强力崛起
你们也从中感受了辉煌的人格

哦，灾难是一种危害
沉没是一种灾祸
但是，只要你能将其超越
它们背後必是魅力四射

"海归"颂

献给党的九十华诞

一、

"我是海归"，与祖国
风雨同舟，命运与共
彷佛黄河滩上冬天的枣树
光秃，孤寂，颤栗，贫穷
风吹，雨打，电击，雷轰
还有多方的害虫
钻进体内四处打洞
但是只要季节一到
依然，果实累累一片红

"我是海归"，是个伟大而坚韧的群体
每一个名子都是一盏明灯
孙中山，冯玉祥，廖仲恺
周恩来，朱德，邓小平
鲁迅，郭沫若，胡适

钱钟书，谢冰心，徐悲鸿
钱学森，邓稼先，朱光亚
钱三强，郭永怀，华罗庚
王希季，周光召，吴自良
钱三强，赵九章，王大珩
吴大猷，程开甲，孙家栋
陈能宽，王淦昌，吴良镛……
毛泽东伸手向章士钊借钱（注）
精心策划为我们开辟航程
我们是一列有始无终的浩荡大军
我们是一道有增无减不断伸延的长城
我们是东方的千年古典哟
与西方现代文明融合的结晶

二、

哦，"我是海归"
曾经像一个蚕蛹
帝国主义的枷锁捆了一道又一道
贫穷愚昧的蛛网裹了一层又一层
八国联军火烧北国
日本强盗血洗南京
浩荡山河横流灾祸
锦绣大地泛滥贫穷
闺秀之家群狗争食

书香门第野狼嚎庭
噢，要想死，只许静静地闭上眼睛
要想生，就得死神和无赖
也赞叹你是英雄

哦，断索才有自由
破茧才能化蛹
我苦难的中华民族
在民族解放战争的涅盘中新生
我古老而僵化的中华文明
要在新时代重新嫁接播种

妈妈惜别的泪水像海潮
浸泡了我一颗苦涩的心灵
也冲开了远行道上的疑团重重
飞机场的一张登机牌
是我握别祖国的手掌
也是母亲认可儿子远行的凭证
妈妈呀，我甸甸沉甸甸
祖国噢，我行行重行行
怀里揣的那本护照
就是我自由出入的门庭

我们忍辱负重默默向西
是为了轰然崛起引世人目向东

我们孓然一身去异乡炼狱，是为了
化国人的足迹为输血管去滋生繁荣
为了服役这个伟大的宿愿
我们愿将痛苦和魔难化成本领

迎著傀佬歧视的目光
用奇迹撑开他们脸上的笑容
我们踏著异国厚厚的积雪
是为了容化禁固祖国的寒冰
我们钻进异国黑暗的实验室
是为祖国的富强钻探光明
我们学步中画歪了异国的山水
是为了精致的展现祖国的美景

我们晕晕然用墨汁蘸面包充饥
是在绞尽脑汁融化祖国的隆冬
我们熬破异国的寒夜
心中却揣著祖国的黎明
为了科学上迈出一小步
我们却从东方到西方跋涉万里路程
科学上虽然是一小步，却将亿兆躁音
冶炼成了太空中优美的《东方红》
我们是一批贪心的两面人
手里精工炼丹，心里忠诚取经

三、

像卫星进入了回收轨道
像太阳一定要去追赶黎明
像季节已经到了
我们一定要回家播种
像十月怀胎期满
孩子必须回到祖国降生

什麼消密，隔离，监禁
什麼挽留，诱惑，高薪聘请
像小草挡不住烈火
像篱笆挡不住飓风
像流沙挡不住洪水
像阴霾挡不住雨的归程

噢，云速我驾云
风快我乘风
心中的雨滴早穿石
乡愁叠梦已千重
归心更比归身快
妈妈呀，别嫌儿子的礼物轻
挑遍了异国的山和水
唯有儿心中的蓝图最珍重

蓝图上有血有泪有熬煎
蓝图上有雪有雨也有梦
蓝图上有思有想有鸿愿
蓝图上有日有月有星星

天空的乌云已化雨
洒向大地便有碧波万顷
冬天的严寒已凝成蓓蕾
无尽的硕果在腹中
精籽和卵籽已经结合
它能治愈祖国高精尖科学的不孕症
经历九九八十一难的唐僧，孙吾孔
心急火燎地踏上了归程

妈妈呀，你用长城拥抱我
儿子如风扑进你怀中
此刻呀，苦甜交错
涕泪同流，悲喜共生
既像浑浑然的黄昏
又像敞亮亮的黎明
既有海潮般的兴奋激动
也有黑夜般的哑默安宁

哦，大勇出於热烈
大智生於平静

让夜蝙蚨们去尖叫吧
必定螳臂挡车一场空
我的祖国像一轮红日
正在东方的地平线上冉冉上升

2011 年 1 月 20 日
於大多倫多列治文山市

注：20 世纪初毛泽东为组织中国知识份子出国留学，曾向时
　　任教育总长的章士钊借了 20 万大洋。直到 50 年代毛任
　　国家主席才用稿酬尝还。

三文鱼之死

满山遍野的人群
怀著节日的心情
聚集在劳伦斯河泮
观看庄严的，盛大的死亡

一望无际，没有尽头
个个体硕身大的三文鱼
万里迢迢，蹿涧越峡从大海
来到这里举行盛葬

它们产下一堆堆的
新生婴儿 —— 鱼子後
便平静地，安祥地
等待丧钟的敲响

它们意无返顾，没有恐惧
它们赴汤蹈火，没有彷徨
它们自觉自愿，没有委屈
它们视死如归，没有悲伤

是死亡，更像新生
是黑暗，更像署光
它们以辩证的观念
把生与死谱写成和谐的乐章

这个世界

这个世界非常危脆
经不起红眼与红眼相对
别看是肉眼里喷出的火苗
它能将这个世界彻底摧毁

这个世界非常妩媚
纯洁的情感是它的灵魂
只要你有一份真诚
一个微笑就能使他陶醉

这个世界非常坚韧
任何讹诈它都坦然相对
谁若公然称霸
最终必定自焚

这个世界非常公允
有一个共同的尺码叫良心
谁如果公然进行挑衅
他的心灵必遭围困

台湾出土双翼青铜镞

　　1963 年台湾大坌坑遗址出土一支双翼青铜器，为华北仰绍文化出品

　　　　你是个千古使者
　　　　曾被埋入时间的深渊
　　　　为了传递一个重要资讯
　　　　你苦苦争扎了三千年

　　　　三千年的不懈奋斗
　　　　将万里迁徙的图程复现
　　　　你现身说法向世人宣告：
　　　　大陆和台湾人共一个祖先

　　　　　　　　　　　　　　2000 年 12 月

老榕树

台湾省高雄市美浓镇有一株老榕树．为客家人三百年前纪念从广东到此所植。

你的枝叶高耸入云
距离愈远愈思念母亲
千条须根从枝干冒出
像缕缕乡愁扑向大地

啊，即使漂泊万里
大地永远是你的母亲
即使身高千尺
大地的血也浸透每一圈年轮

2000 年 12 月

三代木

　　阿里山森林中有一棵古木，前两代身腐断裂，第三代又在前两代断身上崛起。

　　　你是人间奇迹
　　　一束火样的年华
　　　竟在先辈的断躯上崛起。

　　　不过，奇迹在你身上
　　　功德却在大地
　　　如果没有泥土的支撑
　　　能耐再大你也举不起一叶绿荫

　　　　　　　　　　　　2000 年 12 月

农村小景

一、抽芽

我们这个边远小村
像一粒沉睡的种子
整个寒冬
都包裹在雪堆里

风，像一群觅食的野狗
拼命地撕刨雪堆
春节刚过，仍是寒风料峭
但已残雪难觅

初春的朝阳
血一样染红大地
第一辆马车响著清脆的铃声
在村道上压出了第一道辙痕
仿佛苏醒的小村
开始抽芽了

二、撒欢

清晨，我们家那头犟驴
刚出槽圈
便发疯似的
伸长脖子鞡昂鞡昂叫了起来

一尺多长
棍子一样的生殖器
朝自己肚皮上嘣嘣敲了几下
便挣脱了缰绳
撩著蹶儿朝邻家跑去

迫不及待地舔邻家那头
母驴的屁股示爱
那母驴不领情
调转屁股踢了它两脚

求爱失败
我家那头犟驴
回到了我的身边
情绪平服地开始了一天的工作

三、醒

春风掀开了冬麦的雪被
冬麦懒洋洋的东倒西歪
仿佛不适应新的阳光
有点睡眼惺忪

枝头的喜鹊喳喳地叫著
呼唤冬麦快来参加闹春行列
麦苗儿像幼稚园的小朋友
雀跃地举起了双手

其实她们在雪被下也没闲著
精心地筹措了一生的行程

轻松小诗

一、清晨我在林间慢步

清晨我在林间慢步
空气清新，晨光美好
广袤的森林
只听见小虫儿叫

突然，头顶
爆出一阵争吵
原来是两只小松鼠
在调戏一只小鸟

心中油然
一阵狂喜
仰望间
我的笑声已挂上树梢

二、春到了

小鸟儿舞
小虫儿叫
小树儿吐绿
小花儿耍俏

春天到了
我却不知道
打开窗户
哗地漫进一股春潮

一不留神
打湿了我的微笑

三、野外写真

我攸闲地走进公园的
一条弯曲的步行小道
小道旁有一条潺潺的溪流
溪流上静静地卧著一座小桥

溪流和岸土纯真相爱

延生出满树梨花豪笑
我正要收获这美妙的写真
扑噜噜飞出一只小鸟

嗳呀呀，这玩皮的小东西
涂抹了我心爱的画稿

四、种籽

我抓一把种籽
埋进土壤
浇上一些水
便点燃了它们缤纷的梦想

散 文 部 分

沟　通

　　人与人的沟通，一般来说有三个层面。最浅层的是语言沟通。第二个层面是知识沟通。第三个层面是心灵沟通。即达到心领神会的默契。我们夫妇俩与女儿之间，一直是非常默契的，家庭关系幸福和谐。自从来到加拿大之后，那种默契与和谐的关系便逐渐发生变化。

　　自小外孙出生，我们的关系又到了一个转折点。从语言层面，知识层面到心灵层面的沟通都发生了问题。有时孩子莫名其妙地哇哇乱哭。于是一家人各使招术。女婿抱着前后左右晃动。女儿抱着上下楼梯小跑。而我和老伴的方法是，把孩子抱在怀里，用手轻轻拍着说："乖乖不哭，乖乖不哭"女儿马上制止说；"不能叫孩子不哭，这话容易使孩子感觉哭是一种坏事，该哭时也不敢哭，給孩子心灵造成压抑"。但是也不能轻轻拍着孩子说，"乖，你哭吧，乖，你哭吧，"

　　至此，我和老伴没有了招术。只能挑一些无明显倾向性的中性词语对孩子进行安抚。比如轻轻地拍着孩子说："乖乖，睡吧,乖乖，睡吧！"女儿说叫孩子睡觉是一种逃避。这对孩子成长不利。如此剩下的只有轻轻拍着孩子发出"啊，啊，啊，啊，啊，啊"的声音了。如果说我们与女儿之间的沟通，是女儿受西方文化影响的原因，那麼我女儿与西方人之间有时也因难以沟通 出现矛盾。加拿大 政府特别重视儿童工作。不仅产前免费检查，在医院里生产也是全部免费的。产后护士和成功妈妈还要不断上门进行护理和对产妇进行各方面育婴知识的讲解和示范。专门负责护理我们小外孙的是一个怀孕四五个月的洋护士。她的肚子虽然一天天大了起来，行动渐渐不便，但她的服务却特别认真细致。她一会儿做喂奶的坐姿示范，一会躺在地毯上做喂奶的睡姿示范。一会教我们怎样正确用奶瓶喂奶，一会又教我们怎样正确用汤匙喂奶。一会教我们怎样坐姿抱孩子，一会又教我们怎样站姿抱孩子。虽然小外孙只有两三个月，但他特别聪明灵性。有时他正在哇哇地哭，护士一个滑稽动作逗的他破涕为笑。笑起来又特别人来风。于是洋护士叽里哇啦地对小外生进行调侃。虽然我们听不懂，但肯定那话语是幽默的，滑稽的，善意的。可是听了护士的话，我女儿却不高兴了。她脸上顿时生起了一层乌云。只是碍于面子而没有暴发。护士走后，我问她："你刚才怎么啦？"她气愤难平地说；"护士骂我儿子小不要脸"我摇摇头说；"不会吧！"我老伴也说不可能。那麼善良，友好，拖着大肚子趴在地上为我们示范喂奶的护士，会恶意中伤我们的小宝宝麼？决不可能。于是我琢摸起与"小不要脸"相近的调侃词汇。再回味一下小宝宝顿时破涕为笑的滑稽场面。于是我晃然大悟地明白了。小护士说的话，一定是；"小没羞的"我女儿也顿时转怒为喜，她也同意了我的说法。我是学文学的，搞了几十年的专业研究。语言修辞学方面比学电脑软件的女儿，内行多了。这是属于修辞知识方面对沟通的阻滞。

　　人类良好的生存环境与和谐的人际关系，是靠互无阻滞的交流和沟通来酿造和保持的。而一切纠纷和矛盾又都是因缺乏交流和沟通造成的。亲戚之间的一时误会，有很多机会解识和消除，而那些不常往来的朋友之间的误会，往往是一阻而断终生。而有的人明明知道产生了误会，也不愿主动去消除，于是误会愈来愈深，阻滞愈来愈重，美好的友谊就被彻底破坏。因而误会是个很可怕的东西。当我们周边的人际关系中产生了误会，就要考虑属于哪一种误会。比如语言的，知识的，还是心灵的。接着就要主动的，有针对性的去和对方进行沟通。一个误会的消除，不亚于推倒一堵墙。一层乌云被驱散，一道黑幕被撕破。一定会有顿失重负，失而复得和雨过天晴之感。

好山好水好快活

　　家庭是人生的港湾，是生命的加油站。建立一个好家庭，人生就有了幸福。中国上百万人离乡背井来到加拿大，动机虽有不同，但最终目的都是为了有一个好的人生，创建一个美满的家庭，让子孙后代幸福。我们老俩口在国内工作期间，就举全家之力，朋友之利，让两个女儿来加拿大留学定居。刚来时我们一家四口人，如今已发展到了十口。虽然是十口之家，但关系和谐，气氛活跃。我们与两个女婿的关系是君子之交。大家客客气气，从不发生纠纷。有时有一点小矛盾，也是竹筒里的虫子，不露头。我们老俩口是陈年老酒，越喝越醇。有时老伴有点唠叨，我诉于女儿，女儿说："妈闲着，也是闲着。"一次我与老伴有了分歧，大孙子安德鲁，幸灾乐祸地，悄悄跑去告诉妈妈："姥姥，姥爷吵架了。"我说："什么叫吵架？我们没有吵架。"他说："姥姥说不好吃，你说好吃，这就是吵架。"大家感到这个中文说得有点蹩脚的小子，对"吵架"的定意颇新鲜。有时候老伴真的动了气，我有一个治疗的特效药方是；"对不起，都是我的错。"其绝配药引是："以后我注意。"女儿每当节日都要买点礼物送我，我也不言谢，只是说，"你以为老爸像你们小时候，节日都要要糖吃？"生活就像一坛酒，经过酿造，它才醇厚，生活就像一盘炒菜，加点佐料，才有味道。生活就像一首歌，有了抑扬顿挫，它才优美。我们老俩口在加拿大，九年照看大了四个孙子。三男一女。长孙安德鲁九岁，特别聪明，如今上了天才学校。老二是个女孩，叫笑笑，今年六岁，聪明伶俐。长得非常美丽，别人称她"小美人"，她说："不，我是大美人。"一次我盯着她看了一会。她说："你干吗老看我呀？"我说："因为你长得好看！"她说"你怎么不看你太太呀？"我问："谁是我太太？"她一指我老伴说："是姥姥呀！"那时4岁，我们到美国迪斯尼游恐龙世纪，她说我不害怕，没有闭眼，眼睛睁得大大的恐龙以为我是假的就不会吃我了。老三叫能能，今年六岁，特别厚道而讲信誉。一次他将一件玩具与表哥交换，并"拉勾上吊，一辈子不许要。"后来他妈妈发现，他交换的那个玩具，是别人家孩子丢在他家的，不能交换，将那玩具收回。小家伙感到自已失信了，和他妈大闹一场。他表哥主动说不交换了，他才罢休。老四，顺顺，今年三岁。是个"小钻研家"。大人作什么事，他都要模仿着去做。有时止也止不住。一次我从北京给他买的砣螺坏了。我拆开修理。中途出门了。他自已在那里摆弄了一个多小时。叫他放下，他还不肯。于是有了"小钻研家"的美誉。走遍天下，我们都为四孙子儿自豪。每当全家聚会，家里就成了花果山，一个个都成了孙猴子。有的唱歌，有的跳舞，有的打武术，有的翻跟头，各出绝招。多少年来都没有照过一张像样的全家福。每当照像各做鬼脸怪像，只好作罢。一次我的寿诞，四个小傢伙每人作了一张贺卡。老大老二老三作的都是白胡子老寿星。老四不会画，划了一个大园圈，像个大鸡蛋。一家人哈哈大笑。我解嘲道："顺顺画得最好，没有胡子，没有白发，把爷爷画得多年轻。"我一方面照看孙子，一方面在后园里种菜。人茱两旺，果实累累。家里浇心血，园里浇汗水，两者都是我生命的延续。真是开心，舒心。其实什么事都是一个观念问题。有人说中国老人在加拿大看孙子，是四不像。"不像主人（不当家），不像客人（不客套），不像朋友（来来往往），不像褓姆（没有工资）。"这种观点，是自已把自已置于了尴尬境地。怨天尤人，不快不乐。也有人认为，自已在加拿大的移民生活是"坐移民监"，这是自找痛苦，给自已过不去。如果将观念变一变，把看孙子，看作是自已生命的延续，体会到自已身上的职责，那就有了主人的感觉。感觉一变，心情就变，立场就变，角色就变。这么一变，那种痛苦和无奈，便一扫而光。在痛苦的心境下，有人说生活在加拿大是"好山好水好寂寞。"而在快乐的心情下，我们生活在加拿大的感觉是："好山好水好快活。"

小汤匙漫游记

　　文文家里今天要招待贵宾，特意动用了平时并不多用的比较豪华的大餐厅。文文的姥姥是文文家中的顶尖级厨师。她将大餐厅收拾得窗明几净，还将一套比较好的餐具，整整齐齐地摆在了餐桌上。她在摆放餐具的过程中，突然发现这套餐具家族中出现了异常现象。一个不明身份的嫌疑分子，潜入了这套餐具中。后经全家人回忆辨识，才弄清了它的来历。

　　那是两个多月前的感恩节，文文家曾与另外四家爸爸的同事好友（也包括本文作者家）相邀到贝思湖渡假。行前各家都作了充分地准备。四天长假的吃，穿，用，一应具全。五家共计二十四口人，开着五辆大气车，浩浩荡荡像搬家一样，经过四个小时的车程，才开到了湖滨别墅。进入别墅后才知道，我们携带的所有餐具，用具都是多余的。别墅里什么都有。我们以别墅为据点，昼行夜宿，玩遍了附近的所有名胜美景。如阿冈昆国家公园，蜜月湖等。四天假期，五家人同吃，同住，同玩，过了四天的大家庭生活。文文家的那个不明来历的小汤匙，就是在餐具的混用中，乘人不备潜入到文文家的餐具中的。

　　如今的问题是，小汤匙要不要回归和怎样回归的问题。有人认为，一个小汤匙最多也就价值三五元钱，归不归队没有多大关系。而且别墅的租客川流不息，是谁丢失的，是谁拿走的，根本无法弄清楚。即使有人追查，那也是绳子穿针孔，没细（戏），坚持小汤匙归队是小题大作。而正在读四年级的学生文文，却不然，他斩钉截铁的说："是别人家的东西，就得归还别人，不还就是盗窃。"文文这么声严厉色的一定调，别人都哑口无言。文文的爸爸若有所思的打破沉默说："专程将一个小汤匙送回别墅，往返开车十来个小时，成本太高，可不可以这样，将小汤匙折算成金钱，我们双倍赔偿，将钱汇到别墅主人家的账上。"大家一听，认为是一个好主意，全票通过。但是，事情的发展，并不都是那样令人称心如意的。当文文的爸爸将电话打到别墅主人家里，说明缘由之后，别墅的主人断然拒绝。理由很简单，就是，那是一整套餐具，缺一便不完美，必须原物奉还。这么一来，全家人又陷入茫然中。原来主张小汤匙不必回归者，又说话了，"多一事不如少一事，多事惹祸事。"于是就剩下小汤匙回归一条路可走了。文文爸爸决定，就在那个星期六，由自已送小汤匙回老家。但文文坚持要和爸爸一起去完成小汤匙回归的使命。那个星期六一大早，文文父子俩起了个早床，先到别墅主人家拿钥匙，再将小汤匙送回到了别墅里。并且物归原位，让它回到了自已的伙伴之中。那天，文文父子俩回到家里，已是晚上八点多钟。全家人心急如焚地期盼着，像欢迎宇航员从天上归来一样，欢迎了他们父子的归来。一个价值三五元的小汤匙，用了上百倍的回归代价。朋友们都说，文文爸爸这么做，是大炮打苍蝇，小题大做。但是文文爸爸却说，假如不让小汤匙回归，落一个偷窃的名声，那样的代价更为惨重,以至不堪设想。所以文文一家人认为虽然花了百倍的代价,值得。一个小汤匙的事弄到这个地步,只有三种选择。一是闷不作声,将小汤匙留下,那必将是,名声受损,良心受责,踹踹不安。一辈子痛苦。二是折算成金钱赔偿,即使别墅主人勉强同意了,但事情也没有做完满,仍然留下遗憾,何况此路不通。三是让小汤匙回归,这是最佳之举。虽然多花了金钱和功夫,但既了了心愿,又完善了道德,也没让别墅主人留下遗憾。几全齐美,何乐而不为?

小汤匙的漫游结束了。也许它感到新鲜,刺激,快乐。但它万万也没有想到,小文文家里,却经历了一次次价值的,道德的,利害的,行为的,心理的等等,人际间复杂的思索,权衡和辩争。这件事可算是小题大作吧,人世间的事太丰富,太复杂了。什么事都有可能,都有不可能。人们批评小题大作,但有时小题还必须大作。在一定条件下和特殊环境中,杀鸡用牛刀,小绳拴大象,都是可能的。所以遇事千万不要千篇一律地使用一种方法去解决。应该多动动脑子,因事因人而宜地去处置。

一枚金戒指

那是 1985 年初冬的一天，我从单位里刚刚领了薪水，下了班。因想顺便到东单邮局发一封信，便徒步地踩着夕阳向东单方向走去。刚刚走到东单的天桥桥下，突然听到一个小小的金属的声音传倒耳膜。我下意识的扭头一看，一枚明晃晃的金戒指从一个上桥人的口袋里掉了出来，滚到了我的脚下。我正要呼叫丢东西的汉子，另一个中年男子冷不防从我身边冲过，并快速地将那枚戒指拾起装进口袋。我上前阻止說："这戒指是桥上那个人掉的，应该还给人家。"拾者说：'谁拾到的就归谁"。我说："不，应该物归原主"。我们俩争论之际，失主已经走得无影无踪。此刻，我建议将失物交给警察，而拾物者坚持要将金戒指拿走。相持不下，对方提出了一个建议，由我出一百元人民币作为拾物的酬劳，将金戒指交给我，由我在此等候失主。我开始不同意这个方案。但拾物者却急迫地要将金戒指拿走。我怕拾物者逃逸，只好勉强同意了他的建议。于是我从刚刚领取的三百元工资里抽出一百元交给了对方，对方如脱兔般遁去。我在原地等候了两个多小时，象盼情人一样一直等到夜幕降临，也没人来领这个金戒指。初冬的寒气刺得我浑身发抖。呼啸的北风吹得街灯也搜搜打颤。饥寒交迫，我有点坚持不下去了。便设法向警察求助。我找到一个交通警，说明了来意。但那个警察说什麽也不愿意收下这个麻烦。于是我只好悻悻地将金戒指带回了家。夫人听了这个故事，批评我做事太愚。她说那丢金戒指和拾金戒指者肯定是一伙的。他们设下一个圈套，要你这些学雷锋的老实人去钻。她分析了案情之后提出"我们敢快到派出所报案，不然可能还有麻烦在后面哩。"我半信半疑地拿着金戒指和妻子到了派出所，找到了所长。所长一方面微笑地听我讲述金戒指的故事，一方面端详着这枚金戒指。我的故事尚未讲完，所长就将那枚戒指朝地上一扔，然后用右脚踩上去，轻轻地朝两边晃动了一下。当他将脚抬起时，那枚金戒指竟然变成了一块皱巴巴的铁皮。我还在吃惊之际，所长笑笑说："回去吧，上当了你不是第一个。"

　　在回家的路上，我还挺不服气地自言自语道：上当了，上当了，还没到愚人节哩！

刘教授过安检

　　每个坐过飞机的人，都有那种过"安检"的困扰和无奈。明知自已没有问题，但也得接受检查。明明是走个过场。但心里也忐忑不安。尤其是在跨越安检门的一刹那，心跳骤然加快。生怕听到那"叽!"地一声尖叫。那声尖叫，表明你已经惹出麻烦来了。所以那一声令人心颤的尖叫，是谁都不愿听到的。刘教授今天要回国探亲,遇上了过"安检"。仿佛是丑媳妇见公婆,这一关躲避不了。本来七十多岁的老人了，胳膊,腿脚都不灵便了,但是由于惧怕听到那讨厌的尖叫声，他的身子像被蝎子蜇了一下，显得特别灵活，"蹬溜"一下就过去了。不过，仅管他溜得快，那令人讨厌的一声尖叫，还是跟着他来了。接着安检员要对他进行复查。一个棍子一样的检查器，前前后后，上上下下在他身上探测着。仅管他过安检门之前已经将钥匙,腰带等带金属性的物件,都搜索得光光的放在另一个通道过关了。但还是未能幸免，那叽叽的尖叫声随着探测器的移动，一遍又一遍的响起。他觉得很莫明其妙，但又不明就里。最令人难受又难堪的是，随着探测器的尖叫声频率的提高，安检员对他的信任度，成几何级数地下降。要他一层一层地往下扒衣服。连鞋袜都脱得光光的。刘教授是个非常爱体面的人。在大厅广众之下一层层地往下扒衣服，对他来说是"大姑娘坐轿"头一次。每扒下一件衣服，对他来说，就像少了一层人格，丢了一次体面。大冬天的，穿的衣服又厚又多。最后只剩下一个小背心，小裤衩了，再没有东西可扒了，可是那该死的尖叫声，仍然响不绝耳。由于精神过于紧张，刘教授血压上升，汗水下流。安检员担心老人家健康出问题，叫刘教授到一个房间里休息。不过，问题没有得到解决，飞机又起飞在即，刘教授那里能休息得下来。脑子静了一下，刘教授开始了网络式的搜索。他将自己的身子从头发到脚趾甲，一点一点，一片一片地搜索了个遍。当他搜索到了胸部时，晃然大悟。他高兴的大声呼叫安检员说，"问题找到了，问题找到了。"

刘教授是一个喜欢风趣幽默的人。他想，刚才太紧张了，现在该轻松轻松，调济一下心情了。刚才他们折腾我，现在我要给他们一点小小的报复了。刘教授对安检员说。"我身上是有问题！"安检员说："你个老人家有什么问题?"刘教授用手指点点胸口说："真的，不骗你，问题就在这里。"他说"你们猜猜它是什么？"

安检员猜了半天没有结果。只好向刘教授认输。刘教授想想距离起飞的时间不多了。就不再为难安检员了。于是就说出了谜底。他说："这里有一个心脏起搏器。"大家晃然大悟，全都笑了起来。于是大家高高兴兴地欢送刘教授上了飞机。后来飞机场告知刘教授，他的那次遭遇，成了他们安检改革的动力和契机。从那以后，他们的安检更人性化了一些。有些老年人，尤其是安了心脏起搏器的老人上飞机，可以不经安检门。或者免检上机。刘教授感到自己的一段痛苦和无奈的经历，换来了大家的方便，值得。

都是文化差异惹的祸

　　入乡随俗和随遇而安，都是人们要适应客观环境的改变，而改变自己的主观意识，借以创造和扩大自己的生存空间的行动。本文讲的故事，老人的"艳遇"。就是东方人到西方要"入乡随俗"的命题。

　　"艳遇"对青年人来说，是一种浪漫，是一种风流，是一种甜蜜。是一种求之不得的事。而这种事情对老年人来说，却是一种苦闷，是一种苦涩，是一种无奈。年纪的差别，是感情的鸿沟。情趣的转移，是爱情的坟墓。我和老伴是大学同学。回眸五十年前的恋爱生活，仍然如蜜在口。大学毕业后，双双分配到北京工作，又双双出入机关大门。让所有的同事都羡慕不已。退休后为了照看孙子，只好随着孩子又去了加拿大。由于文化的差异和语言的不通，就像唱歌的改为跳舞，温带植物移到了寒带那样不方便，不自在。不过角色的转换和地域的改变，只是一个习惯和时间问题。时间长了，习惯了，教授和褓姆，温带和寒带之间并没有一条永远不变的鸿沟。人生就像鱼游大海，随着活动范围的扩大和深度地增加，比较深层次的问题，比如生活习俗的差异和文化的碰撞等，便不可避免地找上门来。有一个与我们同住一个大楼的单身洋人老太太。白白胖胖，穿着时髦，性格开朗豁达。

她就给我带来了麻烦。开始一见面，她就异常热情。老是"哈罗，哈罗"叫个不停。稍为熟识一点，她便动手动脚。揪一揪我的耳朵，抓一抓我的腰，抹一抹我的屁股，以各种不防备的动作进行挑逗。让人感到她是一个非常喜剧式的人物。到了再熟识一点，她就更放纵了。一见面就扑上来拥抱，接吻。这种拥抱，接吻，并没有使我感到甜蜜和舒服。相反的，使我感到浑身不自在。她吻了我之后，就像被别人吐了一脸口水。恨不得马上回家清洗一下。那种感觉，与妻子接吻的感觉，完全不可同日而语。如此，这般，不仅使我感到越来越难受，而且使我的老伴也受到了伤害。老伴开始是看不惯，继则讽刺，挖苦，警告"不要晚节不保"。再则就是冷冰冰地有了裂缝。于是我感到了事情的严重性。便开始采取措施。有意识地进行躲避。每次出门先侦察一下"敌情"，确定了没有危险再行动。出门在外，也时刻警惕，一发现危险信号，便闪电般隐匿。另一方面，还要苦口婆心地向老伴解释，表白，洗刷自已。就这样一方面躲，一方面哄，腹背受敌，两面作战。弄得人焦头烂额。这就是我在加拿大径历的一场极不平凡的"艳遇"。其实我也明白，老伴并不相信我和那个洋人老太太之间，会有什么感情纠葛，她只是不让别人分享自已的丈夫罢了。后来她见我处处躲着那个洋老太太，也就放心了。对妻子的误会，我并不怪罪。人们可能都有这样的共识，两个男人共一个女人，或者两个女人共一个男人，都是令人不能接受，不能容忍的恶心事。这种事一惹上身，当事者容易着魔，相关者容易冒火。因而必须冷静。不久我们搬了家。这事便澈底作了了断。

　　如今回想起来，那场风波可能既不是异性吸引，也不是感情纠葛，多半是东西方社会风俗的差异和文化的碰撞的结果。与我们同一个楼的一个来自中国的老头。他去超市买东西回来的路上，遇到一个洋人老太太。那老太太将他打量之后，对他说"咱们俩结婚吧！"中国老头吓了一跳。愣了半天才回过神来。他对那个洋女人说"对不起，我有老婆。"洋女人问"你有妻子为什么不带婚戒？"然后两人悻悻然而去。由于东西方的文化差异，东方人把接吻，拥抱，甚至男女交往，都看得很神密，很感情化，很私密化。相反的，西方人把这些东西看得很淡，很公众化，很交谊化。东方人可能因一个接吻，一个拥抱，而引起一场轩然大波。而西方人可能因一个接吻，一个拥抱成就了一桩好事。事物的内涵是复杂的，多方面，多层次的。许多事情往往被假象所包围，所复盖。那种所谓"耳听为虚，眼见为实"的说法，并不全对。在复杂的事物面前，眼睛也常常是被欺骗的对象。如果仅仅用眼睛看，我和那个洋老太太的事，是跳到黄河也洗不清了。对这样的事，青年人的看法和老年人的看法也不一样。我的女儿和女婿听了哈哈大笑。女儿对妈说："妈，你就高抬贵手，让爸爸去浪漫一次吧！"

《霸王别姬》背后的故事

　　《霸王别姬》是京剧的王牌剧目，也是梅兰芳先生的拿手好戏。但是许多人只知道《霸王别姬》，却不知道霸王为什么要别姬？气壮山河，不可一世，中国最威猛，最强悍的男人西楚霸王，为什么会闹到别姬的绝路？许多人都会玩中国相棋，那棋盘中间有一条界河，上面写着四个大字："楚河，汉界。"这四个大字具有十分丰富的历史内涵。这是一条古老的"三八"线。两千多年前，刘邦，项羽起兵打天下时，两家有合作，有斗争。合作共同灭秦，在灭秦的过程中又各怀鬼胎。都想座新王朝之宝座，都想当新王朝之王。他们明争暗斗中，项羽处于优势，刘邦处于劣势。项羽以万夫不挡之勇将刘邦从东拉到西，从西拉到东。经过反复争斗，进入了相持阶段。在河南郑州僵持下来。以郑州西北郊的古河道"广武涧"为界对持。他们为了蓄力再战，暂时签订停战协议。以广武涧为界分别建造霸王，汉王二城。河东是项羽的地盘，河西是刘邦的天下。如今汉，霸二城早已灰飞烟灭，只有人们从厚厚的尘封的泥土中挖掘出的残城断桓遗址和后人树立的高高的虎头碑，静静地倾听着不远处古黄河的涛声与纪吊着久远久远的冤魂，满足今人思古之幽情。唐朝大诗人李白就是凭`吊者之一。他目睹古战场，感慨之余，写下了千古絕唱《登廣武古戰場懷古》一詩：

> 秦鹿奔野车，追之若飞蓬。
> 项王气盖世，紫电明双瞳。
> 呼吸八千人，横行起江东。
> 赤精斩白帝，叱咤入江东。
> 两龙不并跃，五味马天同。
> 楚灭无英图，汉兴有成功。
> 按剑清八极，归酣歌大风。
> 忆昔临广武，连兵决雌雄。
> 分我一杯羹，太皇及汝翁。
> 战争有古迹，壁磊颓层穷。

～～～～～

　　李白这首诗，既歌颂了一个失败英雄项羽，朔造了他无以复加的悲壮威猛形象,也肯定了刘邦成功兴汉的历史功绩。该诗尤其在朔造项羽这个独特的历史人物形象方面，有着不凡的功绩。"项王气盖世，紫电明双瞳。呼吸八千人，横行起江东"对项羽的这种出神化入，活灵活现的描写，绝无仅有。项羽是中国历史上古英雄中唯一的一个虽败尤胜，虽死尤生的人物。不仅李白歌颂他，中国史学界的史学泰斗司马迁，也破例地在中国首部历史巨著〈史记〉中，为一个没有当过帝王的项羽写了一个帝王才够格的《本纪》。破例给了他一个帝王待遇。中国把职称与待遇分开，称之为"局待"，"处待"。以此类推，项羽可称之为"帝待"。这么一个大英雄，为什么会败在死在比自已弱小的刘邦手里呢？这正是一个有意义的话题。他目中无人，狂妄轻敌，以勇代智，这是他的死结。与其相反，刘邦却是以弱击强，忍辱负重，以智克勇，集小胜为大胜，最终以蚂蚁胜了大象，终成大业。这是中国历史上以弱胜强，以智克勇的典范。刘邦在与项羽的斗争中，紧紧依靠自己强大的智囊团，张良，陈平，萧河出谋化策，不受敌人牵制，不受敌人利用。比如在鸿门宴上，刘邦安然脱险。不受敌人引诱，不受敌人激将。比如在广武涧对峙中，项羽为了引出刘邦决战，不仅隔河大骂刘邦，而且将刘邦的父亲刘太公绑到阵前，将油锅烧得滚烫，滚烫，对刘邦喊话，叫刘邦投降。否则，就要将刘太公丢进油锅炸了。这一招虽然十分狠毒，刘邦精神上受到巨大打击，但却要强装镇静，不能乱了阵脚。刘邦装着没事一样，对项羽喊话："项羽老弟，咱们俩是把兄弟，我父亲就是你父亲，炸我父就是炸你父，炸熟了别忘了分我一块肉吃。"刘邦这种以流氓对流氓的手段，既有效对付了项羽，又保护了父亲的安全。刘邦和项羽逐鹿中原，大战七十，小战四十，经过反复较量和消磨，项羽实力渐弱，锐气渐镞。刘邦实力渐强，锋芒渐露。愈到后来张良愈加强了智斗的分量。展开了密集的精神战法。从精神上打击项羽。比如"四面楚歌"就是张良安排的精神战法之一。搞得项羽斗志瓦解，军心涣散。把项羽搞到精神大崩溃的地步。据说，就凭项羽的神威和一个得心应手的武器大扁铲，就是没有一兵一卒，百万军马也到不了他的身前。即使你消灭了他的军队，也把他无可奈何。所以要消灭项羽，唯一的办法，就是叫他自杀。但是叫一个无比强悍的人去自杀，谈何容易？这难题是对刘邦集团智力的巨大考验。张良这个天下奇人，终于想出了一个奇招，想出了一个精神战的绝佳妙计。他在夜间搞了大桶的蜂蜜，在地上写了；"霸王自刎乌江"几个大字。蜂蜜涂在地上，黑蚂蚁味甜而聚。项羽清晨出得门来，猛然看见大门口黑鸦鸦的蚂蚁组成的"霸王自刎乌江"六个大字。心中陡然一颤，大喊一声"天灭我焉！"差一点晕倒在地。项羽自以为是天意，没有识破是张良的诡计。于是便演出了一出"霸王别姬"，自刎乌江而亡。这是张良摸透了项羽的个性，牢牢地把握住了项羽的内心世界和行动规律，才能玩强敌于掌心。张良虽然计杀了项羽，为刘邦成就了大业，在创汉上建了首功，但他看透了官场的黑暗和污�，便选择了功成身退，告别了刘邦到湖南张家界的深山老林里归隐去了。避免了像韩信那样的杀身之祸。如今张家界成了世界著名风景区，张良和他的后代功不可没。

戏 里 戏 外

—— 三国人物

　　近来一部《赤壁》电影，又在国内外掀起了"三国热"。尤其该片的几个主角，周瑜、刘、关、张、诸葛亮、小乔更引起人们的热议。《赤壁》是三国的精华。文戏、武戏都精彩绝伦。"借东风"、"蒋干盗书"、"草船借箭"、"周瑜打黄盖"等都是集中展示人物智慧和风彩的亮点。不过读三国书和看三国戏的人都会产生这样的疑问：戏中人物这么神，那么生活中的人物到底是怎样的呢？《赤壁》电影是以《三国演义》为蓝本创作的，其人物的基本性格是由罗贯中完成的。而《三国演义》的创作基础是陈寿的《三国誌》。不过《三国誌》是历史，而《三国演义》则成了小说。罗贯中在对三国人物重新塑造的过程中，进行了高度的艺术加工和概括。因而我们在戏中看到的周瑜、张飞、曹操、小乔之类的人物，并不是生活中的周瑜、张飞、曹操、小乔，而是加工和虚构的人物。罗贯中在加工过程中，对武将们弱化了文静儒雅的一面，强化了威猛机谋的一面，将一些普通的平民升华成了时代的风云人物；将生活真实升华到了艺术真实。这里我们想提供一些戏外的三国人物信息，以作戏内外对照的参考。

一、关於周瑜

周瑜是东吴的水军都督，是《赤壁》戏的主角之一，与诸葛亮明合暗斗，既是盟友又是敌人。在《三国演义》中为了与曹军决战，周瑜不得不借重诸葛亮的力量，共同对敌。

但在合作过程中诸葛亮处处高他一筹。为此他又妒火中烧，要千方百计置诸葛亮于死地。面对周瑜的既利用又陷害，诸葛亮却宽宏大度，顾全大局，警觉性又极高，致使周瑜的阴谋一一破产。而《赤壁》电影中突出了周瑜与诸葛亮合作共谋的一面，淡化了他们暗斗的一面。

周瑜的性格上更突出了将军惜美人的柔情描写。可能是因人设戏，为充分发挥台湾明星林志玲美的功效，竟然有激情的床戏演出。而戏外的，历史上的周瑜与此相差甚远。历史上的周瑜是个儒将。他既是孙权的水军司令，又是一个大音乐家。有个流传甚广的说法：“曲有误，周郎顾。”就是说，如果音乐上有了什么问题，找周瑜一看便迎刃而解。《三国誌·周瑜传》中记载：“瑜少精音乐。虽三爵之后，其有阙误，瑜必知之，知之必顾。故时人谣曰：“曲有误，周郎顾。”周瑜喝三碗酒，并不影响他欣赏音乐。虽然他一面喝酒一面赏乐，但演奏中出现了什么错误，他仍了如指掌，能够作到有错必究。也就是说，周瑜不是一般地精通音乐，而是一个天才的大音乐家，对音乐的造诣不亚于手中的长矛。但罗贯中在塑造这个人物时为什么忽略了这一点呢？究其原因，大概罗贯中是把周瑜放在诸葛亮的对立面进行刻画的。为了显示睹葛亮的大智如神和高瞻远瞩，周瑜也就只能委屈一点了。

二、关於张飞

吼声如雷，勇猛无敌。他因性格爆燥，头脑简单，常在诸葛亮面前耍小脾气，违拗不顺，使足智多谋的诸葛亮也感到棘手。虽然罗贯中也设计了一些细节，如张飞断案，马尾上拴树枝，荡起尘埃作疑兵之计等，表现张飞粗中有细的一面。但就像舞台上的三仙姑，无论作者怎么美化，读者面前仍然站着一个粗暴横蛮，杀气腾腾，让人望而却步的莽汉形象。

实际生活中和历史上的张飞，与《三国演义》及《赤壁》中的张飞，完全判若两人。

实际生活中的张飞，是一个大书法家兼画家，而且特别擅于画美女，一派文武双全风度翩翩的儒将风彩。邓拓的杂文集《燕山夜话》中，有一篇《由张飞的书法谈起》。该文开篇即说："近来北京出版印行了颜、柳、欧几种字体的〈标准习字贴〉，在这本字贴的编后中有如下一段话："我国书法家并不限于文人，武将中亦不少，如张飞……善画美人，善草书。""

据传说，四川渠县的八濛山，是张飞与曹操的大将张鸽交战的古战场。张飞率军万人之众，经过浴血奋战，大破张鸽。张飞以得胜者的姿态和豪气，抡起手中丈八蛇矛在山壁上刻下一行大字："汉将军飞精率万人，大破贼首张鸽于八濛山，立马勒石"此事在《三国志》上记载是"濛头"，据说古代"濛头"，就是今日之八濛。如今那块刻石毁于地震，但尚留下清朝光绪年间的一幅拓本。拓者胡开猷称："桓候立马勒铭，相传以矛輸石作字，在四川渠县壁，今壁裂字毁。光绪 7 年 6 月，检字藏拓本，重钓上石"这种历史记载是可信的。它充分证明张飞历史上其人的真实面貌。但是罗贯中为什么隐去了张飞儒将的真实面目，而将张飞塑造成了一个粗鲁威猛的将军典型呢？我想，罗贯中写三国，对人物性格的类型是作了充分设计的。刘、关、张和诸葛亮，一个厚，一个猛，一个忠，一个智。他们既互相制约，又互相谐调；既互相矛盾，又在一定的条件下互相一致；既突出了各人的性格特点，又能成为一个和谐的团队。这便是罗贯中大文学家的高妙之处。

三、关於小乔

《三国演义》中乔玄两个如花似玉的女儿，长女叫大乔，次女叫小乔。长女嫁给东吴盟主孙权为妻，次女嫁给水军都督周瑜为妇。二乔之父的乔玄成了位高权重的大人物。这就为甘露寺刘备招亲等戏中乔玄的角色埋下了伏笔。也为诸葛亮为促成吴蜀联盟，散布曹操下东南是为二乔而来，以激起孙权、周瑜的夺妻之恨，起而抗曹作舆论准备。二乔和孙尙香在《三国演义》中实际上是以裙带关系织成了孙刘联盟的联姻网络。而历史上和实际生活中他们的关系并非如此。历史上身为太尉的乔玄是梁国睢阳人，而二乔的爸爸是皖县桥

公。一个姓乔，一个姓桥，他们并不是一个人。而曹操妄图
吞掉东吴的目的是要扩大疆土，扩张势力范围。作为一个政
治家，军事家，岂能为两个美女便兴师百万，不惜一战。再
说以曹操的权位，要美女还需那么兴师动众吗？至于《三国
演义》中的《铜雀台赋》是经罗贯中修改过的。曹植的《铜
雀台赋》中的句子"揽二乔于东南兮"并不是要替父亲去夺
孙权、周瑜的妻子，为自己增加一个后母。而是站在铜雀台
上可以看到东南方地面上的两座桥。不过对"揽二乔于东南
兮"的诗句，民间可能有附会传猜。晚唐诗人杜牧曾作七绝
《赤壁》：

> 折戟沉沙铁未消
> 自将磨洗认前朝
> 东风不与周郎便
> 铜雀春深锁二乔

这是杜牧 842 年到 844·年间在黄州当刺吏时写下的诗，
怀抱济世之心，而无进身之阶，心情郁闷，而对周瑜进行讽
刺，一吐胸中之怨气。他所在的黄州城外的赤壁和后来苏东
坡写《赤壁赋》的"赤壁"，并非当年曹吴大战的赤壁，这
个赤壁因苏东坡的《赤壁赋》而得名，被称为"文赤壁"。
而位于湖北省嘉鱼县东长江南岸的"赤壁"，才是当年三国
的古战场，即被称为"武赤壁"。上个世纪 90 年代，岳阳市
文联曾邀请本人夫妇，柳萌夫妇，束沛德夫妇，及我的同事
文学所的林非研究员，到该市开会游览。在浩瀚的长江之滨，
观看了岳阳楼，小乔之墓等景观。这才使孤陋寡闻的我，晃
然大悟，这里原来就是周瑜的水军基地。那美人胚子小乔，

就长眠于此。她的墓园绿树环绕，群花簇拥，芳草萋萋，临江而卧。

冥冥之中小乔仿佛还眼含泪滴，身佩罗纱，痴呆地在那里翘首望江，期待着周郎从浩渺的江面上出现。凭吊美女向来充满雅趣，我们这些人仿佛也品尝到了这种滋味。

谈到电影《赤壁》，我们不能不为作者大声喝彩。他们既忠于原著，又大胆而合理的创新，写出了许多令人惊叹的好戏。他们以精妙的艺术手段，将那么繁复而漫长的历史事件，那么众多而庞杂的历史人物有效地浓缩在四个小时的影片之中，实在令人折服。影片中作者设计了许多既具有浓烈哲理意味，又符合剧情发展的细节。如，大战在即周瑜与众将官"投壶"的细节。以静衬动，突显周瑜临阵不乱，临战不惊的大将风度。又如小乔告戒曹操的心一向太满。既切合"曹阿满"之名，又符合曹操一向挟天子而令诸候，目中无人的性格。而"掏空"则是告戒，预示这场战争的结果。这些极具哲理的细节，含纳了太多的历史内涵。既深化了影片的主题，又起到浓缩历史的作用。

《赤壁》更为大胆的是，大刀阔斧，意无他顾地塑造了两位巾国英雄。一是林志玲扮演的小乔，虽娇柔艳丽，千态百媚，但关键时刻她却不顾生死，挺身而出，独闯曹营，劝说曹操退兵，争取胜算。她那大义凛然的形象，比之冲锋陷阵的武将形象更能震撼人心，更能令人肃然起敬。这个人物之所以可信，是有历史传说作为支撑。她一看到曹操便说，听说你是为我来打这场战争的？弄得曹操否、是皆难。因而曹操不但不会杀她，而且还愿意为她花费时间。这就是戏剧演义的空间。全军复没后曹操悲伤而感叹地说：我输给了一杯茶和一场风。这话令人深思。一场风，是输给他的主观自信；一杯茶，是输给他贪恋美色。戏中的另一位巾国英雄是赵薇扮演的孙尚香，她出生入死，打人敌人内部，通过卧底侦察，弄到了敌人的作战地图和关键情报，为战争的胜利创造了条件。她是一个无比英勇机智的战地情报专家。这个形象虽然也符合历史上孙尚香喜欢舞枪弄棒的武将特点，但总觉得这个人物的表演过于戏剧化，现代化了点，与小乔的形象相比，其深度和定力都不可同日而语。

2009 年 3 月 10 日
发表于《中国社会科学报》

换位思考

　　这里说的"换位思考"，是对调换或移动位置的思考，不是对思考的思考。也就是说，这里说的不是思考方式问题，而是对人的行为的思考。

　　中秋节是中国的传统大节日。今年又适逢辛亥革命百年庆典，显得特别隆重。所以要隆重地庆祝一番。仅仅吃点月饼，聚聚餐，仿佛还不能尽表心意。于是朋友们便购买了中国中央民族歌舞团在多伦多举行的大型文艺节目表演票。几家好友相邀而赏。进入剧场后，顿时被那热烈的节日气氛所感染。但美中不足的是，节目好，位置差。我们的座位是二楼中间区。不仅光线暗淡，而且视线不清。既看不清楚名角的像貌，也看不见精细的技艺。正在大家踌躇之际，忽然有人发现，楼下前三排的好位置全是空着的。人们心中有数，那是贵宾席。不是因贵宾们太忙不能出席，就是因他们位高身重不愿驾临这小剧场。不管什么原因，目前空着的好位置，实在是优质资原的大浪费，太可惜了。何不来一个废物利用呢？于是我们中有人便动了心思。他们想弃暗投明，扬劣从优，将座位从楼上降到楼下的二三排去。这个适时而附合大家利益的提议，立即得到了大家的响应。心急者，行动迅速，起身就走。而此刻谁也没有料到，黑松林里杀出了个李逵。

一个十四五岁的中学小女生，横枪勒马，拦住了去路。她大声喝止道："不能换到楼下去，你们买什样的票，就应该座什么样的位置，都像你们这样，不乱套了！"

小女生突如其来的举动，对一部分人发生了作用。但多数人没有把小女孩的阻拦放在眼里。只是他们碍于小女孩父母的面子，对小女孩这狗咬耗子的举动，没有说出太难听的话。他们对小女生投以异样的目光后，照样朝楼下走去。而小女生的妈妈，试图将小女孩拖到楼下去。口里说，"你真是认死理。跟我下去！"此刻小女孩仿佛受到了羞辱，她更加坚定，且义正词严地说："要去你们去，我不去！"我们那一伙人全都下去了，就剩下那个小女孩一个人，孤伶伶地，但安然若素地座在原来的位置上看着自已的节目。表面上看似乎是小女孩输了，但小女孩那凛然不可侵犯的坚定和自信的样子，仿佛胜卷在握。

节目演完之后，观众谢了幕，小女孩不急不缓地从楼上走了下来，很自然地进入了我们的行列。在返家的路上，大家对今天调换座位的事，进行了热烈的争论。争论中有一半以上的人作了"叛徒"，他们转而支持小女孩的行动。他们既享受了看节目的好位置，又讨好了那位小女生。话语还振振有词，头头是道。他们说，法制社会应该以法和制度为准绳，为依据。比如：开车遇到了红灯。道路上又没有别的车子和行人，你是闯红灯呀？还是等绿灯？即使你闯红灯没有任何危险，即便你有一千条理由，也不能去闯红灯。再比如，你上班期间，手头的工作作完了，闲着无事，这时你是不是可以早退呢？又比如，你作财务工作，遇到一笔无名款，你是不是可以吞为已有呢？这些中间地带，一般情况下，占之有益无害，但它必竟是利益的中间地带，充满太多变量，充满太多侥幸，充满太多不确定因子。所以才需要法和制度来约束。规定人们不要冒险，不要占小便益，不要呈一时之快。凡是积极主张向利益的中间地带进军者，无疑也是欲望的扩张者。欲望的无限扩张和膨涨，就潜伏着巨大的危险性。所以需要特别警惕。

　　一场辩论尘埃落定之后，大家一致认为小女生是对的。而大人都错了。看来有时真理不仅在少数人手里，而且是在"小人儿"手里。十四五岁的中学生，正是心灵成长和人格塑造的最好时期。这个小女生今天不凡的表现，不仅让人对小女生肃然起敬，而且让人对小女生的在读学校，加拿大列治文山区中学的教育质量感到大大的放心。此刻小女生的人气由刚才的低谷，上升到了高峰。连刚才还怪她"认死理"的妈妈，现在也为她自豪了起来。

皇帝的失误

　　皇帝是金口玉言，是没有错误的。或者说是不能有错误的。本文的标题放在封建社会，是绝对要杀头的。不过皇帝的没错，只能说明皇帝的无知和残暴。其实皇帝犯的错误比任何人都要多，都要大。因为皇帝没错，本身就是错误。拒绝承认错误，必定犯更大的错误。这里要说的失误的主角，正好是中国历史上最英明，最能干，最有作为的皇帝汉武帝。河南省登封县境内的嵩阳书院内有三棵巨大的古柏，名之为"汉柏"。这三株古柏虽然也是土生土长，但因为与两位赫赫有名的中国皇帝攀上了关系，尤其是因为汉武帝在它们身上犯过错误，它们就更显得身价百倍。这三株"汉柏"，其实并非是汉代所植。它们是汉代树木的老爷爷了。之所以名之为"汉柏"，是因为它们受过汉武帝的加封。据史册记载，公元一一〇年，汉武帝刘彻出巡嵩山。他在前呼后拥的轿子上行着行着，忽然晃晃忽忽地听到大山开口说话。翁声翁气地连喊三声："万岁！万岁！万岁！""问上上不言，问下下不语"这情景把所有的人都弄懵了。皇帝都听到了，谁还敢说没有听到。汉武帝说这是"天意"。是上天要他当皇帝的。这是所有皇帝巩固皇位玩的把戏。于是汉武帝连发三道圣旨：1、封该山峰为"万岁峰"。2、在万岁峰上建"万岁亭"。3、在万岁峰下建"太室祠"。即如今的中岳庙。还在嵩山建立特区。封万岁峰下的三百户居民为嵩山县，县衙设在太室祠中。县令兼祠官。特区的三百户居民免征一切杂务和劳役。专门负责祭祀岳神。依其性质看，可叫神仙特区。汉武帝作好了这些事之后，便由随从们簇拥下山，到了嵩阳书院。他在极度兴奋和扩张的情绪下开始要犯错误了。

　　人之所以在极度兴奋和扩张之时易犯错误，是因为他的思维之网松弛放大，有失缜密。汉武帝刚在嵩山上的那些表演，使他头脑膨胀，气血上涌，失去了冷静。这就是他犯错误的根缘。他进了嵩阳书院之后，猛然看到一棵巨大的柏树，现在正想发挥一下他皇帝的威严，于是大笔一挥，就封这棵树为"大将军"。他再往前走不远，又看到一棵更大的柏树。他有点为难了，因为大将军之名已被前面那个较小的柏树占去了。他心里想，反正我说了算，你只好委屈一点了。就封你二将军吧。于是大笔一挥，就封了他"二将军"。刚放下御笔再往前走不多远，眼前又耸立起一棵比二将军还要大的古柏。汉武帝心想，上天怎么总是与我作对？这里的古柏一棵比一棵大。他虽然心里有点嘀咕，但也得一不做二不休。只得叫这棵更大的柏树更委屈一点了。于是他又御笔一挥，封了这棵更大的柏树作了"三将军"。汉武帝的随从们明明知道汉武帝犯错误的全过程，也看到了汉武帝犯错误时的尴尬模样，不但无一人敢说其错，而且一片欢呼叫好之声。由此可见，并不是所有的"叫好"声都可爱。有时，那种奉承你话语，恰恰是推你走向错误深渊的助推器。虽然人在利益面前，可以对错误进行粉饰，在强权面前，可以向错误低头。

但是大自然却不管那一套。三棵巨柏，对汉武帝先入为主的胡乱封赏，表现了强烈的不满和不服。最大的一棵古柏感到大才小用，终日郁郁不乐，内火攻心而亡（毁于明朝雷电。）二将军感到封赏不公，气急败坏，将肚子气炸。而今肚子开裂了一个大缝，游人可以从它的肚子里自由地穿来穿去。因树身巨大，树高 20 米，树围 10 米。树的生命不受影响。而大将军虽然在汉武帝的错封中得利，但他感到这荣誉不该归已，受之有愧，也低下了头。后世到此观光的文人对此写诗评价道：

> 大封小来小封大，先入为主成笑话
>
> 三将军脑怒被气死，二将军不服肚气炸
>
> 大将军羞愧低下头，金口玉言谁评价？

这个故事一直从汉朝流传到清朝。乾隆皇帝于乾隆 15 年 11 月 1 日至 4 日，也踏着汉武帝的足迹来游嵩山，在游嵩阳书院时，在汉柏荫下也题诗一首。

> 嵩阳书院景最清，石幢犹记故宫名
>
> 虚夸妙药求方士，向以箐我育俊英
>
> 山色溪声留宿雨，菊香竹韵喜新晴
>
> 初来岂得无言别，汉柏荫中句偶成。

乾隆皇帝既是一个有作为的皇帝，又是一个才子。人走到那里，诗写到哪里。他在嵩山一连玩了四天，在这里题诗并不稀奇。而值得注意的是，乾隆与汉武帝面对同一情景，他们想的却大不一样。汉武帝一脑子里都是霸业。而更具风流色彩的乾隆，却面对前朝皇帝的失误顾左右而言他。一个普通游客，面对汉武帝的失误，尚且警愕，发出感叹。而一个英明的皇帝乾隆，能够无动于衷？乾隆这种视而不见的态度，实际上也是一种失误。不过乾隆的有意回避，只能由他自省了。而对汉柏来说，两个皇帝的一封一赞，无异加重了我国的稀世之珍，原始古柏的价值和分量。过去一个美女一生能够得到一个皇帝的宠爱，已是难能可贵。而三棵汉柏，在相隔千年，受到两个皇帝的菁莱，实属空前绝后而绝无仅有。这也算帝王们一功吧。

家庭的乐章

乐章本来应该是和谐的。但是有时出现一点杂音，有点波澜，有点起伏，也往往会有意外的效果。我们是一个和谐有序的大家庭。但`是就像坦途上有时会有一点泥泞，阳光下有时会有一点荫影，这些小插曲使生活变得格外活泼有趣。我的四个小孙子特别爱听我讲三国，水浒，西游记的故事。有时他们听入了迷，让你下不了台。水浒中的"武十回"，尤其是"武松打虎"是我故事中最精彩的部分。三年前的一天，几个小家伙叫我讲武松，我开始讲"武松打虎"，正讲得出神化入之时，那时四岁的大孙子安德鲁，猛不防朝我脸上"啪"地，扇了一耳光。这一耳光把我打得晕头转向。我十分恼火地质问他："你为什么打我？"他也瞪着两个大眼睛愤怒地质问我"你为什么叫武松把老虎打死？"接着他还不依不饶。必须叫武松把老虎治活。我突然明白了，这个小家伙平时就特别喜欢动物，尤其是老虎。在幼儿园经常一手举着老虎，一手举着恐龙。我犯了他的忌。接着，他非叫我把故事倒过来讲。"虎打武松"。从此我被迫颠覆了水浒的故事。将"虎打武松"讲了三年。如果施耐庵再世，可能要追究我篡改水浒之罪。不过，我从上大学到教大学，讲了几十年水浒，到了七十多岁，才从一个四岁孩子那里获得了点保护动物的意识。人从对老虎的绞灭到保护老虎，似乎也进步了许多。

　　我在中国退休之前，对厨房的事一窍不通。来到加拿大之后，赶着鸭子上架，抱孙子，割草，作饭，什么事都干。从此成了一个全能人。尤其是炒菜的活，还练了几个拿手菜，不时受到夸赞，心里喜兹兹的。不过想起刚来的那些日子，真是不堪回首。我们家里我是大厨。夫人打下手。她洗菜，切菜，配料都准备齐了，我才动手炒。我是北方人，口味很重。每次炒出的菜，全家人吃了，个个都猛喝水。女婿是南方人，口味很淡。每次开饭前，他都先倒一碗白开水放在面前。每吃一口菜都先在白开水里涮一下。弄得我很没面子。女儿为了照顾我的面子，自己明明也感到咸，却顾意问女婿："有那么咸么？"连我都感到了女婿口里的咸味，女婿却故意说："不咸！不咸！"不过，老伴却不管那么多。老是尖锐地向我开炮"打死卖盐的啦！"，"你不会少放点盐？""你想叫全家人都得心脏病？"每当受到批评，我总是十分谦虚地说"好，好，我改，我改！"一个人的习惯，就像长在身上的牛皮癣，即使我很注意，也让女婿涮了三年的炒菜。

　　我和老伴都是七十多岁的老人了。记忆力明显减退。因而家中常常上演"错中错"的戏剧。比如，有一次老伴说我的碗没有洗干净，足足批判了我半个小时。从讲卫生到建立良好的生活习惯，再到给孩子们作好榜样，再到多动动对身体有好处，把洗碗经从内到外，从上到下，发挥得淋漓尽致。我耐着性子洗耳恭听。最后我以最谦恭的态度表示，"你说得很全面，很深刻，很对头。字字句句我都记在心里了。"

然后我帮她把身上的围腰解开说："你的围腰也该洗一洗了。"
她一看到围腰晃然大悟："噢，这碗原来是我洗的！"我说：
"没有关系，你说得很对，共同受益，共同受益。"

　　错杂中产生的错杂意趣，往往是一曲美妙的歌。

台湾地名与中华传统文化

—— 台湾地名观察

　　历史被尘土复盖，有时也被谎言沉埋。开发和校正历史，既要铲除尘土，也要批驳谎言。

　　台湾自古就是中国的固有的领土，像盖在大地上的图章一样，那里到处都是它的开拓者用原乡的地名为处女地命名的地名。台北，台南，高雄等各个城市，从清朝以前就沿用下来的老地名，如重庆路，南京路，太原路；迪化街，咸阳街，临童街，开封街 —— 这都是大陆人去台湾开发居住留下的历史遗迹。这些命名包含了开发，经营，守土，坚持，发展等，无穷的辛劳和汗水，无穷的辛酸和痛苦，无穷的认同和思念。这种和着血和泪，哭和笑的名字，比之给自己的工厂，店铺起个名，给自己的孩子起个名，内涵具有更深刻，更广泛，更久远的意义。其中更注入了主人那种期望它千年不衰微，万年不变质的心灵寄托。除了用原乡的地名为新居命名之外，还有用中国的历史和古文化信仰命名的。如夏禹路，殷商路，周武路，隋唐路 —— 七贤路，八德路，五福路，六合路等。用历史上的朝代和古文化信仰为新垦之地命名，既是中国人的一种传统习惯，也是中国人传承和守土的心理体现。用直白的话说，就是："这土地是我们的。从此它已纳入了我们的祖传系列"。这种情况，一方面体现了它的开拓者，对中华传统文化功底之深，修养之厚，另一方面说明，认定自已开发的脚下的土地，是属于自已的民族和祖国的。此外，也有直接用开发者的名字命名的。如苏澳，吴全城等。从先人对自已开发和居住地命名的思考和用心看，它比盖一个图章，按一个指纹更郑重，更期待，更深沉。以一个普通的象征，盖一图章来比喻，虽不够十分贴切，但也还在先人的厚望之中。

郑成功是中国历史上，民族意识极强的民族英雄，他1661 年挥师入台，打败了荷兰入侵者，庄严地向趴在地下的入侵者宣布："台湾者，中国之土地也。"为了清除外国人的遗迹，正式将台湾纳入中国版图，他当即宣布将荷兰人命名的台湾首府（即现在的台南市"热兰遮"，改名为："东都。"台湾在大陆东面，就是中国东面之都。郑成功于 1662年创作了《复台，即东都》一诗："开辟荆榛逐荷夷，十年始克复先基。田横尚有三千客，茹苦间关不肯离。"郑成功的中华传统文化根基很深。他去台时就带了一批大儒。郑成功驱荷复台的目的，是要"复先基"，即要恢复和复兴祖上的基业。诗中引用田横的典故，具有深意。田横，乃古代齐国国王，汉朝建立后，他率 500 人（号称三千，实为 500）流亡一个小岛。刘邦派人招降，田横不愿称臣，在前往洛阳途中自杀身亡。留在海岛上的三千将士，全都自杀。郑成功借此典故，表明，自已和全体将士，驱逐入侵者和捍卫祖国领土完整的视死如归，大义凛然的勇气和决心。由于郑成功是从台湾南部攻入台湾的，那里又是郑成功军事，政治的大本营，因而那里遗留下郑氏政权命名的地名遍地都是。比如：五军营，林凤营，左营，右营，营前，营后等。这些如今仍然沿用的地名，不仅真实地反映了郑成功收复台湾之后，将军队扎在农村，进行开荒屯垦，由军队生产自给自足，为百姓减轻税收负担，这种利民政策的实施，而且由于郑成功的军队驻扎在没有人烟的地方，开发屯垦的都是无主的原始荒田，因而他们住在哪里，便垦拓到哪里，随之以军队的番号为那里命名。如：右先锋，右武营，中军营，参军前锋，前锋尾，将军营等。这些村庄和集镇，如今虽然炊烟缭绕，风景如画，热带的果实累累，茁壮的甘蔗如林，但是透过那些古老的名字，和现实景象重迭，可以看出两者血肉相连的关系。那繁华茂盛的果林，甘蔗林中，仿佛还隐隐约约可以看见，当年一群群一队队郑成功的军队在拓荒的情景。

从郑成功军队遗留下来的地名中，还可以看出郑成功军队的建制和结构。如：国公府，中协，角宿等，可能是亦军亦农的领导机构。营，是军中的最基本的组织形式。因而叫营的地名特别多。如；前营，后营，左营，右营，上营，下营等。此外还有镇，如；前镇，后镇，左镇，右镇，二镇，三镇等。可见镇也是当时军队的一种基本建制。此外，郑成功的军队中还有专门的旗营建制。如领旗，北镇旗等。旗是比营更高位阶的建制单位。可能相当于如今的司令部和指挥所之类的统辖单位。

郑成功军队留下的地名中还有：营盘，边屯等。据说这是且耕且战的状态下，开垦的营房旁边的土地。营盘是屯垦组织，也是兵营之意。后来郑成功便将军队开垦的土地交由大陆去的新移民耕种，军队收少量的田租，以作军费之用。这样的田叫营盘田。如今还在沿用营盘田地名的有：营盘脚，营盘边，营盘口，营盘前，营盘坑等。

郑成功的军队 绝大多数是郑成功公元 1661 年攻打台湾时，由福建组建的两万五千弟子兵，这是他最基本的队伍。由于在战争中损兵折将，军队需要适时的补充新的兵源，所以就有旧营和新营之分。如有新营，小新营等地名。

郑成功是个混血儿。他的父亲叫郑芝龙，是中国人。他的母亲叫田川氏，是日本人。郑成功出生于日本平户。因其父身为海盗，势力很大，在台湾有资产和家丁，对明朝皇帝十分忠诚，在郑成功十三岁那年，父亲引领他谒见了明王隆武帝。隆武帝赐郑为国姓朱，因而郑成功有国姓爷之称。从此郑成功的幼名由福松改为"成功"。因明朝是朱元璋开创的，因而朱姓为国姓。郑成功能被赐为国姓，在当时是一种很高的荣誉。如今台湾有；国姓爷井，国姓埔等地名。林氏埔则是郑成功的部将林杞开发的地方。故以他的名字命名。台湾农村至今还保留着许许多多以姓氏命名的村庄。如；刘厝埔，朱厝埔，许厝，何厝，吴厝，黄厝，廖厝，陈厝寮，胡厝寮，林厝寮，施厝寮等等。均是当初大陆各姓移民开发和长期经营那里的见证。这种以姓氏名自己开发的处女地，也是中国人的一种传统习惯，也是中华传统文化的一种表现形式。

上述最初以开发和屯垦者的组织，姓氏，原乡和个人之名命名的地名，遍布台湾的城市和乡村。遍植于台湾的东西和南北，成为了台湾地名发祥的主要成因。这是蘸着血泪盖上的图章，印上的指纹。经过几百年的风吹雨打：经无数次地耕耘收获，经过无数次的战火洗礼。泥土无数次的变成庄稼，变成人。人又无数次地变成庄稼和泥土。他们世世代代在这里开发，为这里命名，在这里耕耘，为这里守土。中国人的生命早已和这里的泥土凝结在一起了。这里的主权和业主是谁，是十分清楚而毫无疑意的，那就是中国，中国的地。

京城的世外桃园

——爨下村

从北京城坐汽车西行两个小时，进入俗称"西山"的燕山山脉。在那人烟稀少，大山怀抱的万山丛中，有一个既十分古老，又透露出一点现代文明的自然小山村－爨下村。爨，即灶之意。此字有个口诀；"兴字头，学字腰，双木林，大火烧"。由这个奇怪的村名，就可想象出这个村的来历。相传李自成打北京时，在此埋锅作饭，留下老兵繁衍至今。这个村有上百户人家。依山而建，由第一家沿着弯曲的石板小巷攀缘而上，到山顶的最高一户人家，大约有数百米高度。远眺像个扣着的大锅。据说，当年李自成进北京前，在此地屯军，吃了最后一餐饭后，留下老弱残兵，轻装上阵，一股作气拿下了北京，占领了紫禁城。这里的大部分房子，是李自成的军队驻扎过的，它们都可称为"文物"。中国虽然是一个政治潮流反复冲击的国家，但许多政治运动却未波及到这个地方。就象潮水的尽头，小潮流伸延不到，大潮流到此也成末梢。有一面墙上自高而低排着三条标语，算是时代的烙印。

一是："打倒日本鬼子。"二是："人民公社好。"三是："文化大革命萬歲。"說明這三個潮流是波及到這裏的。三個標語能存在至今，也說明過去沒有人太關注它，而如今這標語卻成了寶貴的旅遊資源。這裏雖古老，人們卻懂得吃現代飯。村民們在唯一的出入口處，建起圍牆和票房，收起了門票。入村 20 元參觀費。由於地勢險要，出入口只有一個，想逃票很難。因其獨特的歷史和時代的變遷，這個在大山叢中沉睡了幾百年，村民們靠從石縫裏摳糧食，摘野果度日的小山村，如今突然身價倍增。我們一進小村，來此旅遊的城裏人，熙熙攘攘。舉著小紅旗的導遊，帶著遊客跋涉在崎嶇彎窄的山路上，畫院和美術學校的老師帶著一班班學生，全神灌注地在寫生。當北京市要將這裏建成旅遊點的消息傳開後，這裏的天還是原來的天，這裏的地還原來的地，但所有的物值，卻驚人地成倍成倍地增長起來。有個畫院的教授，兩年前化了兩萬元在這裏買了一個小院子，現在政府要以一百萬元來收購。他對自己無意間發的這筆橫財，感到十分自豪。由於中國的崛起，旅遊業的快速發展，房地產價的猛漲，一夜之間暴富的人很多。眼下這個不起眼的小村，恐怕就要算是集體暴富的典型之一。它就像一個單純而充滿撲拙美的村姑，以她特有的自然美迷住了燈紅酒綠的城裏人。於是她成了城裏人熱戀的物件。目前她雖然仍是一個村姑的形象，但卻逐漸擁有了貴婦人的身價。

　　李自成從這裏進城時，人們覺得城裏好，如今人們卻覺得鄉下比城裏好。這個認識上的轉變，用了幾百年的時間。

臭豆腐

　　几年前的一天黄昏，我与太太在北京户外散步，突然一股熟悉而久违了的气味扑面而来。这股气味透人心脾，爽人耳目，顿时唤起了一种久远的历史记忆，让人为之兴奋想往。那是上个世纪 50 年代，我在湖北孝感工作。那时孝感是一个古镇，几条用青石板铺筑的窄窄的街道两边，是大小错落的商家铺面。街道上空吊着用竹绵和帆布等做成的棚子。晴天遮阳，雨天避雨。每到夜深人静之时，远远的从圣人殿儒学巷石板路上传来："当，当，当，"的木棒敲着竹筒的梆子声。随着梆声，石板路上慢慢地出现一点忽明忽灭的亮光。这时一声悠长的喊声："油炸臭豆腐罗！"便传进耳孔。随着这吆喝声，爱吃臭豆腐者便从家里走出，将臭豆腐挑围了起来。在明明灭灭的马灯照耀下，炸锅里的臭豆腐哧啦，哧啦地冒着白烟，那股特有的浓浓的香气四射。吃者个个端着个小磁盘，盘子里放着红红的辣椒酱，一块块皮黄肉白，外焦里嫩的臭豆腐便狼吞虎咽地进入一个个人的口里。我是这里的常客。后来虽然调到了北京工作，生活习惯与南方有很大不同。但是南方的那些美食的滋味，总是挥之不去。如今在北京嗅到了南方臭豆腐的气味，真如久违了的老友重逢。我们急急忙忙寻味找去，只见路边有一个中年妇女，面前摆着一个小摊。小摊上油锅里的臭豆腐正在冒着热气。我们二话没说，买了两包回家就吃。咬了一口，觉得滋味不对。再细细一看，原来是一般的豆腐干，外面涂了一层臭豆腐汁，炸制而成。我们大呼上当。多么好的传统美食，败坏在了可恶的贪欲之下。臭豆腐是中国南方的一种著名传统美食。据说发明者是酱菜之王王致和。王致和是古代安徽的一个举人。他赴京赶考，盘缠用尽，于是便做起豆腐生意。夏天卖不完的豆腐臭了，王致和便将它们全倒在缸里撒些盐等进行封存，隔几日打开，臭气冲天。再一尝又美不胜收。于是便有了这种闻起来臭，吃起来香的奇特美食。由此人们也把那些名声臭但有实惠的事与臭豆腐联系了起来。如今的贪婪者却将这种美食里外都弄臭了。

安德鲁奋勇救夥伴

　　冬天的滑雪场，是小朋友们的乐园。健身，娱乐，学技艺，练胆量，一举多得。读天才学校四年级，九岁的安德鲁和妹妹笑笑，是逢节假日必去的。他们俩分获金，银奖牌。今天他们俩又兴高彩烈地来到了滑雪场 笑笑和妈妈在一起。安德鲁是高级班，与同班同学南南及南南的弟弟，读一年级六岁的阳阳，以及另外一个八岁的小朋友，四个人上了一个缆车。上车后四个人互相确定座位，还没坐稳，缆车喼当一声便开动了。缆车开出十多米时，阳阳屁股一滑，呲溜一下，身子滑出了座位。他吓得哇哇大哭了起来。幸好，他的一只手还紧紧的抓在扶手上 这突如其来的事把孩子们都吓傻了。而安德鲁是四个孩子中最清醒，最机警的一个。他眼疾手快，就在阳阳滑出座位的一刹那，他唰地一下双手将阳阳的另一个胳膊死死抓住。这惊险的场面全被缆车下的人看在眼里。一个小孩拉着悬在空中的另一个小孩，是多么惊险，多么让人心惊肉跳的事。但谁又能出手相帮呢？此刻有人在缆车下大喊"南南，快把你手中的滑雪杆扔掉，去抓你弟弟！"此刻南南才从麻木中唤醒。他扔了手中的滑雪杆，转手抓住了阳阳的另一只胳膊。此刻阳阳的身子像秋迁一样在空中来回摆荡。阳阳的哭声，尖叫声，被寒风吹进人们的耳孔，显得异常惨烈。人们吊着一颗心在滑道上齐声高喊"不要松手！不要松手！"安德鲁和南南几次企图将阳阳拉上缆车，但由于两人用力不齐，都失败了。于是安德鲁对南南说"南南你听我的口令！"安德鲁喊道："一，二，三！"两个人齐力往上一拉。阳阳被拉上了缆车。这时所有的人都松了一口气。滑雪场上响起了叫好的声音："好样的！好样的！"此时，体胖的南南满头大汗，脸上的汗水，鼻涕，眼泪，都流在了一起。他累的瘫在了缆车上。救阳阳的主力安德鲁，内衣全湿透了。头发像老头的毡帽一样，贴在了头皮上。他的两个指甲，由于超负荷的用力，被翻了过来。在救阳阳时因全神贯注，没有感到疼痛。而事过之后，他感到了钻心地疼痛。缆车滑行到了终点，阳阳的爸爸，妈妈一把鼻涕，一把眼泪地从缆车上把两个孩子抱了下来 像是经历了一次生死离别。他妈妈说"以后再也不离开孩子了！"阳阳的妈妈转过身子，搂住安德鲁深深地亲吻了两下，真情地说了一句"谢谢！谢谢！"安德鲁只小声地说了一句"阳阳是我的朋友！"出自一个九岁孩子之口的最最普通的一句话，包括了千斤万斤的重量。

西方世界的流浪人士

　　3，40 年代的中国北方农村，流浪现象司空见惯。比如，跑日本人，跑饥荒，躲捐，躲债，躲抓壮丁等等。想起那些日子，至今令人不寒而栗。中国人有"金窝银窝，不如俺家的草窝"之说，不到万不得已，再穷，谁也不会离开家乡去流浪。因为流浪意味着灾难，意味恐惧，意味着不幸。但是，在西方世界中，流浪却完全是另外一回事。如今在加拿大，在美国，每到冬季，流浪的人群却很多。在有的城市，到了冬季，流浪汉成群结队，几乎成了城市的一景。一次在一个冰天雪地的日子里，我们开车到多伦多市中心办事。已是上午九点。依然发现大街两边的廊下，横竖睡了好多流浪汉。他们白天在大街上乞讨流浪，夜晚将铺盖展开，便睡在大厦的廊下或大街的人行道上。我们住地附近，就有一个四十来岁的年轻人，穿着讲究，仪表端庄，看上去像个绅士。他每天夜里就住在公园一角自建的朔料棚中。朔料棚周围，用树枝扎成围栏，作成柴门。院子里用树枝和木板架成桌子，编成藤椅。用葛藤和树叶搭成凉棚。他住得还挺舒服。西方人与东方人脑子里的流浪观念，完全不同。西方人的流浪，是一种选择，是一种生活方式的表现。住在塑料棚中的那个年轻白人，虽然连电灯也没有，但借着星光和月光，尤显得别致优雅而萧洒。在他看来，住在这里，别有洞天，可以充分享受大自然的馈赠，比住在摩天大楼里要自在，有趣，惬意得多。即使在零下 30 度的冬夜，流浪者也甘愿睡在廊檐下，睡在自已搭盖的窝棚中，而不愿被收容进暖烘烘的收容所里。即使拿着碗到教堂，到慈善机构去讨施舍，也不愿到收容所去吃那免费菜饭。即使为了他们自身的利益考虑，比如怕他们冻着了，饿着了，政府有计划地将他们收容，他们还要躲避或提出抗议。说是侵犯了他们的人权。对于这种情况，东方人是怎么也不能理解的。这种流浪对西方人来说，是一种生活方式的展示。而对东方人来说，是一种灾难的来临。对西方人来说，是追求自由和权利的行为，而对东方人来说，恰恰是一种失去权利和自由的结果。对西方人来说，是一种萧洒和浪漫，而对东方人来说，却是一种痛苦和无奈。我这里称之为"西方的流浪人士"，而不叫流浪汉，就是因为他们没有东方流浪者的那种痛苦，恐惧和无奈。有的是自主，自觉，自豪的风流和萧洒。

当我们看到有些中国人，为了抗拒非法拆迁，点火自焚，誓死保卫自已的家业。有些人为了保护自已的合法权益，带领全家一次次拼死上访，百折而不悔。有些人即使洪水冲来，受到死亡的威胁也不肯弃家而去，要与家共存亡。这些事在西方人的眼里，也是难以想象的。东方人根的意识，家族意识，固守意识，经过几千年封建社会的煅打传承，根深蒂固。这种文化和自由民主开放的西方文化，有着巨大的差翼。这种文化的巨大反差，使两种社会出现的流浪现象，从形式上看仿佛是一样的。但深究，却完全不同。其差异就在于东方人流浪的原因是不公平，不公正，被迫害，被冤屈造成的。而西方人的流浪，是流浪者对生活的一种特殊追求。他们的根本区别就在于自愿流浪和被迫流浪之分。

糊辣汤的滋味

　　前不久，在一个风和日丽的假日，加拿大河南同乡会在多伦多市的玫瑰谷公园，举行了一年一度的野餐会和家乡小吃评奖活动。上百家乡亲们，几乎把河南所有的小吃，都搬到这公园里来了。拚起来的数十米长的木桌，摆得琳琅满目。黑白红绿，冷热干稀，色彩鲜艳，香味扑鼻，令人惊叹喝彩，馋涎欲滴。糊辣汤，酱面条，烩面，凉粉，炸麻叶，韭菜合子，粽子，饺子等应有尽有。在众多美食中，最令人触目的是"中华牛羊肉馆"老板，用气车拉来的一大木桶，冒着热气的，地道的，香喷喷的糊辣汤。这是不参加评奖的，只作奉献的专业美食。多年以来每年一届的野餐会他都必到。评奖活动是群众和专家相结合。分冷食和热食两大组，各评一贰三等奖。评奖一结束，"中华牛羊肉馆"的糊辣汤前便排起了几十米的长龙。一个不落，每人一碗。盛糊辣汤的老板，满头大汗，但始终乐呵呵地笑容满面。人们投以敬佩的目光，不少人向他索要名片，留下美食后路。糊辣汤是一种人人都喜欢的，历史悠久的乡土小吃。主要原料有炒面粉，芝麻，花生，黄花菜等，加上胡椒，香油等调料，以特殊工艺，精心调配制作而成。它散发出一种浓郁的，持久的，让人难以抵抗香味。对它有记忆者，只要嗅到这股味，顿时就会与故乡那片土地连在一起。唤起你对那片土地的向往。我还是少年时期在家乡吃过糊辣汤，距今已有五十多年。如今美食进口，五十多年前乡村庙会上吃糊辣汤的香味和情景，刹那间，穿越过长长的历史遂道，展现在我的面前。此刻乡思，乡情，乡音，全都一锅烩。一口口的美食吞下肚去，一波波的温馨漫上心田。

　　谈起河南小吃，令我想起一件历史往事。那是 1988 年的冬天，老家在河南省修武县城关镇的台湾诗人兼散文家秦岳，要回老家探亲。他 40 年未归乡，对故乡既向往又陌生，既想拥抱她，又怕靠近她，内心充满忧虑和恐惧。特邀我从北京到郑州去陪同他返乡。我们是小同乡，又是同行。但只有书信往来，从未谋面。我们相约见面的地方是郑州一家宾馆的大厅。他超过相约的时间很久才到。寒宣之后，我问起原因，他说，飞机一到郑州，他就激动得不行，迈开脚步不知道该怎么走。深一脚，浅一脚，迈开头一脚，第二脚不知道该放在哪里，摇摇晃晃，像个醉汉。下了飞机以后，他又不敢走路了。总是感觉到仿佛有人要抓他似的。当年被抓壮丁，被赶到前线打仗，一路被驱往台湾的情景，顿时，全都在脑海里复印。他战战惊惊，一直等到飞机场剩下最后一个人了，确信没有麻烦，他才离开。我们稍加洗漱，他就迫不及待地要我带他上街找河南小吃。那是河南小吃一条街。看到琳琅满目的家乡小吃，他的旅途疲劳一扫而光。眼花缭乱中他选中了糊辣汤。他近乎疯狂地，哗哗地往嘴里吞，几口就是一碗。我看到他吃糊辣汤的样子惊呆了。那样子，分明是在吃思念，吃期盼，吃乡愁。四十年呀，想一口吞下肚！而我如今在加拿大吃糊辣汤的情景，与二十多年前秦岳在郑州吃糊辣汤的情景有点相似。不过，他是一种满足后的痛饮，而我是一种饥渴式地吞咽。

　　小吃，是一种美食，当它被附于了社会和情感因素之后，它就变成了一种治病之药，提神之气，养生之宝。许多固疾和顽症，遇到它，便迎刃而解，药到病除。

童　真

　　我有四个小孙子，最大的十岁，最小的四岁。他们是我们家的开心果，朋友们个个为我们骄傲。只要四个小家伙从学校，幼儿一回家，家里就变成了花果山。一宣布表演节目开始，争相献技，各露绝招。四个小家伙中最小的叫爱瑞，天真活泼，聪明绝顶。他把中国功夫和街舞结合在一起，自创一种文武相备，既威猛又柔和的娱乐形式。表演起来，跌打腾挪，翻滚跳跃，令人眼花潦乱，目不暇接。他的表演十分认真卖力。每次都搞得面红耳赤，满头大汗。他的每一次表演，总是赢得最热烈的掌声和喝彩。小家伙长的虎头虎脑，英俊漂亮，人见人爱。幼儿园不仅所有的老师都喜欢他，而且在小朋友中也有很多粉丝。尤其是小女孩，都抢着和他交朋友。其中有个白人小女孩在家里对妈妈说"妈妈，我喜欢爱瑞，你去告诉他妈妈，我要和他结婚。"她妈妈把这当作笑话，一笑了之。没想到过了两天女儿又颇认真的追问"妈妈你给爱瑞的妈妈说了没有？"如是，这个家长这才认真起来。一天，在接孩子时，她碰见了爱瑞妈妈，笑着对爱瑞妈妈说"我女儿要我来向你提亲，她要和你们家爱瑞结婚哩！"爱瑞妈妈哈哈大笑说"真的吗？你女儿还真多情哩。"爱瑞妈妈回到家里将此事如实的告诉了爱瑞。她怎么也没想到，爱瑞的第一反映就是摇着头连说了三个"no！no！no！"他妈妈不解地问"为什么？"他说"她胖糊糊，园溜溜，我不喜欢。我喜欢的是另外一个小女孩。"我在旁边自言自语"现在的孩子真了不得，三四岁就谈情说爱了。"爱瑞的妈妈带着讽刺和埋怨的口气对我说"爸，你才是个老顽固哩！到加拿大来开了眼了吧？在中国你管我们那么狠。高中都毕业了还不准我们谈男女的事。弄得我和姐姐大学毕业了连个恋爱都不会谈。如果不是到加拿大来，你今天哪有四个孙子？说不定至今，你还是个孤老头子呢！"女儿的一席话几乎把我说哑巴了。内心里虽然有些反思，但嘴里还是有所强辩。"你们的事也不能全怪爸，东西方文化不同。不同时间，不同地点发生的事，不能同日而语。"话题扯开使小爱瑞有点冷落。我故意又把话题拉到爱瑞身上。"爱瑞，你喜欢的那个小女孩，人家喜欢你吗？"他连想都没想就肯定的回答"喜欢！"我说"你这小家伙还挺牛。"他把胸一挺，显出一种狂傲姿态。我想找点对他不利的事，稍稍压压他的气焰。我说"你今天早上是不是迟到了？"他答"是"。幼儿园规定，迟到是要到老师那里拿迟到条的。我问他。"你拿了迟到条没有？"他说"没拿。"我问"为什么？"他说"因为要迟到条的老师也迟到了。"我说"唉，好事都叫你赶上了。"

母爱，在这里发酵

中国的母亲和西方的母亲，对待孩子有着明显的区别。中国母亲对待孩子，多是无条件的溺爱。为了孩子，自已可以奉献一切，抱括生命。在过去没有尿不湿的日子里，孩子尿湿了被褥，母亲自已睡到湿处，将孩子挪到干处。家里有点好吃的，全都留给孩子吃。两人连心，母子一体。而西方母亲对待孩子比较理性。孩子一出生，就要规划他的未来。想着怎样让孩子成为一个独立的个体。而生活在西方的东方人，常常把自已弄得不中不西，半中半西，或者是外西内中。我的小孙女笑笑没出生前，大人就为她准备好了单独的房间。出生的第二天，刚从医院回来，一进家门，大人就把她抱到了她自已的房里。至今笑笑已经六岁了，从来没有在妈妈怀里睡过一个温馨觉。笑笑到了一岁左右，慢慢懂点事了，就闹着要和妈妈一起睡觉。妈妈怕坏了规矩，就是不准孩子上自已的床。但是也无法阻止孩子的哭闹。无奈，妈妈只好每天将孩子哄着睡着了，自已再回房睡觉。比笑笑大两岁的哥哥，与笑笑的经历差不多。最近，为了鼓励两个孩在班上拿到好成绩，妈妈制定了一种独特的记分奖励办法。一不是奖励金钱，二不是奖励玩具，而是得一个"A"，打一分，积够了一百分，可以到妈妈房里和妈妈睡一夜。这个方法十分有效，从公布的那天起，两个孩子就拚命地比赛积分。笑笑最先积到了一百分。获得了与妈妈睡一夜的荣誉。在孩子眼里，这个奖十分神圣，简直可以比得上诺贝尔奖了。这一夜是孩子盼了好几年，花了巨大努力才得来的，她非常珍惜。笑笑和妈妈睡在一起，感到无比温暖，无比亲切，无比幸福。两只小手不停地在妈妈的身上摸来摸去。摸着妈妈，，她感到既熟悉，又陌生，既亲密，又疏离。眼前的幸福，既是自已早该享受的，也是自已花劳动换来的。她想，我要充分地享受这一刻。笑笑是个很爱动脑子的孩子。她天真地向妈发问"妈妈，爸爸和妈妈睡觉不要挣分，为什么我和哥哥和妈妈睡觉要挣分？"妈妈感到这问题不好回答。只好应付了一句"你长大以后就明白了。"笑笑不知不觉地睡着了。但妈妈却睡不着。妈妈怀里抱着这个小家伙，同样是感到那么温馨，那么甜蜜。那柔柔的羽毛一样的肌肤，那嫩嫩的棉条一样的小脚小手，扶摸着，扶摸着，真是好舒服。母爱在里开始发酵，一直发挥到了极致。妈妈突然想到，既然是这样，为什么要孩子挣够一百分才能得到呢？自已设的障碍错过了多少幸福？这不是自已给孩子的奖赏，而是上帝赐给自已的幸福。想到这里，她也感到了好笑。这一夜过后，妈妈想到，自已给孩子的温暖太少了，对孩子深感歉意。于是她又想了一个补尝的办法。即，除了积够一百分和妈妈睡一夜外，每人可以再"免费"（即不用扣分数）和妈妈睡一夜。两个孩子一听，都高兴地跳了起来。不过机灵的笑笑，马上又有了一个新主意。她说"我现在只要那一夜免费的，一百分我留着，过一两个月，我还可以再和妈妈睡一夜。"笑笑一句普通的话，却重重地击中了母亲的心。弹动了她母爱的神经。两行眼泪扑鲁鲁地从脸颊上流下。天真的女儿问妈妈；"妈妈你哭了，你不高兴？"妈妈说："孩子，妈妈是太高兴了。"是的，泪水不光是为悲痛准备的，幸福中也有涌泉。中国人到了西方，生活中的许多事情，都呈现出一种二元现象。表面是西方的，内在是中国的。语言是西方的，心灵是中国的。行为是西方的，感情是中国的。这在加拿大的多元文化国家里，不仅是可以的，而且是喜见乐闻的。也因此加拿大的社会才很少有族裔之间的争斗和岐视，才显得十分公平与和谐。

我与纪弦

　　中国现，当代诗坛上，凡是爱诗的人，无人不知纪弦。早年他用过刘易斯的笔名。其本名叫路逾。他可与艾青，臧克家，冯至，卞之琳等并列。属于大师级的诗人。1935 年就与徐迟，戴望舒，杜衡创办《新诗月刊》。诗坛生涯 70 余年。出版过数 10 部诗集。1949 年去台湾之后，成为台湾现代派诗的领袖。名列台湾十大现代派诗人之首。提起纪弦，顿时就会出现这样的形象：高高的，树一般笔直的身躯，冷静的，沉思的面容，被从大脑里释放出的智慧之潮冲击的半直立，两分式头发和瘦瘦的，但却如钢精般有力的手握一个大烟斗，临窗远眺。这就是纪弦经常"想诗"的动作和神态。随着一圈圈白雾烟的升腾缭绕，一首首饱含着哲理意蕴，还冒着思索温热的美丽深邃的诗篇便出世了。纪老曾于 50 年代写过一首叫《现实》的诗："甚至伸个懒腰，打个哈欠/都要危及四壁及天花板的！/匍匐在这低矮如鸡埘的小屋里，/我的委屈着实大了：/因为我老是梦见直立起来，/如一参天古木"这精粹凝练，内涵深邃，象征意极强的诗篇，不是一般的急就之章。而是从思想隧道中，从社会生活的底层，抽出一根根带血的思维，织绣而成的艺术珍品。诗人将当时的台湾现实比作鸡窝，而将自己比作参天古木。把矛盾推到了最尖锐的极端，要么把鸡窝拆掉，要么把古木折断，二者必居其一。毫无调和的余地。1995 年 9 月 15 日，纪老从美国加州住所，给我来了一封信，其中谈到了他的现状和他写诗的方法与原则。其中写道："我今年 82 岁了可是除了外形老的十分难看，健康尚佳。心情愉快，而且写作不辍。我不是不服老只不过这具机器还有用，还不到报废的程度，所以我每天都在工作。五点半起身，早餐后六点多就开始了。直到八点左右，方才告一段落。这叫晨课。有时写散文，写诗论，也包含给朋友们写信在内。但很少写诗，这话怎么讲？原来诗是"想"出来的。而非写文章那样的"写"出来的。我经常在"想"诗，如有所得，就记下来，放在一边。等过了些时日之后，再拿出来看看，觉得尚可，就再三修改，直到满意为止。如果不行，就撕掉它。我常凭着自已的经验，劝告青年朋友"多想少写，其奈他们不听老人言何？"这段文字表现了纪老一惯的自我调侃和风趣洒脱的文风 及乐观开朗萧洒不羁的性格。与文风性格形成鲜明对照的是，纪老写诗之沉稳精凝，深思熟虑。纪老 70 多年的诗坛生涯，经历丰富，创建多多。上个世纪五六十年代，他是台湾新诗现代派的代表人物。其新诗的"移植"曾受到激烈批判。本人在《台湾新诗发展史》中，也对他的诗歌理论进行了猛烈抨击。但是纪老从来是对事不对人。观点对立，关系上依然是朋友。台湾另一位大诗人覃子豪，与纪老诗的观点针锋相对，对纪老批驳了十多年。但两人仍然非常友好。大诗人高风亮节，胸如大海。纪老到了80 多岁仍然精益求精，笔耕不止，真令我辈崇敬不已。

　　30 年代新诗还处于幼年时期，他就不遗余力地为新诗奔走。办诗刊，创诗社。40 年代末，他到台湾立足未稳，就与钟鼎文，覃子豪，李莎，墨人等，一起创办《新诗周刊》，几乎是台湾诗坛的拓荒之举。之后他又独资创办 1949 年后台湾的第一家诗刊《现代诗刊》。1956 年，他又组创了几乎囊刮台湾整个诗坛的现代派诗社，"现代派"。全台湾的著名诗人几乎都聚在他的旗下。他们以反潮流的精神反叛了盛极一时的"反共八股"。将新诗由绝境引向了新生，把新诗的艺术品位提升到了一个新的境界。把新诗从政治窒梏中解救了出来。恢复了新诗的艺术生命。在这一伟大创举中，作为领袖人物的纪老，功劳卓著。后来的新诗西化，纪老醒悟较早虽也一再揪正呼吁，但已力不从心，收效甚微。

　　纪老在台湾诗坛上虽然功高盖世，但却处境艰难。屡屡受到迫害和攻击。为了对恶势力进行反击和表示蔑视，他创作了慷慨激昂，穿透力极强，几乎一击可置对手于死命的《四十的狂徒》。和对敌人无比轻蔑和鄙视的显示精神强者状貌的《狼独步》。这两首诗皆是疾恶如仇的佳作。尤其是精短凝练，如匕手，似投枪，但表现方法却非常含蓄，象征力极强的《狼独步》，读之令人不寒而栗。"我乃旷野里独来独往的一匹狼/不是先知，没有半个字的叹息/而恒以数声凄历已极的长嗥/摇撼空无一物的天地/使天地战栗如同发了疟疾/并刮起凉风飕飕的，飕飕飕飕的/这就是一种过瘾"狼是诗人自喻。他面对打击和迫害，浑身是胆，万夫莫当。一声怒吼，天地为之战栗。诗中在凉风二字后面连用了六个"飕"字，把狼的勇猛和威武提升到了无以复加之境。在残暴的恶势力面前，只有这种山摇地动般的震撼，才能以正压邪。这诗利用象征暗示的手法，把诗的主题，诗的震撼力和威慑力，都表现到了最佳之境。把诗的主人公的形象和性格展示的非常充分。在现代诗歌史上，能把象征和暗示运用得如此精凝地道，炉火纯清，虽是象征但却绝不会莫棱误植的，恐怕还不多见。

纪老是个性格孤傲，宁折不弯的汉子。他时时以笔直挺拔的槟榔树自喻。到台湾后，他一连以槟榔树为题，出版了槟榔树甲，乙，丙，丁，戊五部诗集。一提起纪弦，就让人想起槟榔树，一提起槟榔树，就让人想起纪弦。槟榔树的笔直挺拔和纪弦的刚毅正直，已无间地融合到一起了。纪弦虽然正直强悍，但却并不目中无人，也不以精神贵族自居。并不高高在上，老虎屁股抹不得。也不诱使粉丝们上钩吹捧自已。不仅如此，他还能虚心听取不同意见。遇到不同见解，他不急不躁，平等交流。一派慈祥，宽容的长者风度。本人的拙著《台湾新诗发展史》1989 年在台湾出版，该着对纪老诗歌理论上的 "移植论" 和西化主张，作了尖锐的批判。纪老看了拙著后，曾于 1994 年 1 月 16 日给我来了一封信。信中说："对于先生的评论和分析，虽有些地方不能完全同意，但我必须尊重先生的看法。至于先生对我诗艺之过奖，这一点，我不但能接受，而且已把先生大名列入我的知音名单中了。谢谢先生！"

大师有大师的风范，大师有大师的高度。蓝天高阔，海洋深邃，大山巍峨，它们无声地给予，默默地奉献。但是宇宙是公平的，给大海以浪花，给天空以彩虹，给高山以朝阳，而我献给纪老的是内心的热爱和敬慕。

痛失良师

— 吊臧克家老人

　　我正在南宁参加海峡两岸共同举办的台湾爱国作家扬逵文学研讨会，勿闻克家老人仙逝的噩耗，令人悲痛不已。在前辈老作家中，我与臧老的关系最密切，感情最好，受教最多。在 2000 年以前，不仅常有电话联络，还不时有信件来往。

　　每听到他的电话召唤，我不管在做什么事，都要立即放下赶到臧老身边，听他老人家教诲。我们的话题主要是诗。有时臧老谈他写诗的经验和体会，有时谈他对某首诗的理解。记得有一次他谈到毛主席请他到中南海讲诗的情况。他说主席和陈毅等中央首长非常用心听讲，不时还要向他发问，讲完课后，有时要留他在中南海吃饭，但臧老每次都婉言相拒。臧老说他从来不在外面吃饭，再盛大的晏会他丝毫不感兴趣，每次外出，他都要赶回家来吃饭。美酒和大鱼大肉他从来不沾边。在和他聊天中，每到吃饭时间，家人就用一个木盘，将两小碟青菜、一碗米饭、一小碗汤端到臧老的书房中，臧老独自一人用餐。臧老喜欢安静，不喜欢喧闹。因而那些热烈喧嚣的场合，他极少参加。由于他不喜欢应酬，他一生没有坐过飞机。臧老非常关心台湾和台湾文学。1947

年台湾发生了"2·28"事件。国民党对台湾同胞进行血腥镇压。时在上海的臧老，无畏地挺身而出，发表了《表现》一诗，对国民党的暴行进行抨击，对台湾同胞表示了极大的同情和支持，现将该诗写在下面：

《表 现》

—— 有感于"二·二八"台湾人民起义

五十年的黑夜，（指日本人统治）
一旦明了天，
五十年的屈辱，
一颗热泪把它洗干，
祖国，你成了一伸手
就可触到的母体，
不再是，只许藏在深心里的
一点温暖。
五百天
五百天的日子
还没有过完，
祖国，祖国呀，
独裁者强迫我们
把对你的爱，
换上武器和血
来表现

1947 年 3 月 8 日於上海

1947 年正是蒋介石疯狂地打内战，对全国爱国者进行大屠杀时期。臧老身处上海的白色恐怖下，敢于发表《表现》这样的诗，对国民党进行公开抨击，并且直指当局为独裁者，实在是要冒着杀身之祸。这种精神和人格是非常了不起的。是值得世人敬佩的。该诗在表现上有着独到的特色。"独裁者强迫我们"一语，不仅把"二·二八"事件的责任，明确定位在独裁者身上，而且含蓄，但却非常明白地揭露了独裁者的无比残暴和人民的被迫反抗内涵。该诗激情饱满，语言浅显明白，内涵丰富充实，是一首思想和艺术具佳的革命诗作。

我和臧老的接触中，谈得最多的还是台湾文学。臧老对台湾文学研究，尤其是对台湾诗的研究十分关心。20 世纪九〇年代中期，大陆对台湾文学研究处于非常热的状态。许多专业的、业余的、有数据的和缺少数据的，都投入了这一热流。尤其是对台湾新诗的研究，有的人读了几首，便长篇大论发表起文章来了。出现了以感触代替研究，以估摸代替评价，造成了以偏概全，以个别充当一般的现象，导致了对一部分台湾诗人和他们作品的无原则吹捧。引起了中国诗坛的不安。其中就有一位叫"苏丁"的先生，于 1990 年 9 月 20 日的《文艺报》上发表了《苏醒的中国意识— 余光中诗观评述》的文章，写道："他的诗既是传统的，又具有现代感：既有高度的民族性，又在世界范围内引起共鸣。既是纯粹的中国诗，又开放性地采用了西方现代诗的多种技巧"。将余光中说成了中西结合的典范。该文一出，两岸哗然。时任《文艺报》主编的批评家郑伯农，当即向本人邀稿，针对苏文，本人发表了《谈多"妻"主义诗人余光中》的文章，对余光中始而"西化"，继而"回归"的创作进行了较全面和系统的评价。小文受到了两岸诗坛的欢迎。时任诗刊主编的杨子敏同志告诉我，他将那期的《文艺报》往台湾寄了五份。时任文化部代部长的贺敬之对拙文给予了好评。克家老人看到小文后大加赞赏，打电话邀我谈了三个小时。从对余光中的评价谈起，一直谈到台湾新诗现代派和乡土派的状况和我们应坚持的批评原则。臧老谆谆教导，中国诗之根在大陆，中国诗的传统主流在大陆。对台湾诗要深入分析，进行实事求是的评价。要深入研究诗人个体的创作，多剖析具体作品，少作缺乏事实依据和作品支撑的空盲评语。

臧老的耳提面命和他深入浅出的教诲，对我的台湾文学研究帮助极大。每当拿起笔来，对台湾文学进行评价的时候，臧老的教诲便回响在耳边，正是由于臧老的教诲，本人在对台湾文学，尤其对台湾诗的研究中，表现出一种深入沉稳，多解读研究文本，少空泛议论评价的学术风格。

除了与臧老当面交谈，受到臧老的教诲之外，我还不时地收到臧老的来信。信的内容多是他老人家对我对台湾文学研究的鼓励和表扬。1994 年 12 月 16 日夜晚，他老人家在灯下写道："你我虽然不常晤面，但我很嚣重你，写的文章观点正确，对台湾文学态度公允，是非有准"。1995 年 4 月 20 日，臧老来信写道："我心脏有病，又加感冒，身体欠佳，匆匆给你写几行，因为只有你能正确地看台湾文学，加以评论。"1999 年 8 月 24 日臧老来信写道："久不见，但心中却念念，我已 95 岁了，健康状况尚可。勿念。我至今没忘赞美你的几句话："现在研究评价台湾文艺的，以你最为公允，水平高（古远清与你称"二古"）你工作状况如低？如意么？我上了年纪闭门谢客。

握手克家

99 年 8 月 24 日

郑曼问好

臧老是中国前辈文人中最值得崇敬和赞美的一位，不仅诗好，人也好。他那谦和、开朗、慈祥的风范，也就是他一生创造的，以他为代表的中国诗人的风范。

他那沉稳、坚毅、直朴的性格，也如同中国诗的性格。臧老享年 99 岁，他的诗龄有 70 多岁，是中国现当代诗坛上生命最长，诗龄最长，贡献最多的一位诗人。他既教诗，也教人，不愧为中国现当代诗坛的泰斗和导师。因而受到的崇敬和爱戴也是最多的诗人。近年来臧老身体欠佳，我便有意识地不去打扰他老人家，让他老人家安安静静地享度晚年。虽然抑制自己不去打搅老人，但心中却无时无刻不想念他，每当遇到知者，便去打听老人家的消息，向老人带去致意。如今臧老走了，但他还永远在我们的身边，我将他的信放在枕边，他不仅成为我文学研究的指路灯，而且也是我人生的座佑铭。臧老永远永远也不会离开我们。

时过境迁

大陆和台湾的学者、作家们，在北京开完了"台湾文学研讨会"，结束了四天的思考、求证、辩论的学术活动，如今要换一种轻松的生活方式，到京郊的龙庆峡去参观冰雕展览。四十多位代表乘坐旅游局的一辆进口大客车，行进了四五个小时。车过沙河之后，随代表去参观的旅游局长，为了活跃疲劳的旅途生活，自告奋勇要给代表们讲故事。车内响起了一阵热烈的掌声，局长的故事就从掌声中开场了。

局长不愧是个当官的，他的故事非常富于时代内涵。因为他又兼有旅游专家的身份，口才流利，幽默感极强，语言也很有感染力。他刚一开口，就把全车人的视线和听觉凝集在一个焦点上了。他说，由于时代的变迁，许多事物形式依旧，但内涵却被历史更换了。有一个省会城市的中心，六。年代"文化大革命"中，树立起了一座巨型雕塑：一位威武的工人面前，有一个巨大的钢质圆环。当时的象征内涵是："工人阶级推动地球旋转。"二十年后的今天，由于许多国营企业亏损、倒闭，工人失业、减薪，他们满腹牢骚。于是"工人阶级推动地球旋转"的内涵便消失了。

他们心目中，这座巨型雕塑就变成了"工人阶级等于零"。

　　六〇年代的"文化大革命"中，由于政治狂热，许多任务厂、机关、学校都用钢筋、水泥或花岗岩，建造了巨型的毛泽东塑像。毛泽东目光炯炯，挥手向前。当时的寓意人人皆知，是："毛主席挥手我前进！"但是，二十年过去了，毛泽东的影响渐渐淡薄了，"文化大革命"中的口头禅："毛主席挥手我前进！"也在人们的记忆中消失了。于是该雕像的内涵也就变了。一次，一位青年妇女带着她的孩子，从毛泽东塑像前经过，她用测试的口气向孩子发问："你看，毛主席在干什么呢？"那孩子不假思索地答道："毛主席在打的（出租车）哩！"

　　汽车司机是工人，过去也是国家的领导阶级。如今；司机的社会地位变了，许多称呼汽车司机的话语，便具有了讽刺性的内涵，比如：司机是"司（局）级干部"；司机是"掌握方向盘的，是掌管方向、路线的人物"；司机是首长，总是坐在首位……全车的代表们正在局长的幽默故事中捧腹大笑，兴奋不已。突然，一个急刹车，冷不防所有的人全都倒在了晃动的车箱中。故事中断了，车内一阵骚动。开始，大家以为是汽车出了故障，抛了锚。过了一会，才传来了确切消息；是两位汽车司机因局长出言不逊，话中讽刺了他们而罢工了。

　　这一来，可把人们急坏了。眼看夜幕已经降临，汽车停在前不挨村后不着店的长城口外，距离龙庆峡还有一个多小时的车程。怎么办呢？难道隆冬天就在这荒山野外的汽车上过夜吗？有的代表试着去向两位汽车司机陪笑脸，说好话；有的代表代替局长去向他们赔礼道歉。但是不管谁来求情，在两个眼珠突出，气冲牛斗的司机面前，均毫不例外地碰了钉子。

当人们纷纷向汽车司机求情的时候。闯了祸的旅游局长却既不着急，也不后悔，神态自若地坐在自己的位置上，静观事态的变化。车里的秩序渐渐平静下来后，他不慌不忙，胸有成竹似地站起来讲话了。他说："诸位，在汽车上，司机是名副其实的领导。他们主宰一切。他们说开就开，他们说停就停，天老爷也把他们没有办法。就是我这个当局长的，命运也捏在他们手里。但是回到了局里，我是真正的局长。到那时，都得听我的。我说开就开，我说停就停，我说走就走，我说留就留……"局长的话还未讲完，两个司机哧溜一下窜上驾驶座，开动汽车就走。起始，人们对两位司机这反常的突然变化，感到莫名其妙。后来才算清楚，这位局长是刚刚提拔上来的，两位司机不明他的身份。刚才局长那些暗藏杀机的语言，重重地刺痛了他们的神经。

汽车虽然开动了，但刚才的停车插曲，就像一片阴影笼罩在各位代表的心灵上。那尴尬的情绪，就像冻僵在树上的叶子，活也活不了，落也落不了，窘迫、难堪。善于演说，又善于转变和调节人们情绪的旅游局长，又开始施展他的幽默本领了。他说："汽车停下来了，也无需我们大家下车去推。即使推，也是推不动的；即使推得动，也是推不到家的。"

车内一阵活跃。"现代化的东西，必须用现代化的手段来对付。只需懂得窍门的人，轻轻地触一下电，它就起动了，而且该往那里走，它就会往那里走。"

回望身后的路，汽车从旧的辙印中走出；回首身后的事，人们从旧的记忆中走出。

原载台湾《幼狮文艺》1997 年第 4 期

小偷和研究员

　　在 "创收"声喧嚷的社会气氛中,某些科研单位还是六根清净之地;在污染日益严重的意识中,许多科研人员的脑子里还是一片净土。尤其是某研究院的研究员们,大都是孔老夫子的信徒。某种程度上还坚持着 "君子不言利" 的信条。对社会上席卷大地的各种 "创收" 争利之风,还持某种程度的 "睥睨"。他们聚到一起,便议论纷纷。这也不顺眼、那也看不惯。有的人说他们身上有一股学究气的穷酸味。社会上有一个流传很广的,关于他们的自画像:"远看像个讨饭的,近看像个捡破烂的,再看,原来是某研究院的。" 这就是初级市场经济下,自命清高,又很不适应潮流的学者的窘态。

　　曾经听到这样一个故事。有位研究员发了六百元工资,刚出机关大门就被小偷盯上了。但那小偷在动手之前,只知道这个研究员发了六百元工资,却没有掌握确切情报,原来这位研究员乐于助人,刚进家门,就将那六百元原封不动地全部借给同事给母亲治病了。当天,他需要买一瓶酱油,翻箱倒柜找了半天,竟未能把酱油买回。

　　那天深夜,这位研究员正翻来覆去地为明天的稻粮谋而失眠,忽听房中柜门和写字台的抽屉,不时发出轻轻的响声。他侧耳倾听:"咕咚、咕咚、咕咚……" 以为是地震。但一想，地震为什么床不摇晃？再听，声音有所变化："嗝吱、嗝吱、嗝吱……"以为是鼠声。又听，那声音时续时断，时轻时重。显然，这是人为的，为逃避什么，有意在控制下发出的磨擦声。

啊！他明白了，于是开口道："朋友，白天我翻箱倒柜没找到一个子儿，这么黑，你能翻出点什么？"小偷始则一惊，继则稳稳神，心想：主人大概是在说梦话。他以静待动，静观其变。该研究员知道，这是兔缩草丛。

便继续说道："朋友，如果要照明，我便把电灯打开。"小偷明白主人是发现了自己，处境可危，便"哧溜"一声从窗户跑掉了。在小偷跳窗时，当啷一声，一个金属物品滚到了床前。该研究员也不理会，放心地睡去了。次日清晨，该研究员发现床前有一枚亮闪闪的、面额一元的硬币。他会心地笑道："小偷呀！小偷！你偷鸡不成蚀把米。"

这意外获得的一元钱，至少可以买一碗豆浆两根油条，度过早餐的小小难关。但这个一身穷酸气的研究员，又信守老祖宗"拾金不昧"的教诲，宁可饿肚，也不染纤尘。于是，他提起毛笔，用正楷写下了一个《认领招贴》：

　　昨夜来客，丢失硬币。

　　特此公告，请来认领。

这个《认领招贴》贴出去后，第二天清晨，人们发现。原招贴下端多出了四行钢笔正楷小字：

　　感谢先生，拾金不昧。

　　一枚硬币，赈济贫困。

原载台湾《中华日报》1998 年 6 月 17 日

愈远愈密愈近愈疏

　　祖国是神圣的，故乡是亲切的，过去生活在中国的时候，曾千遍万遍地把她当歌唱，当口号呼，甚至当作一种政治去理解、去吸收、去消化、去宣扬。但是尽管口头上热烈，而心中却是淡淡的，既没有那种内在的狂涛巨澜，也很少有挥之不去的钻心的隐痛。

　　至西方生活了两三年之后，远离祖国，远离故乡，整天浸泡在过去曾批判过的花花世界中（不过实际情况与批判的并不一样）。照理祖国和故乡的影子应该早就抛到九霄云外了。而现实却恰恰相反。不仅对祖国和故乡愈远愈密，而且害起了乡愁病。加拿大城市电视台的华语节目，几乎变成了安抚药和疗伤散，连刊载故土消息的众多华人小报，也成了必修课、解渴灵。国内的来信和寄来的刊物都连读数遍，还不时温故而知新。闲暇之余还在后花园里开一片菜园，种上中国花，中国菜，以寄托思念。

　　在加拿大有一次偶然的际遇，使我的乡愁突发到了急切呼唤的程度。那是 2002 年冬天的一个夜晚，中国最隆重的节日 —— 阴历年将至，加拿大千里冰封万里雪飘，我在吞钙时，一不留神将钙片吞进了气管，于是我呼吸急促，满头大汗。老伴、女儿急得团团转，刚刚出世的小孙孙也哇哇大哭，全家乱作一团。较为镇静的女婿，急打"911"。不到5分钟，两辆救护车和一辆消防车停在了门前。（据说多伦多市每当救护车出动必有消防车相随）七八个穿着警服装束的医生护士带着单架和医疗器械，像追捕逃犯一样，哗哗啦啦冲进了我家，直奔2楼我的卧室。4个彪形大汉，不由分说把我从床上抬上了担架，几乎以跑步的速度冲下楼，把我塞进救护车。救护车风驰电掣般一面急奔，一面怪叫。生长60多年，我第一次在异国享受了这前呼后拥、警车开道的特殊待遇。我被五花大绑绑上急救车之后，在急速的行车路上，护士们眼疾手快，动作敏捷，有的量血压，有的测心电图，有的作脑血流量测试，有的活动我的手腕和脚趾。从我们住的士嘉保到多伦多医院只用了20多分钟。进医院之后，救护队向医院进行了交接。医院的护士把我推到了一个两侧挤满急救病人的走廊里，半昏半暗的灯光下，到处都是病人发出的痛苦呻吟声。有断腿断臂的，有头上裹的纱布还在渗血的，有垂危的心脏病人，有发高烧的病人。而我的担架被夹在两个头破血流的断腿病人的担架之间。我女儿古欣站在我的担架旁边。刚进医院我感到一阵阵凄厉和恐怖，仿佛被人推进了死亡谷。渐渐地又被自身的病痛所钳制，无暇去顾及周围的惨况。就这样我和需要急救的死亡谷里的众多病友，被弃置了两个多小时无人过问。我渐渐由痛苦感到难耐和气愤，众多病人的家属穿梭般去找院方交涉，但还是没有人理会。我女儿告诉我，加拿大的医院里只有护士没有医生，全医院只有一个外面诊所里的家庭医生，当值班大夫，面对这么多急救病人，他忙不过来。所以只有听天由命。听到这个消息，我几乎绝望了。不是对生命之绝望，而是对加拿大的医疗事业、对加拿大政府绝望了。人们都说加拿大的社会福利好，看病不要钱，65岁以上的老人连挂号费都全免，但眼下有这么多面临死神威胁或疼痛难忍，需要急迫救助的人们，却无人问津。这是什么医疗机制。于是我想起了北京各大医院，各科室众多的穿白大褂的医生们忙碌的身影，我想起了台湾有的医院因推诿病人而受到社会的强烈谴责。我想，假如在中国遇到这种见死不救的事，遇到这种任凭病人急促呼救而无人问津的事，是要受到社会的强烈谴责的，是要引起社会公愤的，甚至是要受到刑事起诉的。但这种情况在加国却是无理而合法的。我想我们这些面临死神威胁的一群，我们这些急待挽救的一群，我们这些换气在阴阳两界边缘上的一群无可奈何地成了加拿大这种医疗制度的牺牲品。这时我对祖国、对故乡的思念之情达到了高峰和极至。我甚至想，当下如果有飞机，能立刻飞回到北京就好了。但是这是不可能的事。

　　加国因垄断之故，医生特别奇缺。据说所有的外科手术都是提早预约，排队等候。有许多肿瘤病患者，候诊时间长达一年，甚至二年。有不少患者在候诊期间，因耽误医治而死亡。在加国，这种医疗悲剧屡见不鲜，而政府却没有办法和能力来解决，普通老百姓只能无可奈何地忍受这种医疗悲剧的发生和延续。

　　急诊而不急，你急他不急，急也是白急，这就是死亡谷里的现实。每一个距离死亡越来越临近的候诊者，都无可奈何地被这种现实治服了，都在痛苦的驱迫下对死亡失去了恐怖感。我暗暗地感到，气管里的那粒扣子大的钙片在一点一点地由气管向肺部移动。我想，当这粒钙片从气管滑落到肺里之时，也可能就是我的生命结束之时，我暗暗地计算着死神来到的时间，盘算着用怎样的方式与这个世界告别。

大概是肺部已经接到了钙片将要滑落的信号，它缺乏应有的准备，于是拒绝接受钙片的滑落。我开始了空前的剧咳。我女儿在一旁吓坏了，连呼："爸！爸！爸！"又急忙喊："护士！护士！"她喊了半点天也没有人过来。当她再转过头来看我时，我的气管里"噗"地喷射出一口云雾，我以为喷的是血，我女儿以为这是我临死前的一种反应，她急呼"爸！爸！爸！你怎么了！你怎么啦！"她眼中的泪滴已在下垂。这时我冷静地伸手摸一摸喉管，钙片却不见了。我还以为滑到肺里去了，手再一摸，那粒泡软了的钙片随云雾而出。顿时我感到轻松多了。我女儿没弄清楚是怎么回事，忙问："爸！爸！你感觉怎么样呀？"我说："很好，钙片喷出来了，咱们可以回家啦！"

女儿如释重负，非常高兴。我从担架上咕噜一声翻身而下，急促地离开了医院。

心底存亲情，患难倍思亲，在海外生活每遇到挫折、碰上困难，首先想到的就是祖国，就是故乡，就是亲人。人们说时空是一种隔离墙和健忘剂。许多事情经过时空一过滤，便灰飞烟灭，无影无踪了。但是唯有祖国、故乡和亲人，是愈远愈近，愈近愈疏的，它是和生命的过程一样长短的。

《中国社会科学院院报》2006年2月16日

住在深山有远亲

—— 访白求恩故居

　　去加拿大的中国人，不去访问白求恩故居，是最大的遗憾。位于多伦多市以北 100 里，第 10 号公路侧畔的农村小镇 —— 格雷文赫斯特，便成了千万旅加中国人参观、游览和膜拜的圣地。这个既古老又现代，既美丽又庄重，一幢幢的小洋楼被绿地和鲜花簇拥，四通八达的现代化公路从中心穿越的小镇，平时安静的像个湖泊，安祥地躺卧在加东那平阔的大地。只有四面八方幅射的旅游路线上，一辆辆的各种旅游车开进小镇的时侯，它才苏醒，到处喧哗着中国人的声音。

　　由于毛泽东《纪念白求恩》的文章，使"毫不利己、专门利人"的白求恩成了中国家喻户晓的人物；成了 10 多亿中国人学习和敬仰的对象。2005 年 9 月的一个星期天，风和日丽，阳光明媚。虽然草坪上的露珠已朝霞映射得晶莹剔透，但多伦多仿佛还没有从沉睡中醒来。只有我们去参观白求恩故居的一群群中国老头、老太太坐着小汽车由儿女们护送，从个方向向多伦多最大的华人商场、丰华超市门前的广场上聚集。这些人退休前在中国多是教授和领导干部，如今全都成了儿女家里的"保姆和炊事员"。这批人平时被闷在各个家庭中，很少有与外界交流的机会。如今好不容易有一天假期，聚在一起，便显得特别亲切和活跃，根本无需从陌生到熟悉的过程，便互相寒暄起来；你是山东，我是河南，他是北京地交谈起来。这批人有个共同的特点，大都是上世纪60年代党培养出来的大学生，他们虽然在国内有过这样那样的曲折遭遇，但对党对毛主席感情很深。他们身在国外，心在国内。他们大都是一家两国，儿女入了加籍老人坚持中国人的立场不动摇。在旅行途中，他们仿佛忘记了身在异匡此起彼伏地唱京戏，唱民歌，说中国故事，说笑话。人身上那种潜在活力和欢愉发挥到了极致。车行两个小时，到达了目的地。

白求恩故居，由两座小洋楼组成，中间隔着一片草坪花园。两个楼，一个是展览厅，一个是故居。参观前先看录像，人们可以选择各种言，中国人自然选汉语。展览的最精华部分是白求恩在延安，在抗日前线，受到毛主席的亲切接待和日夜忙碌的情景。白求恩的故居，是他出生的房间和幼年生活的地方，陈列着许多遗物，其中最引人注目的是白求恩用过的小床和西式摇篮。展厅中还有一些模拟动作，即白求恩作手术的像。游人可穿上白大褂，与白求恩大夫一起做手术，从中感受白求恩做手术时的心情.白求恩是个多才多艺的人，展厅中还悬挂着他生前的绘画作品。

参观白求恩故居的过程，是真真实实的学习和了解白求恩的过程。白求恩1890年3月3日出生于一个牧师家庭。而白求恩受祖父的影响深，继承了他祖父的事业。他祖父马尔科姆是多伦多大学医学系的首创大夫，而白求恩也毕业于多伦多大学生物系。1914年，第一次世界大战发，他参加了皇家医疗队，到前线服务。复员后他在英国进行医学研究成为国际上公认的名医。1936年，西班牙内战爆发，他志愿到西班牙，助西班牙伤员。白求恩在医学上有许多创举，这些创举为人民带来了巨大的福祉。1936年，他在西班牙发明了"流动血库"，被誉为"光荣送奶队'上世纪30年代中期，为了使广大穷人得到救治，他提出了医学不仅要视疾病治疗，而且要注意疾病的社会根源。他以最大的爱心和魄力，首创失业者免费诊所。为了保障所有人都能获得治疗，1936年他发起组织"保障人民健康团体"。这是加拿大首个促进医疗社会化的团体。为了普通人的健康，他绞尽脑汁，奉献所有。同年他加入了共产党。1937年，日本入侵中国，几亿中国人的生命受到威胁。白求恩心急如焚，怒不可遏。1938年1月，他带了价值5000美元的医疗器械来到中国。到延安的当晚，毛主席就接见了他，并请他主管八路军边区医院。后来白求恩请求去前线。经过5天跋涉，他到了战斗最激烈的晋察冀边区。刚到目的地，拒绝休息，立即开始工作。在前线，他创办了"模范医院"。因伤病员多，医生少，他就开办"医疗训练班"，培训医生和护士。他不仅医术高明，而且做手术的速度快得惊人。一次，他69个小时内，做了115次手术。即使在炮火轰击下，手术也不中断。在边区，他还发明了由两个骡子驮负的"便携式手术室"，在战地上流动。一年中他跋山涉水3000里，其中包括连骡子也不能通行的400里悬崖峭壁。白求恩以为中国人民服务为最大快乐。他在一封信中写道："我的确非常疲倦，但长期以来我从未像现在这样愉快……因为人们需要我。"1939年10月底，他在治疗一个伤员时，因缺乏必要的防护将手指划破，为了多救治病人，他舍不得自己用药，不幸感染，患了血液中毒症，不治，于 1939 年 11 月 12 日凌晨去世，龄仅 49 岁。白求恩去世的噩耗传到哪里，哪里一片悲伤恸哭。中国人民失去了一个最亲切，最贴心的好朋友；世界失去了一个最无畏、最伟大的共产主义战士。如今石家庄烈士公墓中有白求恩的墓园，立有"白求恩大夫之墓"的墓碑。白求恩去世后，毛主席发表了《纪念白求恩》的文章，文中写道。："一个外国人，毫无利己的动机，把中国人民的解放事业当作他自己的事业，这是什么精神，这是国际主义精神，这是共产主义精神，每一个中国共产党员都要学习这种精神。"

参观了白求恩故居，每个人的心情都无法平静。仿佛每个人的心充实了，那是注入了白求恩精神；仿佛每个人的脚步更沉稳了，那是增了白求恩的力量。在回程的路上，大家不约而同地竞相背诵起了《纪念白求恩》。有背名言警句的，有背其中的重要段落的。最令人们佩服的是有一对来自南京的教授夫妇，两人合背《纪念白求恩》全文，从头至尾一字不漏。当他们背诵到一半时，人们便随着背诵起来，后来全车人一起诵起来，人们的情绪达到了高潮。这情景使人想起六七十年代国内学毛著的情况。所不同的是那时是被动的，现在是主动的；那时是人为的，现在是自发的。旅游车回到了目的地，人们依依不舍地离去，《纪念白求恩》的声音还在车内回荡。人们走远了，身后女导游还在喊："咱们下次再来！"

原载《中国社科报》2006 年 8 月 24 日

并非冒充

上世纪 80 年代末，福建厦门招开《红楼梦》研讨会，全国的红学家和该学科的后起之秀济济一堂。中国社会科学院文学研究所的一位姓胡的年轻学者，也是代表之一。会议开幕之前就议论纷纷，传说青年红学家胡耀邦总书记的儿子胡德平要来参加这个会议。（胡曾发现北京香山植物园中的曹雪芹故居）当地的一些官场人物认为巴结中央领导的机会来了。但是他们不认识胡德平。以为从北京来的姓胡的准是胡德平。文学所那位姓胡的年轻学者一报到，就被特殊的招待起来了。胡感到气味不对，意识到对方误将自己当成了中国历史博物馆副馆长，胡耀邦之子胡德平了。于是尽量躲避对方的优待。但是越躲避，对方越是紧追不舍。胡弄得无法招架，被逼不得不公开向对方宣布："我是胡~~，不是胡德平。"谁知不宣布还好，越宣布越糟。他们说，耀邦同志一向对自己要求很严，从不让自己的亲属在外面以自己的名义接受任何优惠，胡~~定是胡德平的化名。从而对胡纠缠得更紧。胡无计脱身，只好听之任之。事后他对朋友们说："那次当高干子弟真不是个滋味，活活受了几天罪。"

有的人冒充高干子弟而不得，有的人却被逼当高干子弟而不得脱身。在《红楼梦》的研讨会上，竟演了一出"假作真时真亦假，无为有处有还无"的滑稽戏，其意味深长。

抽屉里的姻缘

—— 林海音的故事

一部电影《城南旧事》，把一个聪明、天真、活泼、俊秀的小女孩—英子，推到了观众面前。她就是七十多年后的大作家、台湾女性文学开拓者林海音。

林海音，1918 年出生于日本大阪市。她的爱国知识分子的父亲林焕文，因在台湾不堪忍受日本入侵者的压迫，带着怀孕的妻子离开台湾去日本，想在台风眼的侵略战争的策源地，也是亚洲西方文明传播最早的本，获得一点平静。但当他们夫妻在日本生下林海音之后，却感到，这帝国主义的国度，并非安乐之地。于是几经周转，他们又带着幼小的林海来到祖国的北京定居。

五岁左右的林海音，穿着日本和服，背依在前门旅店门口，目不斜视地望着来往穿梭的人群。她欣赏行人，行人也阅读她，她被误认成日本小女孩。北京市民中传说，日本女人是不穿裤子的，那和服下一团神秘，于是胆大而好奇的人便猛不防地跑上前去，又冷不丁地掀开小英子的和服。这一掀，大凡都是令他们失望的。

父亲进入北京邮政总局工作，他们家有了生活依靠，住进了虎坊桥租赁的宽敞房子里。这里是闹市，也是小偷、骗子、流氓出入的地方。翻纸牌坑人的，有将萝卜干当人参卖的，有把纸片作当票出售的，有假拾了钱，要与路人平分，路人的钱反被骗走的，有一只手玩杂技、另只手掏腰包的……英子看得眼花缭乱。一个年轻人抢走了老妈妈的钱，英子挺身向前，硬是逼那年轻人将钱退还。英子长大了，进入师大附小读书。父亲给娇女儿订画报——《儿童》、《小朋友》。父亲下班回来，刚进大门，就一声亲切地呼叫："英小朋友来了。"英子一声清脆的回应："唉！爸！"便又蹦又跳地向爸爸扑去。"小朋友来啦"就是《小朋友》来了。这是他们父女间的秘密。

有时，一棵小草长得好好的，却突然恶运降临，被害虫咬残；有时，一株大树亭亭玉立，却莫名其妙地灾难临头，一阵狂风将它腰折。英子怎也没想到，十二岁那年，参加抗日的叔父，被日本人害死于沈阳监狱父亲去收尸，因受到严重刺激，患上重病而亡。从此，她们孤儿寡母被逼到了人生的孤岛之上。爷爷从台湾来信，叫她们母女回到台湾老家十二岁的英子给爷爷写了封长信，坚定地告诉爷爷，她不愿意到台湾日本的学校读书，也不让弟弟妹妹受日本教育，更不愿在日本人压迫下生活。她作为长女，一定要和妈妈在北京生活下去。

英子虽是女儿之身，但艰苦的生活，恶劣的环境，却铸就她一身胆识和男子汉的气概。她以优异的成绩考取了成舍我为校长的北京世界新闻专科学校。她是校排球队员，常穿着运动衣，显露出少女娇美的身姿和曲线，活跃在运动场上。

此刻，和世界新闻专科学校为姊妹单位的《世界新闻报》的一个英姿勃发的溜冰健将、青年记者夏承楹，人称"夏六"的，也常出现在世界新闻专科学校的运动场上。

不知是铁吸引着磁，还是磁吸引着铁；也弄不清是云绕着山，还是山绕着云。那个"夏六"和已不称英子而学名叫含英的林海音，眼睛里都长了钩子。那钩子不仅钩人，而且会"钩"魂。这两人只要四只眼睛相对就会火花四溅。说也巧，含英从"世新"毕业后，偏偏也进了《世界新闻报》。不仅和夏六分在一个办公室，还天作之合，《世界新闻报》的老板意想不到地成就了一双"抽屉姻缘"的"接线人"。老板分配林海英和夏承楹共用一张写字台。夏承楹上白班编稿子，林海音白天出外采访，晚坐办公室整理采访记录。这张没有生命的写字台，却变成了这对青年男女间有情的红娘。

夏承楹白天编稿之余，从不忘写一封情书，锁在抽屉里。或者说，情书之余，编编稿子，播下爱情种子，怀着丰收的希望下班。林海音则晚上一上班，第一件事便是打开抽屉，急忙地拿起夏承楹的情书，津津有味地欣赏那爱情之果的甜蜜。下班时，照样将一封情书锁进抽屉，让上白班的夏承楹，从自己的情书中痛饮爱的蜜液。

就这样，公开里编辑稿子，私下里酿造爱情；公开里公事公办，私下里柔情蜜意；别人眼里是两个同事，自己心里是一对鸳鸯。当他们要结婚时，许多人还被蒙在鼓里。

夏氏是北京城的一个大家族。夏承楹的父亲叫夏仁虎，是清朝的举人，后来又任国民政府议员、财政部次长、国务院秘书长等高级官员。虽然夏承楹和林海音 1939 年结婚时，夏仁虎已经卸任在家，但是瘦死的骆驼比马大，夏家的喜事办得异常排场。夏承楹和林海音结婚那天，夏府装点得如大观园，要人如织，高朋满座。担任女方介绍人的是林海音的表舅，台湾新文学运动的急先锋、台湾新诗处女诗集《乱都之恋》的作者张我军。担任男方介绍人的是夏仁虎的好友，任财政部次长时的老部下，王光英、王光美的父亲王槐青。

　　他们的婚礼仪式是新潮和旧制相结合。一对具有新派思想意识的新郎新娘，活动在一个老式的家庭中。老瓶装新酒，形式虽旧，但却散发新潮的香气。比如，古代有"三日入厨下，洗手做羹汤"的规矩。林海音要依古训下厨。不过夏家厨娘一大堆，用不着新娘子做饭。再则，林海音是个知识新女性，怎么可能去当厨娘做饭？但过场要走，林海音被人带进厨房，抓了一把米往锅里一扔，完成任务，调头就走了。

　　林海音后来回忆起这段经历，还甜滋滋的。就像飞出森林的鸟，重新穿过丛林；就像退了休的运动员，重新从运动场上走过。

　　2000 年 10 月，中国现代文学馆召开了"林海音作品两岸学术研讨会"，与会两岸学者 50 余人，扮演小英子的小演员沈洁特意从日本赶回参加了研讨会。她已是一个亭亭玉立的大姑娘了。会上她充满自信地告诉大家，她正在筹拍 20多集的林海音电视连续剧，仍由她担任女主角。不久，人们就可以从屏幕上看到她扮演的青年林含英（林海音学名）了。

原载《太原日报》1998 年 4 月 21 日

理性思维并非都是本质

前不久中外两个魔术师在中央电视台表演同一个节目："手指断汤勺"。其表演目的都是为了用科学的真实，即经手指操控金属疲劳而断，来戳穿人体特异功能的谎言。并且各悬赏一百万美元，将欺骗者逼到了死角。两位魔术师将一个个节目向公众揭密，以自断活路的精神与迷信搏斗的作法，同时也捍卫了唯物辩论法和科学认识论的原则。如果说此为"眼见不为实"那么，近来本人在研究台湾文学的阅读过程中，却遇到了另一种类型的"眼见不为实"的现象。这种眼见不为实，不是客观物体的锐变，在人们头脑中引起某种迷思，而是不同人的眼睛目睹同一历史场景反射出的相反结果。

1945 年 8 月 15 日，日本军国主义宣布无条件投降。世界上侵略战争最大的策源地之一，从此土崩瓦解。这虽然是全世界人民共同的喜讯，但是饱经战争创伤和苦难，二战中死伤最多的中国人，仿佛有更多的喜悦，更复杂的感受。不仅全国四亿五千万人从血泊中站起，从阴霾中见到太阳，而且被日本人奴役了五十年的宝岛台湾重新回到祖国怀抱，中国政府要郑重地对这块失去五十年的领土重新行使主权。而当了五十多年亡国奴和下等公民，失去一切庇护，孤悬海外，

从来也没有体验过公平、公正和人权为何物的台湾同胞，在
迎接祖国亲人，欢呼祖国军队登陆宝岛的一刹那，他们的骄
傲和自豪，兴奋和激动更是达到了顶点。然而对于这样一个
千万人目睹的，牢牢记入史册的盛大场面，竟有多种不同的
描写。亲自参加了欢迎祖国军队登陆的台湾老诗人吴新荣，
以激情的诗歌，记录下了当时的盛况。诗歌的题目是：《祖
国军欢迎歌》，全文如下：

旗风满城飞
鼓声响山村
我祖国未来
你来何迟迟
五十年来暗天地
今日始见青天
今日始见青天
大众欢呼声高
民族气概豪
我祖国军来
你来何堂堂
五十年来的奴隶
今日始得自由
今日始得解放
自恃黄帝孙
又矜明朝
我祖国军来

你来何烈烈
五十年来披衣冠
今日始拜祖
今日始能归宗

　　这首诗不仅真实地记录了欢迎祖国军队时，满城彩旗飘扬，山村锣鼓振天响，万众欢呼，天地共贺的动人场面，而且表现了一个作了多年亡国奴的中华赤子，重见天日时，内心里难以言状，恨不得将心掏给亲人的那种情感。

　　当时作了俘掳，奉命准备离开台湾返回日本的一个日本兵池田敏男，在离开台湾的前夕目睹了中国军队进入台湾岛时的情景。并在他的《战地日记》中记录下了 1945 年 10 月 18 日中国军队抵达台北市时，一个普通台湾妇女张美惠到台北火车站欢迎时的谈话记录：

共同血脉的呐喊张美惠谈

　　企望已久，满载着我国军的列车，终于滑进插满青天白日满地红旗帜的站台。就像那喷着咻咻蒸气的火车头般，胸膛澎湃不已。互相体内所流着的共同血脉的呐喊，令我们即使相互不语，也可感受到像是迎接兄弟般血浓于水的亲密感。

　　是那自在地令人分不清喜怒哀乐的表情的缘故吗？令人觉得非常有大陆的味道。特别是那搭在背囊上的伞与红花花纹的热水瓶，见了不觉莞尔。大锅子、柴、蔬菜、桶子、席子等，挂着扁担的两端，他们特意千里迢迢的扛来，用意之周到令人不胜惶恐。然而，他们那悠然自得，从容不迫，毫不矫涩，大陆风的落落大方态度，值得我们台湾省民引以为模范的地方很多。女学生忙着走来走去，招待茶水、点心。将点心递过去时，立刻就会得到举手回礼。其中也有会福建话的，令人感到和久未逢面的远来亲戚相见的喜悦。

（摘自日本学者丸川哲史文）

《关於光复初期外省人刻板印象》

一个台湾的普通妇女，一个在日本殖民主义者的刺刀和皮鞭下呻吟，丧失人格尊严，失去作人的权利的中国女性，在她的脑海里没有内战的烙痕；没有这个党，那个党的概念；没有这个派，那个派的亲疏之分。在她的心目中只有一个最亲切、最神圣、最不可侵犯的字眼——"祖国"，她的双眼是一面不染纤尘的明亮的镜子，她的心灵是一一汪清澈无比的湖水。经过这样的镜子，这样的湖水照耀和反射出来的事物也是无比清纯，无比真实，无比可信的，一个战败放下了武器，准备奉命回国，临时来看热闹，兴许是为了给他的《战地日记》增加点数据，不可能对中国政坛内部存有什么偏见的日本兵的实地记录，也具有不容怀疑的真实和可信性。因此这篇实地记录阅读之后，深深地吸引并拴住了我信任的神经。

1945 年 11 月，由台湾民间人士，即新竹县的文化人黄金穗创办的《新新》杂志发表了一篇佚名散文《祖国军于台北车站站头》。该文以十分写实的笔触写道：

车站前排着一大排卡车，不管卡车是否是前来迎接的，这些补给部队并无作搭便车的举动，而是用自己的扁担亲自挑着一切的物品行军。对不曾见过这番光景的人而言，或许会觉得奇怪也说不定。但仔细看吧！那些被担着的物品每一样上头都有编号，有规格，这可不是项有组织的行动吗？整齐划一的步伐，敏速非常。这可是不依赖机械的人类机械化部队。没错，这是有组织的抗战部队……二十年前打游击的红军，今日为何能成为傲视群雄的苏联机械的兵团呢？没错，建设。

这篇文章亦是正面肯定祖国军入台的，从文字和对苏联红军的评点内容来看，像是出自知识分子的手笔。不过与张美惠的口述比较起来，少了一些温馨的亲情；少了一点生活的实感和细节描述。但是，两文中都明显地奔流着中国人的血液，强烈地回荡着庆回归的意念和豪情。

同样的一个历史场景，同样是历史那一刻的记录，在逃往日本定居，并坚持"台独"观点的文人邱永汉的笔下，却是另一种情形。他在一篇《浊水溪》的文章中写道：

"由船中爬上岸来的，却是一群穿着青色棉袄，手上不见着枪，只看得到伞，毫无纪律的乌合之众。这些人甭说是军靴，连穿着木棉制的鞋子的都不多见。只见他们用扁担肩着里头塞着锅子，炭妒等东西的笼子，边发出嘿咻嘿唯的吆喝声行军。原本期待着力败日本的精锐军队的到来的民众，不觉汗颜四下散去。"

从上述四个人对同一历史时刻，同一历史场景的大相径庭的描述，我们要对俗语："耳听为虚，眼见为实"，大打折扣，大加怀疑了。眼睛只是人体的一个感觉器官，一个观察瞭望的窗口；一个收集信息和情报的转递站。它得到的信息和情报都是表面的，原始的东西，这些东西有实也有虚，只有经过加工整理，选择，淘汰，分析，鉴别之后，才能分出真假，看出虚实。而这种加工整理，分析辨别，选择淘汰的功能是大脑独有，而不是眼睛。所以事物的真实和本质，只有经过大脑的缜密思考和鉴别才能得出。然而大脑是否就是一个无可挑剔，不需怀疑，任何时候，任何情况下，都准确而公正无比的辨伪确真的测验器？，否，有时经过大脑辨识和情感渲染的事物，反而更加不真实。邱永汉的《浊水溪》就是一例。

　　从上面四篇作品提供的事实看。1945 年中国赴台接收的军队，从台北火车站出来受到台湾同胞的欢迎；他们不坐汽车而徒步行军；他们自己扛着从大陆带来的锅、桶、粮、菜等，确是实情。他们面前停着一排排汽车不坐，而自扛行李徒步行军，说明他们是经过培训和操练的军队，是不想给台湾同胞带来麻烦和繁扰的军队。就像新娘出嫁前，父母要嘱咐一番：到了新的环境要遵规守矩，不可造次。他们能够从大陆千里迢迢自带锅桶炊具，自带粮菜食品，说明他们不愿给已经被日本人蹂躏盘剥了五十年，穷困不堪的台湾同胞再增加负担。他们在大陆起程之前，已经作好了准备。说这样的军队为"乌合之众"，显然是不符合事实的。

　　台湾同胞自发地敲锣打鼓，端茶倒水从四面八方涌来欢迎祖国的军队，这种处于高涨状态的激情，当迎来新人时会更加高涨。没有任何理由和原因会像大水泼火一样顿时使这种激情降温和息灭。因此，邱永汉所写："原本期待着力败日本的精锐军队的到来的民众，不觉汗颜四下散去。"之语，看来是一种无中生有的杜撰。

人们对国民党军队的印象并不好，国民党军队的实际表现比人们对它的不好印象还要差。但是国民党军队并非铁板一块，在整体差劲的情况下，也有部分较好的；在全程不好的情况下，不排除也有某段好的时候。抗战胜利了，要代表祖国去接受日本投降了。在新形势下组建的接收军队，总要有一些好的面目，好的表现。他们要去下个新的地方布防，总要给人一个好的印象；他们接受了新的使命，总要有个不一样的形象。因而是吴新荣、张美惠和《新新》杂志的文章描写的情况是真实可信的。而且包括持相反观点的印象这四篇文章在内的细节描述军队徒步行军，自己扛着锅、桶、雨伞、粮、菜，群众欢迎等，都是一致的，不一致的只是观点、情感和描述方式。如是，各自文章中暴露出的写作动机和创作态度的真诚程度就成了判断正误和真伪的重要依据了。

张美惠的文章标题《共同血脉的呐喊》，充满亲情，充满信任，充满对骨肉同胞的期待；充满渴望，充满希冀，充满共创未来的祝愿，表现出一种非常纯洁无瑕的动机。而邱永汉文章的标题《浊水溪》，用台湾的一条河流作标题，而不直接标明叙述对象，这表明作者的动机并不那么单纯。张美惠的文章开头就写道："企望已久"是，无需加举证，一语便毫无保留他证实了作者行文的无比真诚。而邱永汉文章的开头则使用了"爬上岸来"这样贬意的，对描写客体的蔑视字眼。这表明他对描写对象事先怀有很深的成见。因而他的行文既不可能是真诚的，也不可能是公正的。

人的认识过程是从感性到理性。从感性到理性既是主观认识的深化过程。也是主、客观相融合、相统一的过程。即意象和物象的合成过程。虽然在这个深化和提高的过程中，事物的表像被剥开，事物的假像被排除，事物的本质被呈现，但是，这只是一个方面。另一方面在从感性到理性的过程中，不可避免的主观意识要对客观事物进行渗透和干扰；主观情感要对客观世界进行装点和染化。于是不同利益，不同立场，不同观点的人们，便将自己的主观契入了客观。强调优者，显优而隐缺；强调缺者，显缺而隐优；喜热者，火上加油；喜冷者，冰上加霜。于是就出现了同一事物，不同看法；同一过程，相反结论的现象，例如同样面对下雨，感受和看法却完全相反。唐朝人有一首诗道："桑条无叶土生烟，箫管迎龙水庙前。朱门几处耽歌舞，犹恐春阴咽管弦。"农民求雨而不得，富人却怕天气阴。主观意识和情感有时会像染料一样，变换着事物色彩；有时甚至会像魔法一样，变化着事物的形态。因而那种充满了个人情感色彩，渗透了个人和小集团和我的理性判断，就会使事物的本来面目更加扭曲，更加面目全非。这种理性认识，是比感性认识还要荒谬，还要可怕。所以我们在面对别人和前人理性判断过的事物时，不能轻易地顺手拿来为我所用。必须将材料输入自己的大脑，再进行从感性到理性的自我判断过程。那种"耳听为虚，眼见为实""前人之见，后人之师"等，对认识过程简单的概括和吃现成饭的想法和作法，都是靠不住的。

《明心宝鉴》的故事

一、六百年前失传典籍浮出水面

受中国作协之邀，由我与作协的黄士杰陪同一个台湾作家访问团赴湖南、四川等地访问。访问团中有位新朋友名叫江澄格，从北京起，他就十分神秘地告诉我，要送给我一个宝贝。什么宝贝，他不明说，我也不便追问，从他的身份考虑，此举，既无庸俗之嫌，也无故弄玄虚之意。他是一个学者，着有《高阳传》诸书。现兼任四川大学中文系教授，文学历史知识相当渊博。

离开长沙的头一天晚上，江先生兴致勃勃地来到我的房间。他打开手里的纸包说："古兄，这就是我要送你的宝贝。"那是一本 16 开纸，刚刚复印装订成的书，封面中央是鸡蛋大的几个繁体字《明心宝鉴》。封面的右上角一行小楷"新刊校正大字"。接着，他讲起了这部书的来历。

这是中国早已绝版失传的典籍。成书于明朝洪武二十六年（1396 年）。是一部集中国经、史、子、集、诸子百家、各个朝代、各个学派关于修身养性、道德人伦、治国持家、哲理辩证等内涵于一炉，采用条目结构组合而成的一部书。

该书一面世，便被各方视为瑰宝。未久便被东西方诸国译介收藏而去。中国却由于皇室控制和改朝换代，战乱频仍而绝版失转。于是又有了爱国学者国际寻宝的事情发生。根据台湾大学教授方豪博士生前发表于台湾《学术季刊》1962 年秋季号上的论文《流落于西葡的中国文献》一文所记，法国汉学家伯希和，1929 年曾访问西班牙。他在一本名为《通报》的刊物第 26 卷上发表了《西班牙所保存的几部汉籍和档》一文。论文写道："最有价值的一批汉是在国立图书管里。馆里有关中国的抄本很多，很吸引人。尤其是一批关礼仪问题的原始文件，或誊写本，或译文。其间最宝贵的是一部中文西班牙文的抄本，名为《明心宝鉴》的译本。共 153 页，它是现存最与中国汉籍西译本。是由'多明我教会'修士郭波所译。在书首载有 1595 年，（明万历二十三年）12 月 23 日于马德里献斐理伯二世"等字样。部由西班牙国家图书馆珍藏的《明心宝鉴》译本，是献给西班牙国王斐伯二世的。方豪教授获此线索，于 1952 年曾专程赴西班牙国家图书馆找。虽然没有找到此宝，但却获得了大量的其它汉籍数据。江澄格先生多次到韩国的各个大学和图书馆，进行走访调查，交了许多有关的专家学者朋友。经过多年辛勤工作，他基本上弄清了韩国藏的中国古代典籍的情况。在他的韩国学者朋友中，有一位是曾留学台湾，时任韩国建国大学中文系系主任林东锡博士。他们友情很深。林东锡是韩国著名的、很有实力的汉学家。并立志终生从事汉学研究。计划翻 80 部汉文典籍，已经着手译注的有 28 部，已经完成出版的有《说苑》一下册，《搜神记》上下册，及《晏子春秋》。林东锡将自己译注出版的汉典籍,各赠送江澄格一套。在赠送上述译着时,又特地赠送一部他研究评论过的《明心宝鉴》原本初刻影印本一部,及林东锡的一篇论文《明宝鉴及其编者之考察》。真是"踏破铁鞋无觅处,得来全不费功夫。"江湖格无意间获此宝之后,非常兴奋,很快把它带回台湾,那是 1998 年,拜访请教了台湾故宫博物馆副院长昌彼得,台湾"中央研究院"档案馆授张存武,台湾图书馆数据室主任张锦郎等权威机构的权威人士,并查了几个机构的古文献典藏目录。不但典籍目录中无此书,专家权威们也未闻,称此书的发现为"算得上是一本奇"籍"。

二、《明心宝鉴》是一部什麽样的书

《明心宝鉴)之书名,已将该着的宗旨和内涵作了表露。明心,即洞开心灵之门宝鉴,即宝贵的镜子。用通俗的话说,就是照亮心灵的镜子。该书分为上下两卷,上卷十篇,下卷十篇、继善,天命、顺命、孝行、正已、安分、存心、戒性、劝学、训子,共 273 条。下卷为:省心、立教、政治、安义、遵礼、存信、言语、交友、妇行,共 401 条。其中"妇行"部缺 8 条,总共 124 页,基本上用词典形式的编辑方法,条目结构,每一条包括作者、出处和原文择录。条目与条目之间用"O"隔开。

该书前有序文,后有书跋。从序和跋中可以清楚地看出该书的主旨内涵和编著者的目的与动机。简单地概括,这部书是中国古代人的行为守则,它系统全面地集纳了中国人待人接物、处事交友、人伦道德等的行为方式和原则。它是中国传统文化中名言、哲语、格言、警句之大成，是中国古文化之精萃；是中国人智慧的结晶。当然，由于历史、时代和科学发展的局限，其中也有一些封建性的糟粕。不过就其主流来看，它是积极向上，惩恶劝善，励志明心，益智利慧的。积极健康方面的内涵包括惩恶劝善，从严律己，宽以待人；要安贫乐道，要能耐得住寂寞；要正确教育孩子，劝人莫贪；要热爱劳动人民；处理好集体和个人的关系；要能虚心接受批评；劝人洁身自爱，不要腐败堕落；劝人不要触犯刑律，劝人不要追求虚名……！

《明心宝鉴》采摘的经典很多，作个粗略统计，约有近百种。如：尚书、诗经、论语、孟子、汉书、史记、中庸、大学、性理书、周礼、家语、乐记、素书、左传、说苑、景行绿、击壤书、益世书、晋书、游大夫录、颜氏家训、讽谏、吕氏童蒙训等等。涉及到的古代圣贤学人，至少百余家之多。如孔子、孟子、老子、庄子、荀子、墨子、列子、曾子、司马迁、班固、晏子、苏武、武苏、张子房、韩文公、姜太公、诸葛亮、子路、子贡、马授、嵇康、颜之推、司马温公、朱文公、范忠室等。

该书称得上是采万山之美景，集千乐之谐音，摘春之鲜花，收秋之硕果。它对发扬中华文化，传播民族精神，展示中国人的道德人品方面，有良好的作用。对我们了解古人，研究中国古代的社会人际关系，及人伦道德的建立和发展，也具有很高的价值。从某种意义上说，对我们今天反腐反贪和以德治国，也不无借鉴作用。当然，对于任何东西都是要辨别和取舍的。人有一种本能的纳良吐莠，惜香弃臭的辨别能力，对于产生于 600 多年以前的《明心宝鉴》，自然也要进行吐纳。

三、《明心宝鉴》的编者和传播

江澄格先生从韩国寻回之韩国版本，书的序作者自称是"武林后学范立本序"。从行文口吻看，范立本应该不是高官，而是学者。而且是一个能够广纳百家的开明学者。明朝是我国资本主义萌芽时期，政治和学术都比宋朝有很大程度上的开明和宽松。宋朝程朱理学将独尊儒术弄到登峰造极之境。而到了明朝李贽和王夫之的朴素唯物论和辩证法，对学术界的思想开放起了不小的推动作用。《明心宝鉴》就产生在这样的学术背景下，因而它的选材很宽。儒、道、释、墨等各家各派的言论都能入选；朝野贵贱不论尊卑，对我有用者概不拒绝。它从一个侧面透露出明朝相对宽松的学术和言论环境。此书最后有关人员的落款，他们多是一些具有知识的下层官吏。受编选动机目的和编者身分地位的制约，该书具有通俗性、可读性、平民性、实用性和哲理性。因而易于传播。书跋写道："此书但有唐本，监可闵相国思欲广布鸠工锓梓不月而功讫，人人易印，无人不学，善教兴，民风淳，传之后世而无穷矣，岂曰小补之。"可见当时在民间传播之盛。

此外，有些流传较广的成语、格言，在该书中有新解。如："饱暖思淫欲，饥寒起盗心。"该着中为："饱暖思淫欲，饥寒起道心。"将"盗"改为"道"，如此更符合词性對仗和有利於平民的編輯用心。

原载《中国社会科学院院报》2002 年 7
月 9 日程，就变成了不求名利的义举。
原载台湾《中华日报》1997 年 7 月 8 日

戊戌变法与台湾

1895 年甲午战败，清政府与日本签订《马关条约》，将台湾割让，激起全国全民共愤。康有为联合应试举子三千人上书拒和，即中国近代史上著名的"公交车上书"。因而中国维新派的出现和戊戌变法的发生，与台湾有着深刻的历史渊源。由于新、旧势力对比悬殊，戊戌变法遭到失败，一场政治变革变为血腥的大屠杀。如今我们以一些鲜为人知的数据，通过戊戌变法的三位领导人谭嗣同、梁启超、章太炎在台湾的活动，探讨一下戊戌变法与台湾的关系。

一、谭嗣同两次赴台

变法维新运动虽然发生于 1898 年的北京,但在深谋远虑者谭嗣同的心中，却已经是酝酿筹措了多年的事业。戊戌变法之前，谭嗣同曾经两次去台湾，均与变法维新事业有关。谭嗣同第一次赴台的时间是 1889 年,即光绪十五年的夏秋之交。此行的公开目的是为其仲兄谭嗣襄奔丧。

谭嗣同有同胞姊妹五人。二姐谭嗣淑"适翰林院庶吉士灌阳唐景葑"，这个唐景葑，正是时任台湾巡抚的唐景崧的四弟。唐景崧的《请缨日记》中有"季弟景葑奉顺天乡闱分校之命"语，这说明谭嗣同的二姐是唐景崧的四弟媳妇，谭

家和唐家是"戚属"关系。而谭嗣同的仲兄谭嗣襄于 1888
年，即光绪十四年赴台，就是投奔这门显赫的亲戚唐景崧而
去。但不幸的是，谭嗣襄千里迢迢到台湾仅一年半不到，事
业尚未展开，便于 1889 年 5 月病亡于唐景崧的道署衙门之
中。此时谭家五姊妹中，大姐谭嗣怀"在室殇"，伯兄谭嗣
贻和二姐嗣淑，已相继暴病而殇，五兄姊中只有谭嗣同一个
人活在人世。因而谭嗣同去台湾为仲兄嗣襄奔丧，是肯定无
疑的，而且谭嗣同在其著作《城南思旧铭并叙》、《先仲兄
行述》和《笔识》中均有记载。《城南思旧铭并叙》中写道：
"且言余之悲，传简却不省意，颇怅恨以为非仲兄无足以语
此，而仲兄竟殁。素车星奔，取道南下洼……"句中"传简"
是与谭嗣同一道去台湾奔丧的儿子。

　　谭嗣同明明白白地曾去台湾为仲兄嗣襄护柩归葬，但他
不但在记述甚详的《三十自纪》中不写此事，而且凡是涉及
到去台湾奔丧的事，均以"困顿海上"，"先仲兄之去海
上"，以"海上"一词取代台湾，而谭嗣同第二次赴台的时
间和目的，便更缺少记载。不过谭嗣同的行踪还是有史料记
载的。晚清台湾诗人、史学家连雅堂（连战的祖父），在他
的《台湾诗乘》中写到谭嗣同时说："弱冠后两渡台湾，有
所擘划，因号东海褰冥氏。故其所著仁学，犹署台湾人撰，
盖有所避忌也。"梁启超在其《台湾杂诗》中也有这样的记
载："谭嗣同于甲午前后曾两渡台湾，欲有所建树，不得志
而归。"连雅堂是清末台湾旧诗坛领袖，谭嗣同去台湾说不
定有所接触。

　　梁启超与谭嗣同同为变法维新运动的领袖，与谭嗣同关

系密切。他们所写，既不能随心所欲，也不可能是捕风捉影。谭嗣同为什么要将自己的著作假托"台湾人着"？又为什么再三回避"台湾"二字？

事物的常规是，欲盖者彰，欲遮者显。谭嗣同极力回避"台湾"二字，并将自己的著作假托"台湾人着"，主要是想掩盖自己"欲有所建树'和"有所擘划"的政治动机。谭嗣同既然与台湾最高长官巡抚唐景崧为亲戚，谭嗣同的仲兄谭嗣襄又是投奔唐景崧而去，且殁于唐景崧的道署衙门之中，再加之谭嗣同任朝中军机章京的职位，谭嗣同来台湾奔丧，唐景崧不会不见，而且肯定会有所歉疚表示和忆往叙旧的。台湾割让之日，唐景崧肯接受丘逢甲的建议，与朝廷对抗进行抗日，此亦表明唐景崧具有新派思想，政治上与谭嗣同有共鸣之处。于私于公，唐景崧与谭嗣同接触交谈都是肯定的事。但谭嗣同在其有关为仲兄奔丧的著作中只字不提，或因为深谋远虑的谭嗣同早有心理准备。他担心变法维新万一失败，不仅同道会被敌人一网打尽，而且会祸及亲戚朋友。何况他的台湾之行是"欲有所建树，不得志而归"呢？谭嗣同不仅是一个视死如归的人，还是一个胸能含山、腹可容海的人。他对"台湾"二字的严格避讳，虽然使我们少了一些宝贵的史料，对他在台湾的详情无法了解，但他也的确达到了掩避的目的，保护了不少人。

二、梁启超为台湾抗日民族运动出谋划策

1897 年变法维新失败，梁启超逃往日本，致力于思想启

蒙，宣传立宪，并发动诗界、小说界革命。1911 年台湾的抗日民族运动发展到关键时刻，新、旧文学处于分界时期，梁启超受台湾爱国文化界名人林献堂之邀，由日本到台访问。据史料记载，梁启超在台湾访问的具体时间是 1911 年 2 月 28 日至 3 月 13 日。梁启超访台，受到台湾爱国知识界的热烈欢迎。

梁启超此行带着女儿梁令娴和随行荷庵（即汤觉顿），下榻于台北市的五桂楼。林献堂等人在和梁启超交谈时，曾谈到当时台湾的武装抗日遭到日本人日益残暴的镇压，台湾同胞牺牲惨重的情况。梁启超认为在敌我力量特别悬殊，又缺乏后援的情况下，建议台湾同胞改变斗争方式，由武装斗争为主，转入以非武装斗争为主。1920 年 1 月以林献堂为会长的"新民会"在东京成立，发行会刊《台湾青年》。1921 年 10 月，以林献堂为会长的资产阶级民族主义启蒙团体"台湾文化协会"在台北成立，其主要员有：林献堂、蒋渭水、蔡培火、王敏川、洪元煌、林幼春、陈逢源、杨肇嘉、连温卿、李应章、林茂生、谢春木。这个名单基本上包括了台湾新文化、新文学运动初期所有的爱国抗日文化名人。台湾抗日民族运动的这一转变和发展，与梁启超的建议有着极密切的关系，也可以说是梁启超爱国思想的一种影响和体现。"台湾文化协会"的主要成员中与梁启超接触和交谈过的人占多数。

梁启超此次是怀着一种非常沉重的心情到祖国的失地上去的。他在去台途中，曾在日本的马关，即《马关条约》的签订地夜泊，题诗一首：

明知此是伤心地，亦到维舟首重回。
十七年中多少事，春帆楼下晚涛哀。

　　"伤心地"既指马关，也暗指台湾。"维舟"，即系舟，"首重回"，即回头看历史。"十七年"，即割台至 1911年，正好为 17 年。"春帆楼"，即当年李鸿章与日本首相伊藤博文签订《马关条约》之所。日本侵占台湾时期文学家黄得时在《台湾文学中的民族意识》中说，他在日本留学时"曾经眼看许多台湾留学生，将这首诗写在折扇上，藉以凭吊割台伤心之史实。因为这些留学生，由台湾赴日本，或由日本返台湾，所乘轮船，定在马关停泊半天……"梁启超此次访台，着有《游台书牍》记录访台形。该书牍第二信记日："入鸡笼（基隆）警吏来盘诘，几为所窘。""鸡笼舟次，遗老欢迎者十数；乘汽车入台北，迎于驿者又数十。遗民恋恋于故国，乃如是耶！" 4 月 1 日，即阴历三月三日，林献堂、洪以南、林汉如、得中等一百多人，在台北故城之荟芳楼集会欢迎梁启超，日本人十分惊觉，派了许多特务将会场包围。据此，梁启超写下了著名的四首律诗，诗的总标题是：《三月三日，遗老百余辈设欢迎会于台北故城之荟芳楼，敬长句奉谢》，现引两首：

侧身天地远无归，王粲生涯似落晖。
花鸟向人成脉脉，海云终古自飞飞。
樽前相见难啼笑，华表归来有是非。
万死一询诸父老，岂缘汉节始沾衣。

其二

劫灰经眼尘尘改，华发侵颠日日新。

破碎山河谁料得，艰难兄弟自相亲。

馀生饮泪尝杯酒，对面唱歌哭古人。

留取他年搜野史，高楼风雨纪残春。

梁启超这四首诗，在台湾广为传播，影响非常之大。据甘得中回忆时日本的"侦探特务则四伏矣。翁（林献堂）毫不畏缩，起述欢迎辞。继任公致谢辞，兼作一小时之讲演，因隔窗有耳，辞意委婉，非细味之，能知其底蕴，另赋四律贴于座上。……席散后，侦骑四出，追问参加宴者，与梁某有何交情，或有什么缘故……"日本侵占台湾时期爱国作家叶荣钟在《台湾民族运动史》一书中写道："任公先生游台，在台北欢迎会上赋七律诗四首，这是继黍离麦秀之歌后的具有历史感动力，民族感动力的巨制。台湾人士蕴藏在人心中的民族之爱，亡国之哀。随着任公此诗的鼓荡，而一起生长了起来。"当时的父老们"正像失路的孩提，历尽艰难险阻，偶然碰到亲人，情不自禁地抱着亲人尽情痛哭一样，任公对父老们处境和这种感情，似乎体会得很清楚"。"梁任公是十分够资格的民族使节"。因而这四首诗便会"不胫而走，响遍整个台湾"。至今台北的龙寺大殿中仍保存着这四首诗的碑刻，供人们学习观览。

梁启超虽然因变法维新失败而被阻于国外，但他的爱国爱民的思想却与日俱增，他的变革强国意识并未稍减。因而他的此次台湾之行，一方面想踏上国土，看望父老稍解乡愁之饥渴；另一方面想为祖国同胞出点力，作点贡献，施展一下被埋于胸的抱负。他此行不仅达到了目的，而且他的访问及作品在台湾同胞中激荡起的民族情感，鼓动起的民族意识，恐怕连他自己也未曾预料到。台湾诗人林痴仙在评价梁启超此行的影响时道："披云见青天，慰我饥渴肠。"

三、章太炎避难台湾和戊戌变法诗集在台出版

戊戌变法失败，受到通缉和牵连的人很多。如著名晚清诗人黄遵宪！

就被革职遣送原籍广东梅县。黄遵宪为此写有《台湾行》长诗，诗曰："头逢逢雷大鼓，苍天苍天泪如雨。倭人竟割台湾去，当初版图入府。……"近代著名历史学家、思想家章太炎，十分称赞康有为的"公车上书"，并出资赞助康有为在北京成立"强学会"；1897年在上海担任《事务报》撰述，大力宣传变法维新思想，推动维新运动；1898年变法失败后被通缉，便渡海亡命台湾。康有为在戊戌变法失败后，虽然没有逃往台湾，但他却委托在台湾的学生张汉文，将孙子康葆延接到台湾避难定居。不久前，康葆延才从台湾文化大学的职位上退休。

章太炎在台湾的时间是1898年9月至1899年5月。在台期间曾担任《台北日报》记者，《日日新报》汉文栏编辑，并参加台湾"玉山吟社"诗社，创作有《玉山吟社席上即事》、《钱岁》、《寄梁启超》等诗。章太炎避祸台湾，虽然有报社记者的职务消磨时间，但心情抑郁，常与旧诗人一

起吟咏唱和排遣愁绪，其诗作《玉山吟社席上即事》一诗，就是 1899 年 5 目 25 日，该诗社在台北城外江濒亭聚会时，当场所作的唱和之诗。

　　1903 年 7 月，由台湾诗人郑鹏云编选的诗集《师友风义录》在台湾发行。该诗集分内、外、附三卷，共收诗 137 首。内编收歌咏描绘台湾的诗作，共 36 人的作品，如丘逢甲、施士洁、郑鹏云、唐景崧、林占梅、陈主琛、杨浚、林鹤年等。外编收入反映"戊戌政变"和"庚子之变"的诗作 46 首。作者有梁启超、康有为、谭嗣同等三十一人。附编收诗 87 首 47 人。内编和外编是分题材编选，而附编不分题材，收入的诗人皆是台湾省诗人和在台湾任职诗人的诗。编者郑鹏云，是台湾新竹县人，为唐景崧的学生，曾编着有《郑氏族谱》、《新竹县志》等。1903 年前后在厦门经营茸阜源钱庄。晚年在福州管理台湾会馆，1915 年客死于福州。他编的《师友风义录》诗选中有台湾诗人施士洁的序及郑鹏云的自序。施士洁序中写到；"不佞曩与桂林诗人倪耘劬大令同人灌阳唐公维卿中丞幕中……尝拟辑《师友风义录》，网罗海内诗人，藉吉光片羽之珍，存知己一言之契。尘事泄沓，卒之未果。会唐公入觐，……为言《风义录》近脱稿。于是不佞快其有志竟成，唐公亦欢喜赞叹，愿助刊刻之役。"由此可见，郑鹏云编选"戊戌政变"、"庚子之变"诗选，是受到唐景崧支持的，亦可从一个侧面了解到，唐景崧无疑是同情戊戌变法维新派诸君的。由此亦可以从谭嗣同两次赴台"欲有所建树，不得志而归"看出唐景崧对戊戌变法是"止于同情"，而"不涉足其内"的，因而致使谭嗣同无功而返。假如唐景崧对戊戌变法采取积极参与的态度，事情的发展可能又有另一番景象。

　　从"公车上书"反对割让台湾，到戊戌变法图强，再到抗日胜利，台湾回归祖国怀抱，是一个完整的历史链条，是历史发展演变的一个过程。抗日胜利台湾回归祖国怀抱，可看作是"公车上书"和戊戌变法的目的结果。谭嗣同两次渡台，梁启超推动台湾抗日民族运动和章太炎避祸台湾，均是历史大链条上的小环节，均是大故事中的小情节。总观中国近代史，台湾和大陆，台湾同胞的命运和大陆同胞的命运，是连在一起的。因为他们本来就是一个整体。

我在加拿大上赌场

在中国，一听说谁上赌场，不是赌徒、赌棍，至少也是二流子之类。正经人是不去那种地方的。但是到了加拿大，上赌场完全是另外一回事了。在加拿大上赌场，对一般人而言，不仅是一种不错的旅游、休闲活动，因为赌场都设在风景最美丽的地方，赌场周围也有着广阔的空间和娱乐场所，而且是一种旱涝保收、没有风险，不赌也可以赚小钱的活动。加拿大的所有赌场，都给来者发赌资，少则 15 加元，多则 25 至 30 加元。比如距我们住地多伦多的列治文山市最近的华玛赌场，每天给每位赌客发 15 加元赌资。这 15 加元是鱼饵，是用来钓赌客口袋里的大钱的。不过只要你只进赌场而不参赌，15 加元赌资扣除 5 元的交通费，你还可以净赚 10 加元。假如你有自控能力，不上瘾，小赌一下，每天还能赚上几十元、上百元。因而上赌场的人很多，尤其是退了休无所事事的老头老太太们，许多人一天去一次或隔一天去一次。几乎成了职业赌客。

由于赌场都在著名的风景区，比如安大略湖滨、尼亚加拉大瀑布等。它们距多伦多市区一般有一两个小时车程。各赌场与旅游公司签约，由旅游公司出车，从四面八方向赌场拉客。其中仅泰安旅游公司，每天开往大瀑布赌场的豪华大巴就有 11 条路线之多。条条路线，就像赌场的条条触角，伸向大多伦多市的大小角落。

这些旅游车都由赌场付费，对乘客是免费的。后来去赌场的人越来一越多，那些脑子特别灵活的人，便在赌客身上打起了赚钱的主意，随之也就出现了"车霸"。比如有一个香港的老头和北京的一个老太太，两人合谋与赌场达成协定，由他俩向每一位赌客收取 5 加元的交通费，归为己有。他们保证每辆旅游车都载满赌客。于是每位赌客得到的 15 加元赌资，就被他们两人从中剥削去了三分之一。即便如此，还有 10 加元可赚，去赌场的人并不稍减。只是赌客们对两个"车霸"愤愤不平罢了。就像刚过门的新媳妇，暗中被流氓摸了一把，吃了亏又不便吱声。

因气候关系，赌场也有旺季淡季之分。例如多天和雨天，赌客会自然减少。"车霸"们就得动点脑子，于是就发展了第二层"小包工头"。由这些小包工头四处去张罗赌客，每张罗到一个赌客，便给小包工头一加元。为了赚那一加元，小包工头们像蜜蜂，嗡嗡地忙个不停。每到旺季，车位总是不够，谁能去赌场，谁不能去赌场，由车霸来裁定，于是车霸手中又有了权柄。由于车霸有利可图，获利丰厚，效法者接踵而至。如今几乎所有的赌车上都有了车霸。据本人观察，乘赌车去赌场的几乎百分之百是中国大陆、香港、台湾人，车霸自然也才有中国人可以胜任。大家都生活在异国他乡，脾气都比较平和，囊中也不那么羞涩，对中间剥削去的五元钱还能承受。即使有愤愤不平者，也不愿去惹是生非。再说车霸也是同胞，肥水不落外人田，久而久之，不习惯变成了习惯；习惯又变成了制度。

一天女儿给我们老俩口放假，我们也报名去了华玛赌场。那风光真是美极了。微风把一望无际的安大略湖水折迭成无数的波纹，波推风，风拍浪，它们拥吻着，嬉戏着，轮换地拍打着湖岸。一群群白色海鸥，有的在低空盘旋，有的在水面滑翔，有的将头钻进水中捉鱼，有的岸边缓缓而行。它们都是见多识广的老游客，与旅人相遇而不惊，并行而不谦让。这是一个清新凉爽宁静的人鸟相亲的和谐世界。赌场外清新宁静，赌场内却霓虹灯闪闪烁烁、老虎机张牙舞爪。这是一个静包动、冷衬热自天地。赌场以赌具不同分为许多赌区。诸如老虎机区、大转盘区、纸牌区等等。真个是机关算尽，你争我夺；八仙过海，各显神通。大赌家的稳坐泰山，群侍者摇扇捏背；小赌家有喜有忧，汗流浃背。进入这样的场合，不由你不动心。有一位中国老太太，用 10 元赌资去赌，不到 10 分就赚了 400 多加元。于是眉飞色舞大干起来。又过了不到 10 分钟，本利俱输，还将儿女给的几十元零花钱也搭了进去。顿时由喜转悲，哭丧着脸默默而去。那天，我的手也有点痒痒，很想去试试运气，但老伴一方面管得很紧，另一方面又不愿让我太扫兴，便约法三章，在我俩赚的 20 元赌资中抽 5 元去赌。我把 5 元钱换成筹码喂进老虎机中，一去不回，连点骨头渣都未吐出来。从此虽然还去赌场但与赌博永别了。

为了拉赌客各赌场花样百出，竞争十分激烈。各赌场除发赌资外，还对赌客分类登记、区别对待。对老赌客、大赌客开小灶，免费午餐、送节日贺礼、开生日晚会。他们说，不怕你不赌，就怕你不来。不过不同利益方没有相同的歌，更没有相同的笑。当赌客欢呼胜利的时候，赌场老板肯定极为痛苦；当赌场老板大摆欢庆宴时，肯定有不少赌客在流泪。有一个中国赌客掌握了老虎机的规律，一天赚了三万多加元，被赌场老板发现后如临大敌，四处围追堵截，吊销了他的赌卡。此人只好回到北京度假，过了几个月他又卷土重来，更名改姓轮换地奔走于各大赌场之间。各赌场像防盗贼一样，对此人防不胜防。

　　有人把赌博当生活，有人把生活当赌博。把赌博当生活者虽不可取：把生活当赌博者更险恶。把赌博当生活者，赌的是家庭和个人的命运；而把生活当赌博者，赌的却是国家和民族的命运。尤其是那些位居高官、权重如山者，他们如果赌上了瘾，就会给国家民族带来巨大灾难。所以我们敬重那些经得起任何金钱和权势诱惑的人，他们常在河边走，就是不湿鞋，是真正的君子，是生活道路上的潇洒者。那些以国家和民族利益做赌注，进行豪赌和狂赌者，既给国家民族利益带来灾难，他也必将身败名裂，成为赌博事业的殉葬品。

　　　　　　　　原载台中《明道文艺》

文 学 所

── 我人生的第二个平台

人类为了丈量空间，发明了里、丈、尺、寸分等，于是便有了空间单位；人类为了太量时间，发明了年、月、日、等，于是便有了时间单位。时空纵横交错，构成了宇宙的无数个方格，人们便以各种方式，穷尽智慧和本领，竞相地在一个个方格中书写人生。

对于一般人来说，一生大体上可以分为三个阶段。即：成长准备期，奋斗创造期，成熟发展期。不过由于现代社会极其复杂和生存环境的恶劣，人生发展的正常规迹往往发生扭曲和改变。如，该学习时却读不起书；该成长时却受到迫害；于是不是错过了花期；就是遭到寒霜逼杀；而那些被压迫在巨石下，顽强地伸出腰身的小草；那些深深陷入泥沼中，奋力地侥幸脱险的跋涉者，已属凤毛麟角。经过扼杀和反扼杀、迫害和反迫害，埋没和反埋没的种种战斗之后，能够冲出重围，成为幸存者的，皆属虎口余生。复杂而残酷竞争下的现代社会，是造就少数成功者的摇篮。也是芸芸众生们的叹息之地。

本人出生在豫北一个贫苦农民家庭中，野菜和老榆树皮就是最美的奶汁和食粮，只读了四年小学便参加了革命工作。凭着刻苦自学和超人的记忆力，在不足一个月的时间里背熟了高中的全部课本，以优异的成绩考取了武汉大学中文系。1964 年大学毕业被分配到中南海作机要工作。"文革"开始后，以一腔热血，在"保卫毛主席"的口号下参加了中直机关的"文化大革命"。不到一年即被康生的"二四指示"点名迫害，我和一大批被迫害者，连续被整了十多年。这十多年的生命在腥风血雨中白白打了水漂。"文革"结束恢复名誉，恢复工作。但此时已年近五十，人生的成绩单上还是一片空白。

人到五十，对有的人来说，已接近退休，是该安分守已准备养老的时候了。但我不甘心交出一张历史的白卷，于是调集生命的全部能量，决心把五十岁作为人生的第二个起点。要奋勇拼搏，快速地书写人生。

1985 年初，我调到了中国社会科学院文学研究所。这是我在大学时期就一直幻想寻梦的圣地。这里有太多我心目中的文学导师；这里有太多瑰宝般的文学名著；这里是我向往的文学游泳的大海。读着这里创作的权威性的文学史，在郑振铎、何其芳、俞平伯、钱钟书、余冠英、唐弢等文学大师们著作的沐浴中，我走进了文学殿堂。因而进入文学所有一种走进文学圣殿，终于可以面对文学之神一样的感觉。

既然住进了心中的文学金屋，决不能做一个金屋中的乞丐。即使不能作金屋中的一颗星辰，放射出一片光芒，也要让自己的灵魂和智慧之光在金屋一角闪烁；即使不能成为酿造文学美酒之专家，也要作一个酿造文学美酒的探索者。就是在这样的精神状态和自我期许下，我开始了新的人生历程，开始了似曾相识，但又非常陌生的文学研究工作。

做文学研究工作，在文学所有着得天独厚的条件，不仅学术气氛浓厚，数据丰富，而且有很多大师可以请教。在各位大师中，钱钟书、唐弢两位大师的言传身教，和前辈学者朱寨的耳提面命，令人终生难忘。1989年春的一天，我陪一个台湾作家与钱老进行了两个多小时的交谈，钱老讲到了怎样读书，怎样做学问诸问题。他以歌德和费尔巴哈为例，讲到学问要求真、求实、求深，批评了当时国内学术界急功近利的浮躁情绪和个别人热衷于建立"学术体系"的作法。在众大师中，我受到唐弢的教诲是最多的。记得 1991 年的春天，有一次和唐老交谈了近两个小时，唐老谈到做研究工作要能耐得住寂寞，要仔细研读作品，掌握数据，从中发现问题，经过分析判断得出结论。他讲到"实"、"深"、"准"即掌握资料要扎实，分析问题要深入，判断问题要准确。他批评了当时文学所某些人浮华虚夸的学风。我和朱寨在一个研究室工作近五年，他那踏实的学风、办事一丝不苟的精神和善于思索的良好习惯，给我印象很深。文学所的前辈大师们传授给我的是无形的无价之宝，像阳光对于禾苗，雨水对于土地，钙对于骨骼，渗透于我的人生和研究工作中。

进入文学所之前的工作，虽然与文学相距甚远，但却无意中与我后来进行的台湾文学研究工作有着相当的契合，为后来的研究工作打下了丰富的资料基础。在毫无前人成果可以借鉴的情况下，在一片荒凉的文学处女地上，开始了艰难的拓荒和播种。我从建立作家档案、图书卡片和写读书笔记作起。每天坚持工作十二个小时，桌角一杯白开水，中午一碗清汤面，不完成预定的工作量，决不离开写字台。数年之中，从来不知节假日为何物，极少探亲访友。以至妻子说我不像丈夫，女儿怨我不像爸爸。有时指甲老长顾不上剪，胡子老长顾不上刮。妻子常戏称我"长胡子老头"。为了查找一个数据，核对一句名言，发动全家人上阵，翻箱倒柜，挑灯夜战，是常有的事。

功夫不负有心人，经过几年的刻苦钻研，1987 年我开始出版第一部学术著作《台湾女诗人十四家》。之后，我几乎以每年一部著作的速度前进。到目前为止，我出版的学术著作有：《台湾新诗发展史》、《台湾小说发展史》、《台湾新文学理论批评史》、《静听那心底的旋律 —— 台湾文学论》、《台湾青年诗人论》、《台湾爱情文学论》、《台湾地区文学透视》（合著）、《评说三毛》、《柏杨传》、《简明台湾文学史》（主编）、《台湾电影与明星》、《台湾新文学思潮史纲》（合著）、《台湾文学的母体依恋》等。此外还主编了《台湾、香港、澳门暨海外华文新诗大辞典》、参与了《中国文学通史》的写作，获得了台湾"中国文艺协会"、台湾"中国新诗学会"、台湾"中国诗歌艺术学会"等单位颁赠的"文学特殊贡献奖"和"两岸文学交流奖"等。此外还在研究之余出版了《古继堂诗集》，发表了大量的散文作品。上述著作中，《台湾新诗发展史》、《台湾小说发展史》、《台湾青年诗人论》已在台湾出版，《简明台湾文学史》即将在台湾出版，台湾辅仁大学、台湾高雄师范大学、台湾静宜大学等将《台湾新诗发展史》、《台湾小说发展史》作为教材。有的台湾硕士研究生，还将上述二著作为撰写硕士论文的研究对象。本人的研究成果在海内外产生了广泛的良好反响。省内外数十位学者专家着文评论拙著，台湾学者认为，本人对台湾文学开创性的研究，"使台湾本地学者感到汗颜。"北京大学教授汪景寿等认为，本人对台湾文学研究"独树一帜"、"独辟溪径"。诗人臧克家1999年8月24日，病中致函本人说："我至今没忘赞美你的几句话：现在研究评价台湾文学的，以你最为公允，水平最高"。台湾女作家林海音看了本人的《台湾小说发展史》后评价到："古先生对台湾文学的研究深入骨髓。"等等。本人一贯将别人的评价看作是一种鼓励。

　　尽管台湾文学只有四百年的历史，台湾岛的人口只有两千三百万，但是由于地处边垂，历来许多帝主国义馋涎入侵，骚扰破坏，使台湾的人文思想环境变得异常复杂。一个"中华文学传统"，虽然可概括其基本的文学形态，但却难以道尽其错综复杂的内涵；一个简单的"资本主义"辞语，虽然可以说明台湾的社会性质，但却难以概括其性质尖锐对立的意识形态；一个"骨肉同胞"虽然可以作为台湾人的总称，但却不能包容所有台湾人的情感。因而研究台湾文学，绝不仅仅是个纯文学问题，而是一个多重学科下的实践重于理论的复杂课题。一个立志要将热血和智慧献给民族和祖国的学者，台湾文学研究领域还有大大的用武之地。时序虽然无情地把我推进到老年，但时空交织成的无数空白方格，还等待着我去填写。

一次迟到的会见

—— 访英若成

一、奇特的老少兄妹

一辆黑色的红旗轿车，如风卷残云般吞咽着京北的高速公路，从马桥往北穿越了中关村科学园区的生命园、航空园，公路两边宽阔的绿化和阔叶林荡漾起的澎湃春潮，从车窗贯入，沐浴中令人心旷神怡，生机勃发。

黑色轿车中坐着二个人，一个是台湾历史文学学会副理事长，著名历史小说家林佩芬。近两三年之间，她的三部均在百万字以上的大河式小说：《努尔哈赤》、《天问－明末春秋》、《两朝天子》，被作家出版友谊出版公司、上海文汇出版社等竞相一版再版，小说出版的同时，北京、东北、西安多家影视公司纷纷争夺电视剧的拍摄权。因为谈判签约业务繁忙，林佩芬小姐的身影不断在海峡上来往穿梭。轿车里另外两个人文化部调研员张俊杰和本人。我们是受中国作协之托，陪同林小姐去拜访著名表演艺术家，原文化部副部长英若诚的。令人奇怪的是，这位年仅四十出头的台湾小姐，竟然口口声声称德高望众，名声显赫，人们尊称为英老"的七十多岁的英若诚为"英大哥"。不明底细的人，还以为林佩芬"少年狂"。但当你了解了情况之后，不会不为这对老兄少妹几次错见机会，如今终于相见而感到激动。

汽车在纵横交错的公路网上，七拐八折，奔跑了一个半小时。汽车停在英家小院外面，我们鱼贯进入府。身材高大魁梧，并不年迈，但却有点步履蹒跚，看得出是病后尚未完全康复的英老，在客厅里迎接。宽大的客厅铺着花色的羊毛地毯。一套黄花缎面沙发，弯月式地摆在客厅中间。小电影式的大彩电和音响墙摆放着。客厅正面墙壁上高悬着一幅秀美、端庄的中年女人巨照，一定是这个家族中最受尊敬的长者。客厅四周挂着许多名人字画。其中两幅书法最引人注目。一幅是英若诚的祖父英敛之的墨宝，另一幅是台大学教授、著名老作家台静农的墨宝。

主宾落座后，便开始了亲切的交谈。

英若诚出身于满族的名门贵族。他的祖父英敛之，是正红旗，祖是正黄旗。英敛之曾是清军中的一个高级军官。少年时期在岳父家读时，与主人家的小姐产生了爱情。一天，两人约会被主人发现，认为大逆不道，被狠狠打了一顿，还要驱逐出门。由于英敛之聪明过人，深得书先生的喜爱。出于惜才，教书先生斗胆出面说情，并斩钉截铁地说。该生以后必有大的作为。主人顿时转怒为喜，当即将女儿许配给英敛妻。英敛之因祸得福，从此大展鸿图。这门亲事，也成了英氏家族发迹传奇性序幕。

英敛之开始走的军人之路，后来在戊戌变法维新中，他支持变法，维护新派，反对袁世凯复辟帝制。于是很快由一介武夫变为中国文化界的名人。他在中国近代文化史上，有两件功德无量的创举。一是创办了辅仁大学，二是创办了《大公报》。并且选派了许多大学生赴法国勤工俭学。

英敛之是一个具有深厚中国文化底蕴的维新派人物，中学为体，西学为用的理论，在他身上表现得非常突出。

辅仁大学创办后，由英若诚的父亲英千里任秘书长。英千里是中国术界的后起之秀。在辅仁大学的经营中，有着举足轻重的作用。当时他有两位秘书，是他的左手右臂。由于这两位秘书都是中国文化界的大认，有刘备得伏龙、凤雏的美谈。这两位秘书是：中国书法家协会主席启功和台湾大学教授、台湾书法家协会理事长台静农。一九四五年八月，日本无条件投降，台湾回归祖国怀抱。一九四六前后，大陆的一大批知识分子抛妻别子，渡海赴台。这批知识分子中：鲁迅的好友许寿裳及文学家、艺术家、教授：李何林、黄荣灿、袁何欣、姚一苇、李霁野、雷石榆、田野、方生、黎烈文、孙达人等。这其中就有英若诚的父亲英千里和他的秘书之一台静农。到台湾之台静农作了台湾大学中文系的教授。英千里作了台湾大学外文系的教授为台湾培养了许多名人。如，台大外文系教授颜元叔就是他的高足小说家林佩芬的一家，是一九四九年去台湾的。由于林家和英家是满清贵族，在大陆时期就是好朋友，林家到台湾后又受到英千里的照顾是林佩芬的父亲虽然从事航海工作，但却与外文系教授英千里成了好友。两家关系非常密切。从族群辈分讲，林佩芬的父亲林永庆和英千里平辈。生活中又兄弟相称。林永庆五十岁迟来得女，因而林佩芬一出世叫英千里为"英伯伯"。林佩芬因从小酷爱文学创作，但英文学得一塌余。林永庆有意将林佩芬送给英千里作干女儿，训练她的英文，并且动功便说："把你送给英伯伯教你英文，看你学好学不好。"如果当时林佩芬真地送给英千里作女儿，如今林佩芬就真的成了英若诚的妹妹了。这就是四十岁的林佩芬成了七十岁的英若诚的妹妹，七十岁的英若诚成了四十岁的林佩芬的"英大哥"的来历。

二、老兄少妹擦肩而过

英若诚曾任文化部副部长，大家耳熟能详，但英若诚是著名的表演艺术家，曾是人民艺术剧院的演员，却并非人人皆知。英若诚在出任文化部副部长之前，曾表演过许多名剧，塑造过许多出色的舞台形象。比如在老舍的作品《茶馆》中，他演刘麻子，栩栩如生；在《知音》中演袁世凯。将这个反面人物刻画得活灵活现。在《骆驼祥子》中他演刘四爷，与扮演虎妞的斯琴高娃配戏，把该戏演得家喻户晓，久传不衰。他在《马可波罗》中扮演元世祖忽必烈，将这个骠悍的人物演得可圈可点。海峡解冻后，他曾两次赴台访问，第一次是去台湾演《茶馆》。《茶馆》是老北京的一个小社会，或者说是老北京人物和社会面相的一个缩影，是北京语言艺术的集中展示。英若诚是北京人，一口地道的北京腔，不管是举手投足和人物内心的刻画，以及语言韵味，都将刘麻子这个人物活活托出，受到台湾观众的喜爱。台湾故宫博物院院长秦孝仪，设专宴招待，并与英若诚倾心交谈。英若诚也借此机会，到台北市郊向为台湾这块土地操劳了大半生，奉献了大半生，最终长眠于这块土地上的父亲英千里鞠躬凭吊。英若诚在青年时期与父亲分别，谁能料到一别竟是五十年，再会时竟是阴阳两界。英若诚站在父亲的墓前，思今忆往百感交集。英若诚在台湾访问演出时，他并不知道，台北市阳明山麓的一个小楼里，住着一个可以称作他妹妹的历史小说家林佩芬。但对林佩芬来说，却恰恰相反。英伯伯的儿子，又是那么显赫的英若诚来到了台湾，她是求见若渴的。但遗憾的是当她获知英若诚来到台湾的消息时，英若诚已经结束了台湾的访问，回到了大陆。

英若诚第二次赴台湾访问是二十世纪九〇年代中期，这时他已是中华人民共和国文化部副部长。这一次访问，他是作为话剧《天下第一楼》访问演出团的团长身份去台湾的。《天下第一楼》是记述和描绘北京最大最老的烤鸭店，"全聚德烤鸭店"的发迹和成长历史的。在海峡两岸均十分轰动。《天下第一楼》虽然轰动了台湾岛，但林佩芬获得的又是迟到的消息。她只能为第二次第三次与英若诚擦肩而过感到遗憾。近两年林佩芬虽然常常来北京，但北京上千万人口的茫茫人海，那里寻找英若诚呢？此次林小姐终于想出了办法。她事先委托中国作家协会和文化部联系，才找到了英若诚的下落。当他们把关系讲明以后，英老显得格外兴奋，客人几次表示告辞，英老一再留客。当客人离开时，他恋恋不舍，一直送到大门口，目送着客人的车远去后，他还在那里招手。

三、英老佩芬缘

英若诚是一个非常恋祖的人。他之所以要在距小汤山温泉较近的颐和山庄购房定居，是因为他的祖上入关以后就一直住在温泉村。那里至今还有祖上的遗迹，小汤山上有一块比房子还大的巨石，英若诚的祖父英敛之在巨石上刻下四个字："水流云驻"，下面有英敛之的落款。英若诚常对祖上无限敬仰的心情对儿子英达说："儿子，我们现在有钱了，应该把祖业修一修了。"于是他们便请了工匠，把那块巨石周围的环境重新进行了修整，并将巨石上的字用红油漆染成了红色，使其焕然一新、鲜艳夺目。

平时英老常带家人，或者独自到温泉村，祖上住过的地方散步徘徊他仿佛想要从那遥远地、早已荡然无存的祖上的脚印中寻到些什么；想要从早已消失的祖上的声音话语中发现些什么？有一天他正在祖上脚印的地方徘徊，突然有个白发苍苍的八旬老人停在了他的面前。老着疑问而又肯定的目光问道："你是英若诚吗？"英若诚朝老人望瞭望"我是英若诚。"英老还以为他是个普通农民，由于自己的身份引起对方好奇。那老人再问："你是英敛之的孙子吧？"这一问使英若诚大吃一惊。他想，能够知道我祖父名字的，并以如此口气发问的，定非等闲之辈。诚用好奇的口吻问："老人家，请问你怎么知道我祖父的名字呢？"老给后代讲家史一样，讲起了他与英敛之的关系。那是民国初年，中国有识之士，为了学习和运用西方富国强兵的学问，不惜变卖家产，筹费，选派有为青年到法国去勤工俭学。比如吴稚晖，李石曾等，就是有识之士的代表。而英若诚的祖父英敛之，也是这批具有代表性的人一。这位年过八旬，身体仍然健壮的老人，就是英敛之选派赴法国留学生之一。英若诚听了老人的故事非常感动。从此英若诚对温泉村更：恋不舍。于是他就干脆又在温泉村购买了一套更大的房子，准备搬到村去住。英老说，那房子仅客厅就能容纳一百人跳舞。新房的装饰齐。整个墙面大的巨画已经预订。英老说，我们现住的这栋小楼准：掉。英老话音刚落，林佩芬小姐便抢着说："你这栋小楼我买了。"开以为林小姐是开玩笑，在返回北京城的路上，她一再叮嘱要我和张俊士、一定帮助她买下英家的那座小楼，我才信以为真。林小姐说："诚住过的房子很有意义，不能让它落到别人手里。"

在和英老的交谈中，他还谈到了许多文化、文学、戏剧诸问题。均发表了一些独到的见解。在谈到当前的戏剧影视时，他认为当前影视中清材的戏较多，是正常的，因清朝对中国文化的贡献也比较大。他认元朝虽然是少数民族执政，但元曲却是汉文化发展的成果。清朝文化毕较严厉，将大批知识分子逼向了研究历史和考证，但《红楼梦》却否认地创造了中国文学的最高成就。不愧为表演艺术家和语言艺术家老，讲起话来富于情感，富于节奏，语言具有强烈的音乐性。与他交谈如欣赏艺术。主人话题越谈越多，客人如赏好戏不愿散场。要不是因英老曾因血管破裂，两次报告病危，这次谈话是不会在惋惜中结束的。

原载于台湾《明道文艺》2004 年 1 月

1998 年 12 月 25 日原载花溪文学

在混血儿的生日派对上

好友女儿的生日,邀我们全家去作客。女主人来自中国,男主人是欧洲移民。主人的异族夫妻和混血儿构成的三口之家,成了首选的话题。他们家的许多风俗习惯,都是经过一次次的历练,才达到和谐的。比如对待小动物的态度上就有很大不同。老鼠虽然在十二属性中它排在首位,但怎么也改变不了中国人对它的厌恶与反感,所谓"老鼠过街人人喊打"就是证明。而西方人却不然。这个家的男主人知道爱妻害怕和厌恶老鼠,当他发现自已家里有老鼠时,瞒着妻子,但却告诉了女儿。并警告女儿要对妈妈封锁消息。但是天真而藏不住秘密的女儿却用一种柔性的方式,将事情告诉了妈妈。女儿先问"妈妈,我告诉你一个事,你怕不怕?"妈妈说"我不怕。"于是孩子便向妈妈泄漏了家里的秘密。妈妈一听说家里有老鼠,便恶心了起来。不能过夜,全家立即总动员,剿灭老鼠。她唯一可以向丈夫让步的是,不用最惨忍的方法,即用老鼠挟将老鼠挟死,而用比较人道的方式,即胶粘的方式,将老鼠拘捕。为了最大限度地换取丈夫灭鼠的决心,她退让到极限~~准许他放生。捉住了老鼠,男主人高兴地将它提到公园放生,并打电话告诉了他在欧洲的妈妈,妈妈关切地问儿子,"你放生之前,没有给老鼠洗个澡?满身胶该多难受呀!"儿媳听了婆婆这种话,差点没把饭喷出来。

　　一天，这个三口之家应邀到一个朋友家里作客。一进门，主人家里的大黄狗，猛扑过来，朝客人的大腿上就是一口。顿时客人血肉模糊，一条腿瘫了下`来。面对这种事，主人只是"哈咯！"一声将自家的狗叫回了事。连声道歉的话都没说。对这件事，妻子愤愤不平，要求追究狗主人家的责任，要求赔尝医药费。而丈夫却说，被朋友家的狗咬了没有关系。不要将事情看的那么严重。这事硬是被她丈夫压下去了。

　　因为担心男主人的健康，我们关切地询问，"这事发生多久了？"他们说三个月之前。我们说，"狂犬症的潜伏期是一年。"女主人一听，精神紧张了起来，说"到时候，他一发作乱咬起来怎么办？把你们的电话都留下来，到时候我好求救。"男主人故意学着疯狗的样子"汪，汪，汪"吓唬妻子。大家哄堂大笑。女主人却严肃地对对男主人说"你快别吓我了，到时候我分不清你是真的，还是假的。"

　　聊天之余，男女主人邀我们参观他们的豪宅。男主人很神密地将我们引向一个宝物柜前，从宝物柜中取出一个物件。那是一个盖着盖的花色磁杯。主人讲起了它的来历。这是他们结婚之日，男主人为女主人买的纪念品，夫妻俩只用它喝了一杯茶之后，扣上，因空气的吸力，从此再也打不开了。男主人风趣而认真地对女主人说"杯子是你，盖子是我，上帝叫我们永不分开了。"这时，他们七岁的宝贝女儿问爸爸"你说的是真的么？""当然是真的。你就是从这个小杯中钻出来的。"主人意味深长的话逗得人们哄堂大笑，孩子被羞得不好意思地说"爸爸，你胡说"。孩子做为爱情的结晶，男主人说的是大实话。

访幽默漫画大师方成

　　方成是我们武汉大学的校友，他毕业于 1940 年的化学系，我毕业于 1964 年的中文系，我妻子胡时珍毕业于 1966 年的经济系，因而他是我们的老学长。2005 年 11 月我和妻子从加拿大返国，台湾水利工程之父，原台湾武大校友会会长，方成的老同学陈宗文托我们带给方成一付赠联："幽默讽刺皆天籁，喜笑怒骂尽人情"。因而有机会走访方成。幽默家浑身都是幽默，我们打电话给方成谈到陈宗文今年整整 91 岁了，方成随口便道："我今年亦 87 岁半。我们一见方成，他丰满红润，步履稳健，声音洪亮，看上要比实际年龄小 20 岁，像 60 左右。要不是他开口便自我介绍："我是方成。"我还以为认错了人。幽默家生活在幽默中，身心被幽默沐浴，这恐怕是方成老而年轻的密诀。方成豁达开朗，话匣一开无所不谈。首先破译自己的名字。他说：我的字写得不好（其实他的字写得很好），孙顺潮几个字很难写，很麻烦，于是我就姓了我妈的姓。你看，方成，四四方方多好看，成，又告戒自己必须成功。接着方成谈到自己的家庭，原配陈今言是个非常能干的女子。篮球、排球、乒乓球都是辅仁大学校队队员，还能登台唱京戏，又是非常有才华的漫画家。"文革"前是个"快乐王子"，每天下班都唱着回家。"文革"中遭迫害英年早逝。后来经挚友相声大师侯宝林和漫画大师钟灵的帮助，与小自己 26 岁的一女子结婚。方成说，这个女子本来是别人要介绍给一个明星的。侯宝林与钟灵获知后，从中截了下来。侯宝林说，"这个女子得留给方成"。钟灵即刻电话通知方成。方成听说对方比自己小 26 岁，便说"不成，不成"。钟灵说，"那对方要同意呢？"方成说："对方要同意，那我成"。由于对方渴慕方成的才华和名气，老少配便成功了。不过婚前的那种互相渴慕，很快被生活中不断出现的矛盾抵销了。女方受不了方成整天的伏案创作，方成受不了女方的那种酷爱跳舞而不归家的作风。他们互相尽量忍让，在一起凑合了 16 年。后来方成将她推荐到深圳一家公司当经理，那女子如鱼得水。方成像打开笼子放飞小鸟一样，向那女子宣布："你自由了"。他们虽然离婚了，但仍是朋友。女方不时地还邀请方成一起吃饭。如今方成一人独居数室，每天画画、写作、出外讲学，忙得不亦乐乎。他还同时为四家报刊写专栏，每年都要出版两本书。方成于 2003 年夏天为自己画了一幅自画像，戴着一幅眼镜，骑着自行车，边行边观察着什么。他在这幅自画像旁边题了一首打油诗："生活一向很平常，骑车画画写文章，养生就靠一个字，忙。"此诗颇像三句半。这是方成眼前的生活、工作、养生三位一体最精彩的写照。他忙得没时间寂寞和孤独。方成不仅是漫画家，还是幽默理论家，他大量翻阅国内外的漫画史料和幽默大师们的言论，也找不出任何关于幽默的定义。于是他便参照别人和自己的创作实践，来总结创造幽默艺术的理论。他把幽默理论高度概括为一句话，就是："拐着弯说话"。他认为"拐着弯说话产生的幽默效果，不仅可以给人快乐，而且可以产生功利和价值。他举例说，外交场合常常需要用幽默来化解尴尬。如一次外宾问周总理：中国的经济实力怎样，到底有多少钱？这个问题既不能不回答，也不能回答。但周恩来灵机一动，回答得非常得体而巧妙。周恩来说，我们中国总共有 18 元 8 元 8 角如，有人问罗斯福一件美国的军事机密。罗斯福脑子一转，问对方："你能保密吗？"对方还以为罗斯福要回答他的提问哩，赶忙说："我能保密。"罗斯福答："那我也能。"问题就这样简单地解决了。这都是幽默在国际外交方面的妙用。

方成认为，幽默来源于生活，服务于大众。只有来自生活的幽默，才具有强烈的感染力、生动的鲜活性和强大的生命力。他说，他与侯宝林、钟灵早已自发地形成一个幽默艺术沙笼。许多相声和漫画，都是他们在一起反复琢磨、研究、切磋出来的。比如侯宝林的那个家喻户晓的《醉汉》，就是钟灵去俄罗斯访问，从俄罗斯民间生活中听来的故事，经过多次酝酿捉摸，才成为一个相声精品的。那个醉汉喝醉了酒，说："我懂，我懂，我要顺着手电筒的光柱爬上去，你把电门一关，我就会从上面掉下来。"方成说，这个相声幽默的源头是一种反话。醉汉说的："我懂，我懂"，实际是他不懂，才产生笑料。他只懂得会掉下来，他不懂得光柱根本就无法爬上去。由于这个相声来自生活，加之侯宝林的高超艺术表演，使它百听不厌，历久不衰。方成是幽默大师，在幽默大师的眼里，生活中到处都是幽默。比如他的名作《新潮小贩》的创作背景是这样的："一次出差外地，车经过乡间路旁，见一条小溪边上有一家小饭铺，一看我就笑了，饭铺是一间多平米大小的平房，门口两张方桌，几个条凳而招牌很大，上写'滨江饭店'四个大字。我想，这样不协调现象正是漫画取笑题材。但如果照实画出来，这种不协调的矛盾还是不够突出。后来改画成了《新潮小贩》。"

　　方成漫画的幽默和强烈的讽刺主题及深广的讽刺内涵紧密地联系在一起。它是一种幽默的讽刺和讽刺的幽默。这种特点使他的作品具有极高的艺术魂力和难以想象的宽广而持久的艺术效果。比如他的名作《武大郎开店》，无人不知，无人不晓。从创作至今已经半个世纪了，但其艺术效果依旧。不仅如此，只要生活中嫉妒、打击、压制、迫害、封杀、报复等丑恶的现象存在一天，"武大郎"的店铺就不会关张，而《武大郎开店》这幅漫画就不会被人遗忘。方成谈到这幅画创作背景时说，这幅画创作于上个世纪 50 年代，那时他刚调回人民日报文艺部组不久。组的那位组长，缺少才德，妒火中烧，使用各种手段对方成进行打压。凡是艺术上比他强的画家，他都容纳不下。方成百般忍让，那人得寸进尺，无奈方成只好从文艺部调到了国际部。方成就是根据这段生活体验，创作了《武大郎开店》，这幅绝唱的漫画。这是交拌着愤怒和血泪的作品，但讽刺的分寸'又把握在人民内部矛盾的范畴。讽刺艺术分为两类，一种是针对人民内部矛盾，讽刺生活中的不协调现象和有严重缺点的人物。一击使其震惊和清醒。另一种是对付敌人的，丝毫不留情面，不计分寸，迎头痛击，一击致敌于死命。在方成的幽默讽刺作品中，这两者分得是十分清楚的。像《武大郎开店》这种具有无比强烈讽刺效果的作品，讽刺的性质把握得如此之好，这也显示了作为漫画大师的方成，高度的思想修养和艺术修养的完美结合。除了画漫画、写杂文、写相声之外，方成还练书法，我和妻子当场便向他求字两贴，方成却非常谦虚，他为此写诗日：

　　平时只顾作画，不知联书法。

　　提笔重似千斤，也来附庸风雅。

　　方成是个复合型的幽默艺术大师，以漫画为主，触类旁通。相声、杂文、戏剧、幽默理论，他样样都来。他在几篇文章中都写道，这是否"捞过了界"。文艺创作没有界限，更无"主权"，只有互通和互动。凡是大师级的艺术家，大都是复合的和多能的。像鲁迅，既写小说，又写杂文，还写诗。像郭沫若，兼诗人、戏剧家、小说家、书法家、考古学家于一身。他们哪一方面是"捞过界"了呢？不但不是"捞过界"，而且必须是多种艺术互补、互动、互通，方能成就一个大师。就像长江与黄河，是许多支流交汇的结晶。方成深瘩此道。他尽可能打开一切讽刺艺术的闸门，让自己的主攻艺术获得多流灌溉和滋养，而且他尽可能地广泛交友，从别人身上，从别的艺术门类中得到借鉴。他经常来往的挚友，都是各方大师。相声界的有侯宝林和姜昆；电影界的有谢添；音乐界有李凌、瞿希贤；文学界的有钱钟书、杨降。一次方成与舒展去钱钟书家探望，刚一进门，钱钟书便笑着说道："展也大成"。他们从钱钟书家出来后，舒展对方成说，"钱老把咱俩的名字联在一起了。"方成问，什么意思？舒展说"展也大成"用的是《诗经》里的诗句。方成回到家便去翻阅《诗经》。果然从《小雅》"车攻"中查到"子之于征，有闻无声，允矣君子，展也大成。"方成本来敬钱、杨夫妇为师，文中常引用《围城》中幽默的例子。如今从钱钟书随口道出《诗经》中的诗句之事，对钱钟书更敬仰有加。方成在幽默喜剧界的朋友有陈孝英。漫画界的朋友有华君武、钟灵；绘画界的朋友有黄永玉等。在这些朋友中华君武对他帮助极大。1949 年刚解放不久，方成便调到了人民日报。当时华君武是漫画组组长。此前方成是在国民党统治区，画漫画讽刺打击国民党的。如今一下转到共产党的领导下，不知漫画该怎么画了。而华君武是从延安来的漫画家，对共产党领导下的漫画比较熟悉，便耐心地教方成转变画技和题材。在华君武的帮助下，方成很快摸到了新的漫画规律和题材，开始了自己新的绘画里程，因而方成对华君武心存感激。一提起华君武的名字，他便敬仰不已。方成一面谈自己的绘画经历，一面对敬仰的幽默大师进行评价。他说，除了美国的卓别麟之外，在世界幽默大师中就数侯宝林了。如今世界上的幽默大师还没有一个赶得上侯宝林的。他说，'侯宝林张口便是幽默，闭口便是艺术。有一次他与钟灵、侯宝林三人聚会，钟灵指着自己说："我怎么这样胖，喝白水都长肉"。侯宝林顺口便说"这玩艺儿好养。"把大家都逗乐了。一次他们又聚会，有人问侯宝林："美国总统里根当了演员之后，又去当总统。你是否也走里根的路子。"侯宝林答道："他是二流演员，我是一流演员，不是一路人。"这种答非所问，既符合事实，也避开了敏感话题，又不自贬身价，令人肃然起敬。方成的漫画大都配有打油诗，打油诗帮助展示畫的主题。方成的漫画中人物画最多。人物画中多是行侠丈义的英雄好汉。比如,《水浒》英雄李逵、"鲁智深等。李逵像旁的打油诗是"忠义旗下,坦诚胸怀,宁掉脑袋,不当奴才"。四句诗把李逵的性格和形象和盘托出。·方成在钟旭的像旁题诗:"钟旭想喝酒,无需巧安排,后门开条缝,自有鬼送来"。讽刺那些以权谋私,权、钱交易者,生动鲜明辛辣有加。方成的讽刺艺术,歌颂正义,打击邪恶,赞美光明,拼除黑暗。他是个真正的人民艺术家。'方成之所以能成为人民的艺术家,是与他自身就是一个革命家分不开的。方成为人非常诚恳正直。他疾恶如仇,从善如流。生活上艰苦朴素,工作上勤恳敬业。艺术上严格要求,一丝不苟。这都是以他在长期的革命实践中锤炼出来的优秀的革命质量为基础的。方成虽然是学化学的,但他从小酷爱绘画。少年时期在北京读中学时,他就用漫画来打击敌人,宣传革命。早年"1·29"运动时,他是北京的一个中学生,以极大的革命热情投身于"1·29"运动,负责宣传鼓动工作。他预料到斗争是非常残酷的,便事先准备了许多急救药带在身上。那天他们与警察混战在一起,他一方面要呼喊口号,鼓动队伍冲锋向前,另一方面还要救护伤员。当他正在救护别人时,只听背后"咔嚓"一刀砍下。但他并不感疼痛,只是用手朝后一摸,鲜血直流。这时他的后背已被反动军警砍了几道口子。他一面捂着伤口,一面与同伴一起战斗,直到被救下火线。方成中学毕业后考取了武汉大学化学系。因抗战、武大迁到了四川乐山。那时学校的条件非常艰苦,在庙里上课,宿舍是民房。方成一面学习,一面还要进行革命工作。他和另外四个同学,组成漫画组，定期出墙报，宣传抗日。青年时期的革命活动，锻炼出了方成吃苦耐劳，坚忍不拔，勇敢正直，敏锐机智，善恶分明的人格和质量。由于方成一直身处人民日报，这个最令人注目的地方，每当运动的风暴刮来，他都处于前沿阵地。领导都要布置政治任务，而且限时三个小时完成。那时他们已经变成了木偶式的，失去了自主权的漫画机器。方成在此环境下也伤害了不少人。方成对此一直心怀愧疚。在他的著作《幽默画中画》中，对他伤害过的人，一进行赔礼道歉。而对过去整过他的人，包括打击他的那位美术组长，从来不提名。如果不是为了叙述经历，他可能连提都不提。对伤害过自己的人淡然处之，对自己伤害过的人，时时心怀愧疚，这是何等磊落的胸怀。如果大家都是如此，那将是一个怎样和谐的社会。戏剧可以不断地重演，历史却只能演出一次。作为戏剧舞台上的演员，可以把演砸了的戏重新修改排练，作为社会演员的我们每个人，都没有重新修改排练的机会，顶多可以改过，但历史已远去了。因此，每个人都应该自珍。

"烈女怕缠郎"

　　那是 1989 年的春天，一位台湾作家登门造访，提了一个让我十分为难的要求，要我带他去见钱钟书先生。可能是因为我作台港既海外华文文学研究工作，常陪同台港海外华文作家去看望老一代作家。如：谢冰心、冯至、卞之琳、艾青、臧克家等前辈们，也或许因为我是中国社会科学院的科研人员，他才提出这个要求的。可是在：北京想见钱钟书先生比见中央首长都难。因为钱老特别淡泊名利又怕人打扰。那时有报导说：有人给钱老送稿酬，他说："我姓了一辈子钱，还没见过钱吗？"来人硬是被拒之门外。因而去求见钱老对我来说仿佛是件连想都不敢想的事。这位台湾作家见我脸有难色，便又在旁边加码。他说："我这一生的最大夙愿是要拜望当今中国的两大文化泰斗，一个是台湾的钱穆，我已经作到了，另一个就是大陆的钱钟书，我要把他们的形象永远留下来（他兼摄影）。你一定要帮我实现这个愿望。"他这种肯切的请求和要我办的难事之间，把我置于了进退维谷之境。

　　怀着一种无奈的心情和吃闭门羹的准备，我带着这位台湾作家前往北京钓渔台对面的南沙沟。这里号称为部长楼，中央机关许多部级首长都住在这一大片砖木结构的两层楼房中。我院的一些老专家，比如"红学泰斗"俞平伯，享受部级待遇。也住在此地。到了钱府门前我十分忐忑不安地，轻轻地"当、当、当……叩了三声门。稍等了一一会，听到里面有响动声。再过了一会，门"吱"地一声开了一条缝，门里一条铁链将门扇和门框连着。门缝处一个戴黑边眼镜稍显清瘦的长者，朝外望着。这正是钱老。主人还未开口，我便轻声说道："您是钱老吧？我是文学所的古继堂，有位台湾作家想拜访您，没有事先约定，我们冒昧打搅。"钱老虽有点诧异，但可能不好拒绝我这位"同事"他说了一声好，门便花花拉一下敞开了。我和这位台湾作家进门后，钱老非常客气地和我们一一握手。过去我虽然见过钱老，但这是首次近距离地面对面打交道。可能是因为有"外人"在场，钱老对我表现得非常客气和热情。真有那种"同事"相处的亲切感。钱老给我们两各倒了一杯茶，便招呼我们坐在客厅里聊了起来。

钱老是个学贯中西、精通古今的大学问家。因前不久他刚刚接待过几位西方学者，他便很自然地讲起了西方的文学和哲学。歌德、叔本华、柏拉图，他都如数家珍。或许是因为台湾作家在场，钱老又讲起了与台湾有关的事来。即台湾盗印大陆图书的事。他一面讲一面走到小书柜前，从书柜中拿出了《围城》的五种台湾盗版样书。他不无感叹地说："这都是朋友们从市场上看到后主动给我买来的。"

钱老在谈话的时候，那位台湾作家不时地搬弄一下照像机，做出要照像的动作，均被钱老制止了。谈话刚刚结束，那位台湾作家又举起了照像机说；"钱老我给你们俩照个合影。"那个台湾作家的这一句话，把一贯不爱张杨、不爱显现自己、不爱进入镜头的钱老置于两难之境。照像吧，违背了他的意愿，不照吧，又怕客人误会和不快。于是他勉为其难地、很不情愿地说："好吧，今天就破个例吧！"于是我才有了与钱老合影的荣幸。与钱老手牵手、肩并肩地留下了永恒的一刻。

谁知这第一张合影，就像在将要决堤的河流上挖了第一个小口，想堵口是不可能的了。那位台湾作家将镜头对着钱老咔嚓咔嚓连续地拍了十多张，还让钱老这样换一个姿势，那样换一个姿势。钱老几乎是任由他摆布了。这位台湾作家充分地利用了钱老那种对客人和小辈的爱护、体谅与和蔼、友善的情感，在一个不太情愿的老人头上，狠狠搜刮了一番。我在旁边满怀着对钱老的同情，但又不好说什么。经过思想斗争，我终于开口说了一句话："让钱老休息吧，钱老太累了。"

那位台湾作家刚刚收了照像机，钱老便走到写字台前，拿起毛笔、沾上墨汁、用楷书写下了几个字："烈女怕缠郎"钱老写毕说："继堂，你来看，这是我们家乡流传的一句老话。"我和钱老相视而微笑，我深感愧疚地对钱老说了一声："对不起。"钱老摇了摇手说："没有事。"

此刻，那位台湾作家在往他的包包里收拾照像器材。对我和钱老最后的表情似乎没有觉察。当走出钱府时那位台湾作家高兴地对我说："今天收获不小，好事多磨。"同样是一件事，钱老认为是一个麻烦。而那位台湾作家却认为是"好事多磨。"因看问题的立场和感受不同，相同的事却得出完全相反的两种结论。因而有时换位思考对正确认识和评价事物是非常必要的。

邂斋的主人，文坛的骄傲

惊闻 104 岁老作家苏雪林在台湾辞世，心情异常沉重。海峡两岸作家们怀着一个共同的美好愿望，希望这位中国唯一、恐怕也是世界可能跨越三个世纪的老寿星，能活过二〇〇〇年，创造生命领域的世界纪录。但却一声噩耗传来，无情地破灭了中国人的这一夙愿。

苏雪林创造了中国文坛的许多奇迹。到目前为止，她是中国作家生命历程最长，文学生涯最长，经历的风雨和坎坷最多，最受人们尊敬关注的文坛巨星。直至一九九二年，她还以九十五岁高龄，用了八个月时间，创作出回忆录《浮生九四》，而且文笔优美、思路清晰、语言流畅一个作家能保持如此持久的创作力，不仅是中国文坛的骄傲，也是世界文坛的奇迹。

苏雪林一生创作了五十部作品，这种创作量或许不算高产，但五十部作品中，有许多是创作难度较大的学术著作和短小精悍的散文品。苏雪林认为写长篇小说较易、写散文较难。她有一个生动的比喻：创作就像踩缝纫机，要上底线，要穿针。长篇小说上一次底线、上一次便可不停地踩下去；而短小的散文却要不断地上底线和穿针。苏雪林说，包括自传体《棘心》和《浮生九四》及散文，在她的同代作家中虽然不是最多的，但反映的生活时空却是最复杂、最丰富的。表现出的实主义风格也是最鲜明的。

苏雪林的学术论著《唐诗概论》、《辽金文学》、《楚辞研究》、《李商隐恋爱事迹考》等，灌注了她一生的心血。她的学风十分严谨，追根索源，不放过任何微小漏洞，表现出极强的探索精神。为了考证李商隐道士和宫中嫔妃的恋情，来理解和印证李商隐爱情诗的生活源，她搜集资料，进行确真辨伪、一丝不苟。她的同事和学生，对她漫长的一生中，经历了无数的曲折和坎坷。她的每一个足迹，都饱含着丰富人生经验、饱含酸甜苦辣的各种况味。她出生于晚清，祖母强迫她缠过足。那时小足为美的美学观念和痛苦的不人道及毫不顾女性的尊严和人权，发生着剧烈的冲突。但是在巨大的封建枷锁下求生的小女子，除了服从，没有别的出路。苏雪林虽然也进行了微弱的反抗但也无济于事。生活在那样的社会中，处处都是陷阱、时时都有灾难苏雪林长成一个大姑娘后，却做了封建婚姻的牺牲品，被家庭包办嫁了商家之子。她虽然以分居进行抗争，但天主教的约束使她既不离婚、也不再恋，给她造成了终生的巨大痛苦。她只能将自己藏身于寓言小说借蝴蝶之口倾吐胸中郁闷和不平："我是只蝴蝶，恋爱应该是我全部生命，偏偏我在这个上仅余一页空白。""她枉为蝴蝶，不解半点风情，有如蜗牛，闭塞胜于壁虎，走一步都要丈量，迂执更像尺蠖。"这篇寓言式的小说，表现了她心中尖锐的矛盾和痛苦、反抗和压迫、自由和束缚在她身上交互作用着；新思潮和旧意识、追求解脱和不断陷入重围就成了她生存的方式。后来到了可以自由追求幸福的时代，她又错过人生的良机。所以苏雪林身上累积了几代人的生活经验，包含着极为丰的人生哲理，因而她的五十部著作和百年人生足迹，都是我们现代人极宝贵的财富。苏雪林的辞世，不仅使我们失去了一颗文坛巨星、一个慈祥的老奶奶，也使我们失去了一位人生的导师。为此，我们感到沉重和悲痛。不过她的五十部著作，将会成为后人铺筑人生道路的基石。

原载台湾《联合报》2002 年 9 月 5 日
此文收入台湾中学教材

女兵作家谢冰莹

中国近现代史上第一个女兵，中国历史上第一个女兵作家谢冰莹世纪之交，刚过 95 岁诞辰，在美国与世长辞。她的人生和创作，对我们具有很好的启迪意义，对中国历史也闪射过光芒。

她 1906 年出生于湖南省新化县；1921 年开始发表作品。在谢冰莹、苏雪林、冯元君、石评梅等"五四"时期崛起的一批女作家中，她是小妹。而在这批作家中，她的人生和创作道路是最壮美，最坎坷的一位，是和中国的命运连得最紧密的一位。

1926 年谢冰莹从湖南第一女子师范毕业。正当她雄心勃勃迈出人生第一步的时候，妈妈却硬逼她与三岁时订的娃娃亲结婚。经过与哥哥的密谋策划，在父亲的支持下，她只身奔往武汉，以第一名考入"中央军师政治学校"（黄埔军校前身）。经过短期训练，便开往北伐前线汀泗桥与敌。恶战。她的《从军日记》就是在战地写成的。由于北伐军失败而解散，又回到湖南，无可奈何地做了封建婚姻的牺牲品。在保卫处女的战斗中与新郎进行了两个通宵的谈判，终于又侥幸地逃脱虎口。几经周折，从北京女师大毕业后，她用几部书的稿酬作学资，赴日本留学。因坚拒出迎伪"满洲国"皇帝溥仪访日，而被日本特务逮捕。在狱中她大义凛然，英勇不屈，当面揭露日本侵略中国的罪行，受到极为残酷的脑刑、指刑、电的严重摧残。被遣送回国后，她又第二次更名改姓赴日本留学，遇到"七七"事变，为救祖国危亡愤而返国，组织"战地妇女服务团"，自任团长开往前线。在火线上救助了大批伤员，并做了大量的宣传鼓动工作。她是无可争议的女中豪杰。

谢冰莹当过大学教授，出任过许多报刊的主编，与许多著名作家有过密切的交往。她的著作总量有 1000 多万字。除了轰动东西方的《从军日记》和《女兵自传》外，还有大量的长、中、短篇小说集，散文集，剧本等。她于 1948 年接到台湾师范大学聘书，渡海去该校任国文系教授，直至退休后去美国定居。她的绝笔之作《最后的遗言》写于 1991 年 4 月日下午 4 时，这篇散文是悼念亡夫的。该文简短的后记写道："自从明达去世后，我就没有写过文章，这篇短文（约 600 字）我已写了三天，也不知流过多少泪……"

谢冰莹的人生和创作道路充满艰险和坎坷，但都被她的刻苦钻研和智大勇一一化险为夷。由一个农村女孩到一个女兵，又到著名女作家，这种充满魔幻性的跳跃和飞越，靠的就是刻苦钻研的知识，自觉塑造的素质和敏锐的射门意识获得的机遇。不过谢冰莹的成功还有五个"贵人"相助。

第一位是时任《中央日报》副刊主编的孙伏园。谢冰莹在北伐前线以石头作板凳，以膝盖作书桌写出的那些带着硝烟的战地日记，本来是因战地不便保存，寄给孙伏园代为保存的，由于北伐中没有随军记者，这些日记正是报纸重金难买的稿件。孙伏园如获至宝，未经作者同意便一篇篇在报上连载了，引起了强烈反响。谢冰莹战地归来，已莫名其妙地成为一个女兵作家了。

第二位是林语堂。《从军日记》一面在报上连载，林语堂就一面译成英文在英文版连载。后来林语堂去了美国，又组织两个女儿，即 16 岁的长女如斯，13 岁的次女无双，投入谢冰莹的两部著作《从军日记》和《女兵自传》的英文翻译工作。这两个女儿虽然年纪很小，但中英文水平 一流；她们在翻译过程中，还不断给国内的谢冰莹写信联系，请她补充有关资料。翻译完成后，由林语堂审读定稿。谢冰莹之名享誉世界，与林语堂父女关系十分密切。

第三位是赵家璧。《从军日记》的畅销，引起了正在上海良友出版公司主持《中国文学丛书》的出版家赵家璧的关注。于是未给谢冰莹打招呼，他就决定了一本书的名字；《女兵自传》，并决定了交稿日期，通知谢冰莹快写。谢冰莹别无选择，又无奈又惊喜地投入了另一部《从军日记》更传奇、更畅销的《女兵自传》的创作。这部书的面世，完全是赵家璧逼出来的，谢冰莹的名气更大了。

第四位是丰子恺。《从军日记》是丰子恺画的封面。但过了好久之后突然有位知情人透露，封面不是丰子恺画的，而是出自他的小女儿软软之手。谢冰莹大为吃惊；她一定要弄个水落石出，就拿了一本《从军日记》到丰家做客。软软出来端茶倒水，谢冰莹瞅准机会，指着《从军日记》的封面给小软软看。小软软脸一红头一歪，不好意思地溜掉了。悬了许久的一桩文坛疑案，被小软软这一笑破译了。

　　第五位是翻译家汪德耀。《从军日记》在国内出版后，汪德耀便将翻译成法文，介绍到法国出版。法国大文豪、诺贝尔文学奖得主罗曼罗兰阅读后很受感动，亲笔给谢冰莹写了一封信，鼓励受到创伤的谢冰莹："不要悲哀，不要消极，不要失望，人类终究是光明的，我们终会得到自由…罗曼罗兰的信，使遭遇北伐失败，又遭婚姻打击的谢冰莹，受到极大鼓舞文学是生活的彩绘，生活是文学的现实主义色彩，在谢冰莹身上体现得最为突出。幸与不幸支持着她的平衡；生活不幸留下的精神上的巨大沟壑，又由创作上的幸运得到补偿，这就是谢冰莹交错互动的一生。

　　　　　　　原载于《光明日报》2000 年 5 月 4 日

破译柏杨的人生密码

　　2008 年 4 月 29 日，从台湾传来噩耗，著名的作家，历史学家柏杨经历了病魔的长期折磨，家属不忍如网的插管给柏杨带来的极度痛苦，决定放弃抢救，使柏杨安然地度过最后的人生之门。89 岁的柏杨，从此走进了历史。柏杨的一生，是传奇的一生，是曲折的一生，是奋斗的一生，他的人生经验对许多人都有参照价值。

　　柏杨有一首诗，非常能够表现他的性格。该诗写道："九天高翔闯重雷，独立高岗对落晖。孤鸿不知冰霜至，仍将展翅迎箭飞。"这首诗意境高阔，内涵悲壮，孤傲不群，宁折不弯。正好是柏杨性格的写照和人生的概括。有人称柏杨为"中国的伏尔泰"。这是因为他与法国著名的文学家、历史学家、哲学家伏尔泰的性格特征和人生经历有极为相似之处。他们都走过了一条：求学 — 仕途 — 创作 — 牢狱之灾 — 创作，这样一条复杂艰辛的人生之路。都是一度进入当政者的核心，又因不能同流合污，而被当局抛弃、迫害。

　　柏杨青年时期，是一个热血沸腾的爱国青年。对凶恶的日本入侵者不共戴天。因对蒋介石的消极抗日政策不满。一度曾联络了几位青年朋友，策划安排投奔延安，参加共产党的抗日队伍。夜间他快要到达约定地点时，发现情况有别，便迅速改走他道。免除一场灾难。后来得知，因被叛徒出卖，破坏了他们的计划。之后柏杨考取了国民党的"干战团"青年班。经过短期培训，潜入日本战领区，在敌后开展工作。他在河南林县、焦作、晖县等地活动了一个时期，效果不佳，便奉调而归。抗战胜利后，由于他的机敏和干练，曾得到过蒋介石的信任。1949 年去台湾之后，经过几番折腾，曾一度步入蒋氏政权的核心部位，被称为"蒋经国的人"。不过柏杨不是别人带上笼头的马；也不是别人装进沟渠中的水。他有自己的人生本色和独立个性。他决不同流合污，决不跳到酱缸中去污染自己。他在国民党内，对国民党内的派系斗争、尔虞我诈、互相迫害和极度腐败非常不满，他对受到愚弄和迫害的民众十分同情，于是他便以杂文为武器，挑开了国民党内部的污泥浊水；挑开了国民党政权凶险残暴的内幕。柏杨的杂文非常明确而坚定地直击国民党的腐败和残暴。他的许多锋芒犀利的杂文，集中火力攻击国民党的最要害部位，一是国民党的一些高官不顾千千万万老百姓的生命和财产，故意频繁地制造沉船事件。以骗取保险公司的高额保金。柏杨经过多方调查，一次次地揭露沉船真象，为冤死者打报不平。柏杨的作为一方面激起了死难者家属亲友的极端不满和愤怒，另一方面使老鼠过街人人喊打的国民党气极败坏。柏杨的杂文集中攻击的另一个领域，是台湾无恶不作，专门欺负和迫害老百姓的警察局。柏杨以大量令人发指的事实，揭露台湾各个警察局以作为和不作为的两种手段对民众的加害，其中大量的是警察利用职权对老百姓进行没完没了的钱财敲诈和奸污。民众有冤屈去告状，但又告状无门。有一个时期，台湾所有警察局都在最显目处写上"作民之君，作民之师"的大字。柏杨一针见血地写道，台湾的各级警察局，不仅迫害人民，而且还大言不惭地，公开地要作人民的父亲和老师。柏杨的杂文一见报。大大地激起了民众对警察局的不满。没过多久突然一夜之间，各警察局类似的标语全不见了。这是在柏杨杂文的震撼下，迫使台湾警察局采取的统一行动。

柏杨对国民党的揭露和抨击，激起了国民党对他的切齿痛恨，但又惧于柏杨在民众中的巨大影响和威信，不敢轻易对他下毒手。国民党曾多次派大员私下去劝说和威胁柏杨，要柏杨停止揭露国民党，但柏杨是一个愈战愈勇，愈挫愈坚的硬汉子。他并不把国民党的威胁利诱放在眼里，照样我行我素。国民党的高官们"对软硬不吃的柏杨恨得拳痒牙痒，就是无奈他何。

但是时间到了 1967 年 5 月，柏杨终于惹下了大祸，遇到了灭顶之灾。那就是他将原载于美国刊物的连环画，即："父子二人亡命在一个小岛上，自吹自擂，争着要当总统。"在台湾《自立晚报》上发表。此画一出，柏杨的所有敌人，都奔走相告，弹冠相庆。说柏杨这一次定死无疑。柏杨开始对别人的幸灾乐祸不以为然。然而没过多久，果然东窗事发。柏杨以"侮辱国家元首罪"被台湾当局逮捕。柏杨对此毫无心理准备。他以为被传讯几天就能放回。岂不知这一次蒋氏父子定要治他死罪。于是漫长的十年牢狱生活便开始了，只是因为阴差阳错，柏杨才得以死里逃生，成了一个从"地狱里回来的人"。当他九死一生从地狱中回来之后，他的妻子已经成了别人的妻子；他的花园洋房也改了姓名；他的豪华汽车也成了别人屁股下之物；他的宝贝女儿佳佳，也不叫他爸爸了。他孤身一人栖居在朋友的车棚之中，几乎靠乞讨度日。而正在柏杨万劫不复之时，好心而年轻漂亮的女诗人张香华，以悲悯助人的心情，主动地找上了门。给柏杨送来了吃的，穿的，用的。并且给他送来了温暖和爱情。已经老态隆钟，白发苍苍，比张香华大二十岁的柏杨，感动得无以复加。柏杨主动地向张香华示爱，张香华深知柏杨是个高速轨道上运行的人物，稍纵即逝。便没有过多地思索，两人一拍即合成了夫妻。他们相濡以沫，相敬如宾，夫唱妇随地又在爱情的长河中游泳了三十多年。

　　柏杨视力不好。张香华说"我就是你的眼睛"。他们一出门，张香华就给柏杨开车，成了柏杨双腿。他们夫妻生活之甜蜜，堪作老年人婚姻的典范。柏杨之成为柏杨，是因为他有许多超人之处，是因为他创造了令一切人感动和惊叹的奇迹。那就是他化生命为事业，化事业为创造。在任何艰难困苦的条件下，也要屹立不倒；在任何逆向的环境中，也要举步向前。奋斗不息，创造不止，不达目的决不罢休。十年的牢狱之灾，是常人难以想象的。国民党的特务机关，为了把柏杨先制造成国民党的叛徒，再由叛徒转为产党的红色特务，然后顺理成章地置柏杨于死地，用尽了种种卑鄙手段。先是以承认被共产党逮捕过，就保证柏杨一星期可以回家与妻子团聚进行欺骗。柏杨甚至后悔自己没有被共产党逮捕过，"如果被共产党逮捕过多好，马上就可以回家了。"柏杨犹豫不决，怕凭白无辜地承认了被共产党逮捕过，会造成错案，是对国民党的不忠，更对起眼前审讯他的。好心人。他以一种忠于事实的思想坚守着不撒谎的道德防线。特务们完不成突破柏杨心理防线的任务，急得像热锅上的蚂蚁。于是软的不行便用硬的。

对柏杨改用毒刑，把柏杨的骨头都打断了，用大皮鞋踢踩柏杨的肚子。把柏杨的屎尿都踩出来了，柏杨坚决不承认。不管特务们多么残暴，柏杨就是不肯就范。特务换了一班又一班，刑具换了一种又一种，但硬的一手却把情况越搞越糟。特务们把柏杨看成一个怪物。于是硬的不成又改用软的，特务派出柏杨的朋友，与柏杨谈心。把柏杨的妻子、女儿弄到狱中与柏杨会面。特务们对柏杨说，只要你上午承认被捕过，下午就可以回家。现在承认被捕过，出狱后你还可以翻案，届时我们也承认对你刑讯逼供，问题不是就解决了吗?柏杨半信半疑地问：“你们说的话是真的吗?”特务们说：“我们欺骗你那还算人吗?我们是代表国民党在审讯你，国民党欺骗你不是成了流氓党了吗?”柏杨有点动摇，特务紧追不舍。柏杨以丧失知识分子良知为代价，极为痛苦地半吞半吐说：“那样我就承认了”。根本没有说出曾被共产党逮捕的话，但特务却给他记录在案了。之后柏杨认为自己欺骗了国民党，犯了罪。多次试图翻供都未成功。特务们不但不准他翻供，而且顺着缺口极力撕大，柏杨也一泻千里。正当柏杨为撒谎丧失良知痛苦忏悔的时候，柏杨的《死刑起诉书》下来了。柏杨也彻底地绝望了。

柏杨经得起严刑烤打，却经不起欺骗。他本来是可以翻供的，但由于“君子无戏言”的信条，和“君子不食言"怪念头，使他反反复复，承认了又否定，否定了又承认，最后弄成了真也是假，假也是真，真假莫变。他的这种反反复复，是一种君子食言，引发他"英雄气短"的病症，这使他从根本上丧失了在真理面前无私无畏，理直气壮的气概。而把正义的抗击变成了"理亏的心虚，于是丧失了战胜妖魔的能力和勇气，便节节败退下来。如果不是美蒋矛盾，蒋氏父子迫于美国的巨大压力，柏杨最终成了美国抑制蒋氏政权棋盘上的一个棋子，即使有一百个柏杨，有千万条理由，在当时的情况下，也是必定死无葬身之地的。看来在强敌面前，英雄即使有错，也不能气短，否则就会丧失战胜敌人的能力和勇气，使英雄万劫不复，犯下更大的错误。这可以说是柏杨最大的人生教训。

柏杨出狱时已经 56 岁，该是退休的年龄了，是一般人不再有大作为的年龄了。但柏杨的惊人之处是，他在狱中缺纸、缺笔、缺光、缺少空间，又受重刑的摧残的牢狱中，竟然用一片片的香烟盒，阴暗潮湿的狱壁，写出了数百万字的三部历史大著，即：中国通史性质的《中国人史纲》、《中国历代帝王皇后亲王公主世系录》、《中国历史年表》及一部诗集：《柏杨诗抄》。这四部著作，即使让一个学者坐在图书馆里，研究十年，能够著成出版，也算是成果累累了，何况一个监狱死囚呢？真是令人难以想象。而且他的这几部著作手稿，像小山一样能躲过务特的眼睛悄悄暗中运出，在经历了风险之后又能转危为安，顺利出版。这每一步，每一个环节，都是一个奇迹。这都是别人难以做到，而柏杨做到了。谁能不为之惊叹柏杨 56 岁出狱时，身体极为虚弱，但他却马不停蹄地投入另一场。惊人的战斗，他一面重建生活基地，一面重开事业局面，迅速地投入了数千万字的《柏杨版自治通鉴》的写作和出版工作。柏杨自上世纪 1977 年至 1988 年的十一年中，共出版了各种著作 83 部。除了杂文、小说、诗之外，仅《柏杨版自治通鉴》就是每月一册，到 1988 年，柏杨 69 岁那年，共完成七十二册。这种写作和出版速度，不要说对一个 60 多岁的老人来说是天下无例的，即使对一个青年人来说，也是不胜负荷的。因而我们可以毫不犹豫的说，柏杨就是人间奇迹。柏杨虽然去世了，但他创造的奇迹却永远存在，永远地激励和鼓舞着中国人奋进。柏杨临终前，新胜选的国民党领导人马英九、萧万长轮流去医院看望柏杨，并接受柏杨的增书。这表明柏杨与国民党的历史恩怨已经化解。对国民党开展政局，是个好兆头。

晚年，柏杨曾接受陈水扁的邀请做其"国策顾问"，据说柏杨是为了给他讲中国历史，劝告他不要搞台独。此事也无可考。

罗兰 — 以出世的思想做入世的事业

　　罗兰是大陆读者十分喜爱的台湾作家。充满哲理的《罗兰小语》，被百万大陆读者争相阅读，我一直敬仰这位有思想，有内涵，有见地的老作家。我们还是 1996 年 6 月 6 日，在罗兰故乡河北省宁河县县城宾馆举的"罗兰作品研讨会"上相识。罗兰的家就在县城的芦台镇北街，世代商立家。著名的"聚泰号"粮店和木厂、首饰楼、药铺、黄酒厂闻名遐迩·到罗兰这一代，已经家道中落。会议期间，我们随罗兰去参观了她的家庭旧址，如今是一个破旧的工厂。罗兰的家就在工厂的覆盖下面。罗兰和她的三妹以怀旧的心情在那工厂的院子里眷恋徘徊，仿佛是想在那无形中臭到一点旧的气息。罗兰曾这样写家"家的感觉又是何等温馨呵，难怪每次次回老家都那么快乐。家的意义是如此的深，祖先给我们的是奋斗开向历史，是绵延不断地来自先天的亲情，和把这亲情扩大发扬，嘉惠别人真诚与善意。是谁说家已经不重要了呢?是谁嘲笑过'祖先崇拜'，认为是落后与迷信而亟思革除呢?祖先的护佑与监督，难道不是比一般宗教更加真实而有情吗?"罗兰认为中国人不肯放弃"祖产"的心情所衍生出不肯让国土沦丧的心情，是西方人所不了解的。中国旧社会不肯分家心情也许包含着"无私利"与"团结友爱"的美德在内。罗兰把爱家、恋家、眷顾祖产都和爱祖国的情感统一起来。爱家的情感是爱国情感的基础两者不可分割。因而尽管罗兰的老家已经没有什么人，也没有什么产财了，只是一种陈年的记忆，但罗兰每次来大陆总要到"老家"去看看。就因这缘故，她的作品研讨会一定要在天津筹备，而在芦台召开。她的家虽然已经没有任何踪影，她也要带着她的研究和崇拜者到那已是工厂的院子里去凭吊一番；那些陌生的工厂的人莫名奇妙地看着来者，还以为是上级来视察工厂哩，却不知来人的心中却装着一份古旧的沉重。

　　我的论文题目是《清新文笔，动人的哲思 —— 漫话罗兰小语》，其中有一段话谈到，罗兰作品中展示出的丰富的哲理和辩证法，"如果毛泽东在世也会引起共鸣"，引起了讨论会的哗然。但罗兰却异常高兴，很感兴趣。就是这句话罗兰再也忘不了我啦，我们开始信函来往。我 1996 年底和 97 年初去台湾讲学，未能拜访她也未告知她，她颇有意见。接受上次教训，这一次去台湾便告诉了她，她就非要宴请不可，因行程太紧无法安排，她就邀我去她家吃早点。那天风狂雨暴，天刚亮，我从台湾师范大学学人招待所的楼上下来，就看见年近八十的罗兰大姐，身上湿漉漉地，手中握着一把花伞，在招待所的大门边等候。我们寒暄了几句，以最快的速度上计程车。尽管如此，在进车门收伞的一刹那，浑身差不多暴雨湿了个透。台风豪雨中的台北街头，白茫茫的一片，像北方冬季狂风卷着雪浪一般，什么也看不见。司机凭着轻车熟路，不知转了多少个弯子，穿过多少条街巷，半个小时后在台北市敦化南路一段一八七巷七十号楼下停了下来。这是一栋旧楼，但装潢比较豪华。罗兰打开房门，房门内侧放着一个圆斗一样的花色硬纸筒，里面插着好几把伞。罗兰将雨伞倒插进去，我也学着她的模样将雨伞倒插进去。圆筒旁是几双布拖鞋，我们各换了一双才步入客厅。主人的客厅和餐厅相通，中间有一半被油亮的红色本质屏风隔开，屏风的空格中摆着花草。客厅相当宽阔、豪华、气魄；一面墙是宝物柜，摆着许多古玩宝物。宝物柜的一头是一架巨型钢琴。另一侧是一圈棕色的皮沙发，沙发中央是个方型的木架玻璃茶几。罗兰泡了两杯冻顶乌龙茶，陪我喝了几分钟后叫我自便，她进厨房忙起了早点。

大约只有十分钟光景，我还未浏览完她的书柜，早点已经做好。摆了满满一餐桌。每人两个鸡蛋，一坏热牛奶，一杯饮料，各种各样的糕点、面包、水果刀叉杯盘应有尽有。我们边吃边聊。我问："罗大姐，这么大一套居室就你一个人居住？"她说平常就她一人，有时读中学的孙女来陪住几天。我问："为何不请个佣人？"她先调侃式地说："请不起呀！"接着换了个口气说："曾请过一个菲佣，语言不通，很不方便，就辞掉了。"我问："这么大年紀难道洗衣服、家务都自己做？"她说："一般我都自己做。不过儿媳很孝顺，不时过来帮帮忙。"罗兰的子女不在身边。她有个儿子已是一大家人，住在离此不远的另一栋住宅中，节假日儿孙过来热闹热闹。

吃过早点，罗兰带着我参观她的全套家居，她住的一间宽敞的卧室，收拾得相当整洁，大沙发床上罩着一个花色床罩，床头柜上摆放着随时用的书。另两间卧室空着，罗兰指指其中一间说，这一间是我孙女偶尔来住的。进入罗兰的书房四周摆满了书和悬挂着许多放大的相片。其中有罗兰年轻时的照片和中年时的照片。罗兰中年以前长得相当丰满，神采奕奕，一派贵夫人的气度。她已故的先生，生前是在广播电台工作，模样十分慈祥。

罗兰在天津女子师范学院音乐系毕业，1948年去台湾之前曾教过小学和在电台当过编辑、播音员。那时，她也曾恋爱过，但因男友不愿去台湾，两人分道杨镳。罗兰十分幸运，1948年4月29日到台湾，5月1日她得到了一个广播电台的工作。一进电台又遇到一位如意郎君，三个月后便与电台的新闻组长朱永丹结婚。朱永丹在大陆时，是重庆中央广播电台的新闻组长。而罗兰来台前曾任天津电台的播音和音乐主持人，两人同行同道，配合十分默契，家庭生活也十分幸福。1950年，罗兰的第三个孩子降临人间，因家务的沉重负担，迫使罗兰辞掉了电台的工作。直到1957年，孩子稍大，家务负担减轻，也为了给自己的孩子弄个理想的学校读书，她才重新走出家庭，当上了小学教员。一个学期后，她又进入台湾省警察广播电台。那是1958年，39岁的罗兰，得到了一份完全可以自由自主，包括写稿，播出和选择音乐在内的"综合节目"主持人的职位。她说："它给了我一生事业的起点，奠定了我在广播和写作上双轨并进的基础。"她在这个节目中自编自播，谈道德、谈人生、谈婚姻、谈爱情、谈责任。只要能与听众的心灵沟通，她便什么都播出。在与听众的沟通中，她发现，鼓励人积极向上，刻苦奋进的短章小语最受欢迎。于是她便大量地撰写和播出具有生活哲理的人生短语。后来结集出版，而且一版再版的，分散为短章、聚拢为巨著的《罗兰小语》。

罗兰书房的大写字台上，摆放着正在写作的稿子，那是一篇应邀而写的散文。罗兰将书房的灯光全都打开，让我坐在她的转椅上，装模作样地进行写作，她在一旁为我拍照，然后我叫罗兰坐上转椅上，由我为她拍照，可惜偌大的一栋房就只我们两人，没有人为我们合照，实感美中不足。

我注意翻阅了罗兰作品出版的年代。1963 年，她的处女作《罗兰小语》第一辑出版，揭开了她成为一个女作家的序幕，接着几乎每年都有作品出版，有时一年出版多部。其中有小语、信箱、散文、小说、剧本、生活随笔。到 1963 年为止，她已出版《罗兰小语》五辑，《罗兰散文》十一辑，长篇小说五部，自传体长篇小说《岁月沉沙》三部，另外还有诗论、游记等三十一部。无疑，她已是一个著作甚丰，各种文学体裁运用自如的大作家了。但是罗兰出第一部书时，她已四十六岁。在别人来说已是快退休的年龄了，但对罗兰来说，她的创作成就的大厦才刚刚奠基；对别人来说，已是激流勇退的时刻，但对罗兰来说，她在漫长的创作征途上才刚刚起步。罗兰出版第一部作品时，或许没有想到，她会成为一个畅销作家，在海峡两岸拥有千万读者。但是令人惊讶的事，毕竟出现了。虽然这是迟来的荣誉，但作为人生的果实，它却具有更深沉的内涵。不要叹自己老，你的生命潜能可能还未得到充分发挥；不要说人已暮年，你开始的每一天都是新生；不要说不如别人，你的每一作为都在为生命增添光辉。

有人说罗兰小语是青年人的人生伴侣。我认为也是中老年人的人生伴侣。与罗兰交谈那哲师式的思想和语言，那股激越的爱祖国、爱民族的热情让人感动不已。我们谈到今年大陆军民的抗洪斗争时，她一再感叹，像那样的特大洪水不管发生在世界任何别的地方，都是无法抗拒的，都必定带来大灾大疫，而大陆的军民明知是牺牲，却偏往水中跳。用身体用生命筑成人提去挡洪水，心中如果没有信念，没有理想是办不到的。没有好的组织工作也是办不到的。她说她的小说正好在大陆出版，出版社早就筹备在八、九月在武汉、上海等城市搞一个流动式签名售书活动，被她取消了。她说，大陆人民在抗灾，治理长江我怎么能在人民的灾荒中去宣传自己？罗兰认为人生的"取"固费力，"舍"亦太难。取，就像爬山，一个一个山关的去攀登、去征服，需要巨大的付出。舍，是在功劳、成功、荣誉面前功成身退，更难。尤其当需要你舍弃生命的时候，那是最大的考验。所以她提出要以出世的思想，去作入世的事业。对国家民族要积极进取，对自己要安贫乐道。《罗兰小语》中有这样一段话："人类智慧的可贵之处，就在于能在苦闷中发挥力量；在黑暗中见出光明；在绝望中看到希望；在丑恶的一面之外，也能同时展示给人们美好的一面。"听罗兰谈和读她的小语一样，话家常中常常有妙语如珠，令你惊喜不已；谈普遍事物中常常隐含着动人的哲思，让你如梦初醒。从罗兰家中走出，仿佛思想上长出了许多嫩生生、鲜凌凌的幼芽；心灵中洞开了许多明亮明亮的孔。有道是，与君一席话，胜读十年书。

评论部分

生命在时空的岩壁上撞击的火花

—— 评《雁翼超短型诗选》

　　雁翼是中国诗坛上具有四十多年诗龄，走南闯北，成就丰硕，名声显赫、才华横溢的诗人和电影剧作家。他勤奋刻苦，充满创业意识和射门敏感。我大约于 70 年代便与他交往，目历了他在中国文坛走过的一段艰难的足迹。最初，他在四川创办了《星星诗刊》，接着又在上海参与创办了《文学报》，在河北和北京创办了《华人世界》。后来又在深圳落脚，创办了《华人春秋》。我要对朋友说："雁翼善于创业，不善于守业。"后来我明白其中的奥妙：创业需要关系，守业需要职权。雁翼是老干部，老诗人，关系多。只要他有创意，动用一下老关系，事情一般都能办成。但创业成功之后，有了利益，便成了召风之树，引矢之的。此时，如果手中无权保护自己，你就只能卷起行李卷走路。所以雁翼成了中国文坛上 70 年代至 90 年代典型的走马灯式的文人。但是一个具有超凡毅力和勇气的诗人，不管在逆境还是顺境，他从不中断自己的学习和创作；从不自暴自弃地在别人打倒自己的时候，自己就势倒下；从不在别人坏毁自己理想的时候，自己也绝望。因而别人只能夺去他创办的刊物，却夺不去他诗人的头衔；别人只能将他赶出利益圈，却赶不出中国文坛。雁翼身上虽然也有缺点，但他永远不溃败的自强、自主精神；北方不亮南方亮的再生毅力，是十分令人敬佩的。雁翼的《超短型诗选》就是这种精神和毅力在诗的大树上结出的，储满着蜜液，散发着芳香的果实。也是他用自己的生命在时空的岩壁上，撞击出的灿烂的火花。

　　诗集中的许多作品，就是他人生道路上踩下的脚印。有的脚印甚至血泪斑斑。请看：

　　　　"31
　　　我原谅所有伤害我的人
　　　唯独不能原谅我自己
　　　不能原谅跪在炭渣上
　　　沾着自己的血
　　　编造
　　　自己的罪状

　　这是一首令人非常寒心的诗；也是一首具有强大反弹力的诗，它情感深沉，诗质厚重，蕴蓄的生活内涵十分丰富。中国人读得懂，外国人可能读不懂；特定时期的中国人读得懂，历史上的中国人和未来的中国人也可能读不懂。因为它所反映的生活和这种生活留给人们的哲理，实在太崎岖、太深刻了。难道不奇怪吗？别人伤害自己，自己却能原谅他们。在别人伤害自己的同时，自己却跪在炭渣上，流着血，编造自己的罪状。表面是自责，实则是控拆，但这自责是真诚的，控诉是隐含的。这控诉既包含在对别人的原谅中，也深蕴在对自己的责备里。这控诉的内涵和力量，完全是由于诗作构思的巧妙而反弹出来的。就象一幅蒙蒙细雨的绘画，画面上只有飘飘洒洒，如帘如雾的雨丝，而没有天上的乌云，但人们只要看到雨丝，自然就会联想到天上有乌云。这诗中的事实，就是诗人自身的一段十分悲惨的生活片断。诗人在一篇访问记中写道："到了 1952 年初'三反五反'时，又因为自己不愿意盲目地遵照上级旨意反别人，而自己成了'老鬼'，被批被斗被跪炭渣，两个膝盖跪得肉破血流中我自诬了，照着他们的意图编造自己的罪行。这个血的教训使我彻底明白了，在官场被整或整人，个人是没有自主权的。"象诗人遭遇的事，在中国的一段历史时期内，是司空见贯的。"文革中"遍地是监狱，处处是牢房。中国本没有一个"5.16"份子，但全国却打出了几千万"5.16"。这打的过程中，手段之卑鄙，刑罚之残暴，恐怕在中国历史上是空前绝后之举。那么，几千万个没有罪行的罪犯的诞生，难道还奇怪吗？清清白白的人，自己往自己头上扣屎盆的事难道还奇怪吗？没有罪行的罪犯的诞生，不奇怪了。而奇怪的是，被打的无辜者还要向打他的凶手表示感谢，感谢他们的"关怀"和"帮助"。这奇怪而反常的事，在那奇怪反常的年代，却反而非常正常。有过类似遭遇和磨难的人，读了这首诗谁能不产生强烈共鸣？仅仅六行诗，就从一个侧面，反映出了中国一段历史时期内，可能不会写进历史的历史惨况。

　　虽然，那历史的血污可能涂抹在许多清白者的身上；曾经有许多人带过那罪恶的锁链，但有的人事情过去了也就算了；处境改善了也就满足了。常常让欢笑去淹没伤痛；让时间去磨灭记忆。只有那不甘被辱者和不愿止步不前的人，才永远保持着清醒的头脑，让历史的血污上生长出意识的新苗；把历史的痛楚变为前进的动力。雁翼就是那不甘被辱者中的一个。事情已经过去四十多年了，月下回首，他仍心如刀绞。请看：

> "30
> 常常仰望那钩新月
> 吊著我四十二年前
> 强暴中的自污
> 一刀又一刀凌迟我的
> 懦弱和羞辱"

列宁曾经有句名言："忘记过去就味急着背叛"这句话永远不会过时。因为包含哲理太深刻了。中国历史上遭辱后，"乐不思蜀"之人有之，但有知耻而不奋起者，也有人在。在丘失明修《左传》；司马迁遭宫刑而著《史记》；韩信受胯下之辱而成大将。雁翼由一个不识几个字的穷孩子，由一个文化水平不高的"红小鬼"，变成今日的著名诗人和电影剧作家；变成一个美国国会图书馆的荣誉博士；变成一个拥有数十部诗集，数百万字精神产品的文坛"大腕"，这难道不是他诗中的那种自省、自奋、自强、自立精神的结晶吗？雁翼是一个里表如一，读其诗知其人的人。他的诗完全是他的心灵和人格的写照。这首诗艺术上非常讲究，它把情和景。

形象和主题，历史和现实融为一体。如钩的新月是眼前景，四十二年前的自污是历史。这是历史和现实的交织，这是内在和外在的融合。"钩"和"吊"相搭配，自然贴切。细细的、高高的、清冷的月牙上吊着一颗回望的心。那颗心充满悔恨中的凄楚；颤抖中的悲愤；激发中的奋起。这是一幅静中有动，动中有静，且愈静愈动的心灵的画图。其中用了一个"强暴中"，又突出了诗的控诉内涵。"一刀又一刀凌迟我的懦弱和羞辱"既完成了自我悔恨的创意，又强化了控诉的主题。因为悔恨和控诉在这里是一而二，二而一的，要弱俱弱，要强俱强的事物。悔恨愈深，控诉愈强；自责和愈切，反击力愈烈。第30首和第31首虽然是姊妹篇，题材和主题相一致，但一个是现在时，一个是过去时；一个是血迹斑斑的现实中的自责，一个是痛心疾首的历史中的悔恨。这两首诗从不同角度，以各异的叙述方式，表现了一个巨大的，任何个人力量都不可抗拒的，除了自污，没有任何缝隙可以逃跑的时代悲剧。但这时代悲剧不是诗中直接描写的，而是由自我小悲剧中反射出来的；是从作品的张力中扩展出来的。这就是诗人的功力，这就是小中见大，个别中见一般哲理的蕴含。

　　雁翼的人生哲理小诗，不仅仅表达悔恨和悲愤，它运用深含哲理的语言，教人惩恶扬善，救助无奈者的方法和出路。请看：

　　　　"42
　　有时候，谎言也是一种美

当恶人伤害善良
你假选一段故事
偷梁换柱地微笑著
夺下恶人的刀

　　这诗之所以美，之所以深刻，是因为它充满活的，生活的辩论法；它用逆反的思维从常规中发现了非常规；从必然中发现了偶然。谎言是丑恶的，这是常规、是必然，但谎言在特定条件下，它也能闪出光彩，这是非常规、是偶然。诗人为谎言创造了一个闪光的特有的环境，那就是用谎言去欺骗强盗，救助无辜。所以可以称之为"美丽的谎言"台湾诗人郑悉予有一首诗叫《错误》，从游子的角度，想象他们的情人在闺房中思念他，听到他过家门而不入的马蹄声时的心境。诗中有这样两句："我达达的马蹄是美丽的错误/我不是归人，是个过客……"因郑愁予此诗，"美丽的错误"在台湾和海外传为佳话。雁翼此诗，与郑诗有异曲同工之妙，而雁诗比郑诗更具思想内涵。

　　雁翼超短型诗，以极短的形式装载着极为丰富的现实的内涵。就象一个盆景装着一个地球；一个公园装着四海九州岛。有点象北京的世界公园和深圳的锦秀中华。将世界和中国浓缩在几平方公里的土地上。不过世界公园和锦秀中华浓缩的仅仅是自然景观，而雁翼的诗中浓缩的是自然和社会，思想和灵魂，活的，立体形的世界和中国的景观。不仅是有形的浓缩。而且是无形申延。超短型诗不能象小说和叙事诗那样能通过细节描绘反映现实，而只能以自己特殊的方式和手段去映现社会。雁翼以他无比丰富的人生阅历和高超的艺术手法，多角度，多层次浓缩成了中国现实的立体画面。请看《国贸大厦》：

> 国贸大夏很高，高得
> 国货贸爬不上去
> 只有蹲在路旁小摊上
> 苦笑

　　这是中国现实中，特别是那些特区的一幅活的图画。诗人用白描的手法，客观地呈现街景的一角，就表现出了苦涩的无奈相渗合的，但却具有深刻讽刺和批判意味的主题。诗中有两个关键的动词，运用得十分巧妙而自然。一是"爬不上去"，一是"苦笑"。爬不上去表面写的是楼层太高，实际上是暗指某些人的崇洋媚外意识，但不露声色。"苦笑"表面上写的是小摊的窘态，实际上写的是中国人的心里潜在的不满。诗中用高楼和小摊相对比，造成视角上的巨大反差，形象对立十分鲜明。再请看《深圳风景》：

> 由於吃石油的动物太多，满街
> 都是响屁
> 城市得了哮喘病
> 成天地咳嗽

　　这是描写深圳机动车尾气对空气的污染和气笛鸣叫对城

市噪声的污染。这岂止是深圳一地的情景，各大中小城市恐怕无一例外。即使有差别，也只是五十步笑百步罢了。这诗写得很有灵气，非常传神。一个"满街都是响屁"既表现了鸣叫声之多，也表现了人们对这鸣叫声的厌烦情绪。"城市得了哮喘病/成天地咳嗽"表现了多种机动车混合成的杂音和喷吐的烟雾弥漫的状况。诗中没有批判性的词语，但却寓入了很强的批判意識。再請看《觀眾席上》：

> 自己演戏演累了，就来看
> 别人的表演
> 剧情相近，扮妆相似
> 只是味道有别

　　诗人把台上台下都看成是演戏。"自己演累了"是生活，是台下；"来看别人表演"是台上，是演戏。诗人把台上台下都等同起来，均视为表演，就对生活寓入了批判的意义。表明如今人与人之间的关系太假了，大家都在演戏。而且剧情相近，扮妆相似，只是味道有别。台上演的是欺骗、压榨、迫害，台下也同样如此。"只是味道有同"的结尾发人深思。那就是台上演的可能还没有台下真切，蹩角的演员还演不出台下某些演员的阴险和狠毒。雁翼的短诗，不仅描写了社会上的一般角色，而且笔锋扫到了高高神位的统摄一般云云众生命运的人。请看《木鱼》：

> 把头颅镂成鱼状，敲，

直到把屬於人性的東西
全都震跑
人就變成了神

　　木鱼是寺庙中和尚、尼姑们常在神前敲击以提醒神不要睡觉着了，以免忘记降福尘世用的木制乐器。由于里面是空心，因而敲起来音高震耳。诗人以木鱼之空比喻人之灵魂空、头脑空。神高高在上每天听这"邦邦邦"的声音，当它身上的人性，人情味，人的知觉全被这声音震跑了之后，就变成了神。这说明神是没有情感，没有情面和没有人性的。因而在它的庇护范围之内，在它的令牌所能击到的地方，就不断地发生血腥和残忍。这首诗也可以从另一方面提醒握有重权的各级官员，不要高高在上，应该走下神坛，到老百姓中去，身上多保留一点人情和人性的东西。该诗对于当前开展的反腐倡廉运动，具有积极意义。

　　雁翼的超短型诗，是名副其实的超短型，一般只有五句，最短的是三句，最长的不超过七句。以这样极短的篇幅去容纳丰富的，包罗万象的事物，的确是件不容易的事。这就要在艺术上，在表现方法上下功夫。功力高下；艺术水平高低；创作经验丰俭，在这里是显真身的时候了，假冒的伪劣产品，在这里是过不了关的。雁翼以他丰富的创作经验和非凡的艺术才华建造的诗的艺术宝库中的种种武器交替使用，才创作出了《雁翼超短型诗选》中的精品。这里我们简略地将那宝库中的武器展示一、二。

　　1.巧用动词。词是诗的活水和生命。凡是高明的诗人，都是巧用动词的能手；凡是好诗，都得益于动词用得巧妙。雁翼和他的诗也不例外。我们上面分析过的《木鱼》四行 28 个字，就有四个关键性的动词。即："镂"、"敲"、"震"、"变"。通过镂、敲、震、变，就完成了从人到神的过程，一个动词代表一个变的阶段，一个动词展现一种变的形态。去掉任何一个动词，就去掉一切锁链，诗就会断裂，可见动词在该诗中的地位何其重要。《国贸大厦》四行 25 个字。其中有三个动词："爬"、"蹲"和"苦笑"。这里"爬"和"蹲"相对照。买洋货是要往上爬，而国货是蹲在角落里。这一"爬"和一"蹲"之间，就是诗人要告诉国人的东西。雁翼有许多三句一首的诗，完全是靠动词支撑的，甚至可以说就是动词的魔术。如：《给应召女郎》：

> 剪下生命中最美丽的一段
> 去换取
> 终生的悲叹

这诗中有三个关键性的复合词，即"剪下"、"换取"和"悲叹"。剪下生命中最美丽的一段，一下就牢牢地抓住了应召女郎和一切"吃青春饭"者的特点。去换取终生的悲叹，是后果。用剪下的美丽去换取悲叹，在动词造成的两极反差中实现了深沉的主题。再请《看海》：

> 这麽深这麽宽的大海，尽是
> 解不开的恩恩怨怨，才

如此的波浪拍天

该诗中只有两个关键性的复合词，一是"解不开"，一是"拍天"。因"解不开恩怨"所以才"波浪拍天"。两个动词形成巨大的因果链，构成该诗的躯干和灵魂。诗中的动词有些是别无选择的，有些是选择性的。在一些具有选择性的动词中，也显出了雁翼的高明，如《葛洲坝》：

造一堵悬崖峭壁引浪跳
宣扬一种哲学。光明
总是始於不断地粉身碎骨

该诗中"造"、"引"、"宣扬"和"粉身碎骨"几个动词中，前两个单词是有选择性的，这两个复合动词是别无选择，或选择性很小的。这几个动词中"引"字运用得最为传神，它和"造"相搭配构成一对主动词。是要验证和实现这种哲学，于是"粉身碎骨"便有了英雄气概，便成了一种人生的追求。

2.增加诗的潜在埋伏，扩大想象空间。文学作品必须具有潜在性和扩展性，必须留给读者想象和再创造的余地。如果它象烧窑一样，烧一块砖就是一块砖，烧一个盆就是一个盆，就不是文学了，它就剥夺了接受美学的任务。诗更是如此，自古诗人都追求含蓄，余音绕梁意在言外，都是要达到扩展想象空间的目的。雁翼的短诗文字极少，用文字说明的东西极为有限，就更需要利用诗的特点和魔力。在文学中不能说明的，放在文字外的意念中去暗示。请看《祁连山》：

> 那是一个难解的恩怨
> 水冻结在山冷笑
> 阳关哭轻了眼泪

难解的恩怨冻结在山顶冷笑，十分形象而真实的画出了那戴帽雪山的模样。"阳关哭干了眼泪"表面上描写了西北大漠戈壁的干旱荒凉景象，但由于"阳关"并不仅是一个普通的地名，而是一个含有丰富历史内涵的胜地，古代那种"西出阳关无故人"和"古来征战几人回"的情景就被诗人唤醒。于是"恩怨"和冷笑的内涵就有了回应。那冷笑实际上是千万个冤魂不能瞑目的象征。三句诗唤醒了一部历史。

3.尖锐的讽刺艺术。讽刺是遇到不平和不满，以一种逆反心理产生出的反抗和反击之力。这种反控和反击之力，常常以一种阴冷的锐气去穿透对方的防御，形成巨大的杀伤效果。雁翼的超短型诗中，讽刺型的作品很多，写得十分出色。请看：

> "24
> 借着飞机的翅膀
> 日行万里的飞
> 但还是飞不出
> 那张
> 四寸长两寸宽的
> 钞票

诗人借飞机飞行之快，飞行之远来与贪婪者贪婪的野心永远离不开钱眼光之小进行对比。既表明贪婪者为了钱而满世界奔波，又表现出贪婪者贪心之笃，走千里、行万里永远离不开钱。万里和四寸长两寸宽之间的地带就是贪婪者的野心，也是诗中诗酿造的巨大的讽刺效应。诗人特别善于运用时空和物体的反差来创造讽刺效应，如：

> "32
> 钱眼很小
> 野心很大
> 大的野心穿过小的钱眼
> 皮破骨折地
> 塑造一种
> 新的形象

如果前一首利用的时空差距，那么这一首则是利用物体差距。以很小的钱眼和很大的野心形成巨大反差，但大的物体要从小的物体中穿过。就要皮破骨折，就要变形。先把矛盾推到两个极端，然后再来作变形的统一处理。这中间就释放出了讽刺的威力。雁翼诗中的讽刺是威严而深沉的，不是那种引人一笑的滑稽剧。

雁翼的超短型诗，是个宝库。它以量大质优形成了一种新的诗体模式。它很适应开放的形势下处于极度紧张，繁忙状态下的人们的阅读。因而也可以说它是一种内涵反映时代，形式又适应时代要求的艺术产品。

钟声，鼓声，心声

—— 评朱子奇的诗

朱子奇是一位清醒的革命诗人，他的诗像战斗的鼓声、钟声配合着革命的号角，伴随着革命的步履，穿越茫茫黑夜，漫天烽火，跨过道道雄关，条条山河，从延安到达北京，从民主主义到达社会主义。他的诗作为祖国交响乐的一部分，参与了共和国的开国大典和社会主义大厦的奠基。

朱子奇的诗，大致有这样几个方面的革命内涵：

一、革命者的献身精神。献身精神，是一种不讲条件、不计报酬，不计得失，义无反顾地，对事业，对理想的一种最高付出。革命的献身精神，是为大我牺牲小我，为群体牺牲个体，为别人牺牲自己。因此它是一种最纯洁，最崇高，最令人敬仰的行为。革命的献身精神是一切革命事业胜利的根本保证，也是推动历史发展的基本动力。共产党领导的革命事业，靠的就是千千万万不怕牺牲，将自己一切置之度外，无私无畏的革命者。没有革命者的献身，就没有历史的发展；没有革命者的献身，就没有我们今天的一切。所以，从某种意义上来说，历史和现实是无数革命者献身的结晶。历史前进的每一分钟，革命增长的每一寸，都是千百个献身者的生

命和鲜血浇铸。在我们夺取政权的岁月中,无数先烈牺牲了,
将他们的生命化作了历史。还有许多幸存者,他们除了将全
部青春和一部分生命化作了革命的历史之外,他们还要继续
为革命献身。朱子奇就是他们中的一位。朱子奇 1937 年,在
祖国处于兴亡之际,怀着满腔抗日热忱,从南京奔赴延安,
投身革命。从他投身革命的那一天起,便把一切都交给了革
命,交给了党,交给了祖国。1937 年 10 月,即他投身革命
的那一年,就发表了激情滚烫的,誓言般的诗作《怒吼吧,
醒狮》。这是一位战士奔赴战场前对党的庄严宣誓;这是一
位热血青年作好了献身准备后向母亲表达的心声。诗人这样
义无反顾地向母亲说:

> “奋战吧,中国,我多难的祖国!
> 你的儿女们咬著牙向你宣誓:
> 手,紧握著发热的枪,
> 心,燃烧著复仇的恨,
> 只等著一声号令:号令!
> 至於我,回答是这样简单
> 而恳切 ——
> 全部准备好了,检查过了,母亲!
> 为你神圣的自由,拿去吧,母亲!
> 我捧出的青春、爱情与生命,
> 我倾心的希望,梦想与前程,
> 那属於我的一切的一切!”

写这首诗时朱子奇才十七岁，那时的革命青年是多么纯洁、高尚，又是多么成熟。他们对祖国对革命无比忠诚。为了救母亲于危亡，他们愿意牺牲自己的一切。一个十七岁的青年，不过是一个中学生，就顶天立地地承担起了那么庄严而神圣的使命。而且，十七岁的孩子，竟然胜过伟大的哲人和预言家，面对穷凶极恶的日本入侵者，他清醒、自信、准确地宣告：

> "奋战中，你虽然会伤痕遍身，
> 但是哟，你必将在烈火中新生！
> 在新生中挺立，在挺立中强盛！
> 如果我那时已倒在弹雨中，
> 我血写的诗，我心灵之魂，
> 也就赶去参加你凯旋的庆典，
> 伴你这新生的风彩而狂舞而欢歌
> 而振翅飞腾……"

这是一首吐肝吐肺的，献给母亲的誓言；这是一首激情滚滚，沸腾着战士热血的战歌；这是一首义正词严，火力威猛，杀伤力极强的讨贼檄文，这是一首结构完整，言语豪迈而凝练，思想性和艺术性相统一的佳作。朱子奇六十多年，跨越两个革命时期的革命实践证明，他是这么写的，也是这么作的。战争年代，他出生入死，戎马倥偬；和平年代他东奔西跑，呕心沥血。如今，他已年近八十，仍充满忧患，为共和国操心。他在《播谷鸟笑了 —— 回赠〈播谷鸟〉〈我们笑了〉作者贾芝老诗友》一诗中写道：

> "咱们俩颗老了又年轻了的延安心，
> 依旧合为一颗而激荡跳动。
> 灯光的辉煌，星球的希望，
> 化作一道道雨後的彩虹。
> 时时担忧神州之危难呵，
> 你我每思奋不顾身。
> —— 你我从未痴从未醉呵，
> 倾心于山野草莽垦荒播种！"

事物的缔造者和亲手参与缔造的工作者，对他们创造的事物的作用和价值的了解，要比旁观者清楚百倍；他们对那事物的珍惜和爱护程度，也比别人要大百倍。朱子奇亲身参加了共和国的缔造工作，他对共和国爱之深，是一般年轻人难以理解的。《播谷鸟笑了》这首诗，就是这种情感的体现。共和国上空的每一片阴云和地面上的每一次风吹草动，都引起他的高度惊觉；共和国的每一点成就，每一次欢笑，都使他激动不已。《播谷鸟笑了》就是他对共和国命运一则以忧，一则以喜的矛盾心情的凝聚。不管是忧还是喜，都使他那颗革命的心，达到了"痴"和"醉"的境界。这首诗以播谷鸟爱护土地，在泥土中播种来象征革命者对祖国之爱，要洒播革命的种子，以展示革命者的内在的历史使命感和社会责任感，寓意笃实而深沉。不愧为革命诗歌中的佳作。从三十年代到九十年代，朱子奇诗中强烈的革命献身精神，是一贯的。

这是他对党、对祖国、对人民无比忠诚，无比信赖的表现。这是高尚的诗品和人品相结合的表现。这也是朱子奇的诗最感人之处。

　　二、深情地歌颂革命，歌颂革命领袖。这种题材的作品，在朱子奇的全部诗作中，不管是数量和质量，都占着重要地位，是朱子奇诗歌创作的主干之一，也是形成朱子奇诗歌革命风格的重要内涵。其中重要的作品如：《延河曲》、《飞蛾扑火的故事》、《反投降进行曲》、《百团大战进行曲》、《民兵从前线回来了》、《星球的希望》、《春的组诗》及《金色阳光》集中献给革命领袖们的全部颂歌。这类作品最重要的特色是：亲切而不做作，自然而不雕饰；歌颂而不浮华，赞扬而不溢美，出自内心，能听得见诗人心灵的悸动，虽然是独唱，却能引起众人的广泛共鸣。朱子奇描写和歌颂革命的诗篇中，最使人感动的是他的《春的组诗》。这一组诗，充满象征和寓意，诗人的智慧和灵巧的手，伸向春的大地，自由自在地采撷充满生命气息，充满诗情画意，充满革命内涵的春的意象。如：春水、春草、春鸟、春潮……然后将这些充满朝气，充满活力，充满生命原动力的事物，与革命事业中的许多事物，进行联结、串通、搭桥、给予内在的象征和暗示。从中生发出无尽的诗意和美感。这里举一首《春草吟》：

　　　　"山绿了，水绿了，
　　　　水灵灵牧女眼睛也绿了。
　　　　若能给牛儿马儿当饲料，

甘愿流血流汗把生命抛。
若被荒原野火烧成灰烬，
也愿意为土地加点肥料。
今朝要多加肥呀多添料，
明儿新苗苗顶破泥土往上冒。
几多次被车轮铁蹄压倒，
几多次站起来愈挺愈高！
请相信春草绿沙漠，
请记住疾风知劲草。
石缝缝阴坡坡长得顶茂的是啥？
那全都是平平常常的绿色小草。
若问我为什麽常深含微笑，
只因我自矜是一棵绿油油小草。
一生带著绿草的种子四海遨游，
只盼这世界早日遍地生春草。"

这首诗形式活泼，内涵深沉；语言生动，寓意深邃。处
处皆是春草的性格和革命者性格的内在对应：

春草的活泼 —— 革命者的乐观
春草的献身 —— 革命者的无畏
春草的再生 —— 革命者的坚韧
春草的广袤 —— 革命者的高远
春草的普通 —— 革命者的谦逊
春草之众多 —— 革命者之无限

春草生长之快 —— 革命发展之速

这首诗中许多意象的搭配，让人产生无尽的联想。比如，春草绿沙漠，让人想起革命者艰苦，之拓荒，之让世界起死回生……再如，阴坡坡上长满绿草，让人想起正义战胜邪恶，弱小战胜强大等。此外，诗人还在诗中不时地变更人称。一会儿以第三人称歌颂小草，一会儿又用第一人称以小草自喻，一会儿又转换第三人称带着草的种子遨游四海。这些人称的转换，又是那样自然无痕。显示了老诗人驾驶事物的内在动力。

这一类题材的诗中，对领袖人物的描写和歌颂，也有许多独特之处。比如在描写邓小平的诗中，把他比作"我们的红色的中国马"，大胆而不俗。在歌颂马克思的诗中，从一个巴黎女郎的角度切入，既新艳又活。这种描写，打破了过去写颂诗那种僵固，刻板，千篇一律，千年不变的格式。朱子奇为新中国的外事工作作出了不懈的努力和宝贵的贡献，被人们称为友谊的使者。他除了用自己的行动和语言作外事工作之外。还用自己的诗笔进行多方交流和国际对话。在国际上架起了许许多多诗的桥梁，因而又被人们称为诗的使者。朱子奇国际题材的诗大都是长句长段、容量大、气势大，如海涛滚滚，似峰峦起伏。这些作品，爱憎分明，情感迭宕。写到第三世界苦难的兄弟姐妹们时，他是那样掏心掏肺，激情无限；写到帝国主义和形形色色的压迫者，他便怒不可遏，给以痛斥。像《沿着苏伊士运河》、《我的心在古巴跳动》、《铁的颂歌 —— 献给南斯拉夫人民》、《致风雨中的布达佩

斯》、《共产主义胜利进行曲》等等，都是国际题材诗中的
优秀之作。这些诗不仅仅是以暴风雨般的气势，海涛般汹涌
的节奏取胜，更有诗人精心营造的，精彩的诗艺蕴含其中。
这些诗的表现形式和内容和谐一致；诗的语言和情感天然相
合；诗中的排比和对仗恰到好处。诗中不少地方用内象征的
手法形成一语二意或语意双关的效果，使诗在奔放中又有内
在的含蓄。如：《沿着苏伊士运河》一诗，诗人是把它象征
为革命之河来歌颂的，于是"冲洗着发出臭味的殖民帝国污
泥的大海"，和"每个人都可以从这里航行到他亲爱的故
乡"的诗句，便有了深邃的内涵。苏伊士运河过去被帝国主
义所霸占，如今回到人民手中，反侵略，反压迫的革命潮流
卷起了帝国主义统治的军队和机器，也涤荡了他们遗流在这
里的垃圾和残渣，而且更深刻地冲刷着帝国主义对这里的精
神污染。一句话含括了强权、自然垃圾和精神垃圾多重内涵。
"每个人都可以从这里航行到亲爱的故乡"，。这句诗明指
顺着这条自然的水系，人们可以回到自己的故乡，而暗示人
们顺着革命的，反侵略，反压迫的航道，可以各得其所。其
诗质相当丰厚。

　　国际题材的诗，比起其它生活题材来，是开拓难度较大
的领域。不仅政策性很强，而且有特指对象；不仅对不同描
写对象要显出分寸感，而且要有意去深入生活，加强感受，
多数情况下是不可能的。诗人一般只能是走马观花，博闻强
记，来积累素材。靠对事物内在本质的开掘去发现诗，展示
美。朱子奇靠他特有的经历、敏感和才华，对这个难度极大，
许多人难以企及的王国，进行了广泛而深入的艺术开拓，获

得了令人兴奋的丰硕成果，形成了中国诗坛的一支独香，实是诗坛之幸、艺术之幸。

四、酬贺诗。从整体看这类诗在朱子奇的作品中占的比例不大，但近年来随着年纪的增长，这类诗却逐渐地多了起来。这类题材的作品虽然比起前面三类题材来，内容上和艺术上均受到了一些局限和束缚，但这类诗中也不时出现佳作，闪出光辉。这类诗中比较感人的篇章如：《播谷鸟笑了 —— 回赠〈播谷鸟〉〈我们笑了〉作者贾芝老诗友》、《不会离去的艾黎 —— 纪念老友路易·艾黎圣诞百岁诞展》等。

朱子奇的诗属于政治抒情诗，风格上豪迈奔放激情滚滚。从中国的诗歌传统上，承继了李白、苏东坡、郭沫若等人的风格；国际上颇受马雅柯夫斯基、惠特曼的影响。这种风格的形成和诗的题材、诗人的气质、诗人表达情感的方式及语言的运作，是紧密联系在一起的。一般来说豪放型的革命诗人，写革命题材的诗、大都采用政治抒情诗的方式。这种诗在我国当代诗坛上，由朱子奇、贺敬之、郭小川等诗人铸成高峰。朱子奇的政治抒情诗，在艺术上比较明显的独特之处是，他在表现手法上的灵活多变。从整体风格上属豪迈奔放型，但是就象大花园中有着小花园；滔滔万里长江上又有较为平静的鄱阳湖、洞庭湖；巍峨的太行山上又有许多精巧别致的小型风景点一样，他诗作中的《春草集》等诗，相对地比较精巧和玲珑。而《延河·我心中的海》诸诗，又给人一唱三叹的效应。这种变化，如果是诗歌内在形式的活泼多样，那么朱子奇诗歌由外在形式的变化更为丰富。他不仅常用长句式，大段落的进行曲的形式，而且运用马雅柯夫斯基的楼梯体；不仅运用新诗常见的豆腐块体，而且常常将陕北的民歌小调引入新诗，丰富新诗的表现方法；不仅在诗作的整体构思上运用整体象征手法，而且常常在个别意象上寓入象征，给读者带来回味和惊喜。例如本文上举《沿着苏伊士运河》的例子。他在歌颂毛泽东主席的诗《毛主席铲土众人挑》中，将毛泽东去十三陵水库工地劳动，用铁锹铲土的意象，与革命领袖指出革命任务，众人齐声呼应，一起去干的意象的相联系，就激发出无尽诗意，这种中构思和描写，就使政治诗完全脱出了口号式的弊端。所以，人们对政治诗的偏见，不是政治诗本身不好，而是许多政治诗没有写好而造成的。好的政治诗，同样具有浓郁的诗情，同样令人百谈不厌，同样具有很高的艺术价值，同样具有丰富的艺术魅力。陆游一首充满爱国激情的《示儿》，"死去原知万事空，但悲不见九州同。王师北定中原日，家祭勿忘告乃翁。"在亿万人民中传唱了数百年，如今依旧常读常新，在人民中传唱不息，它的艺术魅力并不亚于"采菊东篱下，悠然见南山"。我们的诗歌理论应该为好的政治诗鸣锣开道。

《心灵的回声》，是作者的一部诗文集。620 页的篇幅中，诗歌 235 页，散文 181 页，其它为散文和论文，这表明作者不仅是一位著名诗人，还是一位杰出的散文家。由于作台湾文学研究工作的原因，本人仔细地研讨了集中的长篇报导散文《台湾之行》。这是一篇内涵十分丰富，数据非常新颖翔实，叙述非常朴实而亲切，政策性和分寸感都很强的散文佳作。这篇长篇报导散文有以下一些特色：一情感真挚而亲切，处处以骨肉同胞的身份来观察、评价眼中的事物。好就说好，差就说差，说好时不溢美，说差时不贬抑。二是非常注意数据的准确性，尤其是关于台湾的历史数据，尽可能作到时间、地点、内涵的具体真实。有许多资料是经过查阅史书得来的。这种一丝不苟的精神是值得敬佩的。由于数据的具体翔实。使该文具有了文艺欣赏和史料查询的两种功能。三是政策性和分寸感特别强，充分地体现了党和国家的对台政策。由于台湾目前的特殊地位和海峡两岸现阶段关系的特殊情况，台湾的人事关系非常复杂。因而在与各种人员的交往中，在广交朋友的前提下，亦应注意区别对待，体现出一定的分寸感。比如官方、民间、统派、独派、非统非独派等。有的人和我们主张感情相一致，有的人和我们有一致也有分歧，而有的人可能正在等着抓我们小辫子为他们的主张服务。这就要求我们具体情况具体分析，不同事物不同对待。《台湾之行》这篇文章，生动形象地体现了这一点。我们不妨把它看作一幅优秀的行为和精神的访台导游图。文中大量地接触各种人物的事例描写，具有很好的参照价值。四是这篇报导散文融诗文为一体，既有抒情诗式的情感抒发，又有许多事物的细节描绘，如："干旱的冬天，你们带来了春雨！"就是含意深邃，袭人遐想的最美好的抒情诗。该文既有风景名胜的描绘，也有微言大意的开掘。如作者在写郑成功亲手种植的梅树时，插入了一个美丽而又浪漫的故事。这株梅树日据五十年不开花，但台湾光复那一年，却盛开怒放。虽然作为自然这故事未必可信，但作为民族情感它却具有很高的价值。使人感到了民族英雄郑成功不死的英灵。这篇散文既是游记，思想内涵又高于一般游记；既是报导散文，其文学的审美性又高一般的报导散文。它是一篇容诗、文为一炉的佳构。作者在整篇文章中始终贯穿着一个明确而突出的主题，那就是民族团结和祖国统一。这一重大主题的体现，成了这篇长文的龙骨和灵魂。

真情出真诗

—— 评王绶青《天野海郊集》

　　我与绶青是同乡，都是豫北人。虽然慕名已久，但相见甚晚。1992 年春，在桂林全国诗歌座谈会上，首次相遇。一见面，河南人那种内里炽热，外表和善；虽然满腔激情，但只善于用微笑表达；受人一滴水，报人以涌泉；宁可人负我，我决不负人的憨直、真诚的傻劲儿，便活脱脱的显露在眼前。我们俩同岁，约是一九三六年出生，如果讲客气的人，首次见面会称一声兄，但绶青一见到我第一句话是"继堂老弟！"这既是河南人的语言，也是河南人的真情，听之，倍感亲切而舒服。绶青是一级作家，是河南省，也是全国的著名诗人，因为同乡同好的原因，自他与人合作的长诗《斗天图》发表以来，我一直关注他的创作。最进又细读了他的《天野海郊集》。他诗的形象和人的形象几乎可以完全合而为一，诗品即人品，人品即诗品，高尚的情操化作高尚的诗篇，深厚的含养化为深厚的艺术，真、善、美，就像美酒、佳肴的精华和色香味凝聚在他的诗篇之中。

一、

读绥青的诗，最感人的是厚重的思想和浓郁的情感。在绥青的诗中，作品的主题思想和诗人倾注在作品中的情感是完全一致的。绥青的诗虽然内涵丰沛，题材广泛，但他表现出的主题思想却非常集中和突出。那就是歌颂祖国，歌颂民族，歌颂人民；讴歌正义，挞伐邪恶；赞美开拓和创造，鞭策保守和愚昧，使自己的创作意识永远与滚滚向前的历史潮流相一致。《天野海郊集》的六辑作品"南国流韵"、"天野海郊"、"中原彦语"、"北疆写意"、"历史回声"、"叙事诗小辑"，是他风尘扑扑，为拥抱祖国，拥抱民族，膜拜人民，印在祖国东西南北每一寸土地上的一行行脚印；也是他心血和汗滴谱成的，献给祖国、民族和人民一首首颂歌。每一句，每一段，每一首诗都象玉液流金，通过诗人艺术的塑造，使祖国，民族和人民的崇高形象矗立于时代基座的峰巅。请看《黄河评说》中的一段：

> "不纳涓涓细流，不为之巨川；
> 没有拍天浪涛，不为之大河。
> 不听甜蜜的颂词，
> 不怕尖苛的指责。
> 永不沉沦，永不退缩，
> 冲破一切封锁，
> 历尽万里坎坷，

向东方、向大海、向理想的圣地
不分昼夜
奔波！奔波！奔波！……"

　　这就是穿越了茫茫的历史，创造了人类伟大的物质文明和精神文明，又遇到过无数颠沛和苦难，而不知满足，不畏艰险，奋斗不息，奔波不止的我们的祖国，我们的民族，我们的人民的英勇无畏的集合形象和性格的写照。绥青不仅仅看到和歌颂我们祖国和民族苦难和辉煌的过去，而且在他的诗中充满历史责任感，充满未来的创造意识，以科学的态度预示着祖国和民族的绚丽前景，在1985年创作的《紫金山天文台》一诗中，诗人写道：

"你站在地球的前哨
开辟航太之路；
以你的宏观微观，
校正著肉眼的偏见；
以你的公正指针，
警示著人间的阴错阳差；
以你的科学法典，
判定阴暗光明、美丑、真假。
揭开天体重重面纱，
破译宇宙叠叠密码，
送一颗颗
中国卫星上天，

在茫茫太空自成一家！"

　　这诗气魄豪放而不失空泛，思想前卫而不脱离实际。最
为可贵的是，文字后面有丰富的埋藏；语言之外有深邃的含
意，令人遐想，发人深思。作者写的是紫金山天文台，但却
能"宏观微观"去校正"肉眼的偏见"；却能以"公正的指
针"，去警示人间的"阴错阳差"，却能以"科学的法典"，
去判定"阴暗光明、美丑、真假。"这既是写天文台，所指
之事物符合天文台的使命，但又不是在写天文台，而是在赞
颂一个更伟大，更辉煌，具有深远谋略和辽阔目光，物质和
精神兼具的事物，那就是我们神奇的祖国，民族和人民。描
绘着我们立于世界民族之林，宇宙之林，科学之林的祖国，
民族和人民的形象。在绥青的笔下，祖国、民族和人民既伟
大又普通；既辉煌又朴实；既辽阔又亲近；就象生活在我们
身边的父亲和母亲。你无比地敬仰她，感激她，但有时又可
以在她身边撒一撒娇。绥青的诗，主题相当广泛，情感相当
丰富，但主题有主次，情感有轻重，正象绥青的《稽山鉴水
歌》一诗中所写：

　　"天下纵有千般爱
　　爱国毕竟是第一爱……"
　　他的诗中表现的思想和情感善正是如此。

二、

　　绥青的诗中除了上述分析的体现祖国、民族和人民之爱和突出这一伟大主题之外，另一个十分重要而又特别突出的主题是，反复地描写和强调作人的最基本，也是最高的道德原则。首先，尤其是社会主义道德，是维护和制约社会秩序的最重要的力量之一；是产生和发展精神文明的最重要的基础力量；是推动和维护社会发展的强大动力之一。衡量一个社会的文明程度，尤其是精神文明程度，首先和主要是看其全体成员的道德觉悟和道德水平。没有道德的社会，就是疯癫的，没有灵魂的，死亡的社会。绥青在他的诗中一再强调怎样作人，不仅表明他对人生的深刻体验，而且表明他对当今社会道德的沦丧现象的忧虑。在《黄山人字瀑》一诗中，他是奇思妙想，一语双关，一诗二意地这样写道：

> 写个"人"何等不易！
> 岭岩，封锁你；
> 迷雾，掩盖你；
> 流云，嫉妒你；
> 风雨，扭曲你……
> 你，矢志不移！
> 为寻找自由的天地，
> 理想的归宿，
> 日复一日，年复一年，

冲啊，撞啊，
描啊，写啊，
但求将"人"字
写得不偏不倚。
纵然自身跌个粉碎，
也奉献人间
一泓锦绣涟漪。

　　这是一个坚韧、顽强、英勇、无畏的光明更介之士。他战胜一切打击，识破一切诡计，冲破种种人生的险关、隘口，不惜一切代价要把"人"写得端端正正。诗人巧妙地以物象征人，以物事象征人事。比喻贴切、生动，在明白浅鲜的语言中，表现出深邃厚重的思想内涵，以艺术的魅力震撼着人心。如果说《黄山人字瀑》中，诗人是以象征的手法，曲笔描写人生，歌颂道德，那么在《天下为公 —— 雨中谒中山陵》一诗中，诗人却是借伟大的先行者孙中山的英灵和遗言，将"天下为公"的道德直呼而出：

"心灵向著心灵，
人生向著人生。
雨，天酿地造的玉液，
洗一片大千世界净土；
踏三百九十二级石阶
直攀人生珠峰！
静。净。晶。

嘈杂的尘世远远退去，
只有：翠亨村的书声，
武昌首义的枪声，
和这钟山警世的钟声：
"天下为公
天下为公"……

这首诗看似平淡，实则匠心独运，变幻有序，言浅意深，内藏深机。诗的开头是："向着钟山，向着憧憬"，八个字便把诗人对伟人的虔敬之心表现无遗。"心灵向着心灵，人生向着人生"。写明诗人谒陵之意，并非为游山玩水而来。"雨，天酿地造的玉液，洗一片大千世界的净土"是写伟人精神对世界之净化。"踏三百九十二级石阶，直攀人生的珠峰！"三百九十二级石阶明是中山陵的高度，诗以快速跳接法，以无形之文，无声之语，迅速进行了物质变精神的转化，由石阶转变为对中山先生精神和人格的崇高赞颂。于是紧接着是"直攀人生的珠峰！"自然、贴切、合理，妙不可言。诗的最后一节更为微妙："静、净、晶"三个阶段，三种境界。静是环境之安静；净是灵魂之干净；晶是沐浴之后的结晶。于是真正进入了伟人精神境界："只有……之声；……枪声；……钟声。"这些均凝结为"天下为公"。这"天下为公"既是中山先生的伟大号召，也是诗人谒陵而产生的与伟人的心灵共鸣；既是中山先生人生的最高境界；也是先生一生奋斗的结晶。所以虽然明白写出，却有多层内涵；看似直露，却发人深思。就像绥青的性格，常常在浅浅的微笑，简洁的话语中，包含着深刻的思想，丰富的情感。

《他也是个"父母官" —— 献给伟大的人民的儿子焦裕禄》一诗，是绥青诗作道德主题的重镇。焦裕禄是社会主义道德的最高体现，诗人通过焦裕禄事迹的书写和形象的塑造，对社会主义的道德原则和诗人的道德理想，进行了重笔浓彩的描绘。请看下列诗句：

"九十年代春雨伴春风
中国重新升起了精神'双子星'
千人唤来万人呼
呼唤雷锋、焦裕禄！"
"噢，你不是官，不是民
是，是当年的八路军！"
"千般情万般爱
焦裕禄啊，人民的儿子'焦青天'！"
"公生明，廉生威，
老焦心境澄澈不容一丝尘。"
"针尖上的窟窿斗大的风，
从不给私字开绿灯！"
"唉！他心里装着兰考三十六万人
唯独没有他自己……"
"民心顺，天下安，
代代百姓盼清官！
清正廉洁人拥载，
腐败现象也是灾！

　　水能载舟，也能复舟

　　警钟长鸣在心头！"

　　焦裕禄是中国人的精神榜样，是社会主义的道德典范，是新形势下中国老百姓心目中的大清官，是人民最理想的清官形象。他具有永恒的精神意义和道德价值。在九十年代新的形势下，绥青来重新塑造焦裕禄的形象，重新评价焦裕禄的事迹，重新张扬焦裕禄的精神，其苦心是为了"千子鞭炸得心花花开，失落的精神找回来！"是时代需要焦裕禄，人民呼唤焦裕禄，这首诗为时而着，应时而生。焦裕禄的形象和精神是当前反腐斗争的有力的武器具有深刻讽刺和批判意味的主题。有力的武器中。高举精神的旗帜。重塑道德的形象是绥青诗作区别于别人诗作品最突出之处，是绥青作品个性最突出的展示。也由于这一突出特点，才使的作品像鼓起的风帆一样。充满时代精神和气质。具有十分鲜明的时代特征，震颤着昂扬的时代旋律。

三、

　　绥青的诗在艺术上，有很多非常鲜明、非常独到的特色：

　　1.穿透性思考，套层式结构。依据诗的内涵，就地取材。活化自然，融主观于客观，融客观于主观，情景交融，浑然一体。请看《兰亭》中一节：

　　山，一座一个庄重的楷字，

溪，一条一幅飘逸的草书。

风也有韵，雨也有谱。

文静静，轻洒漫拂；

云有章法，霞有构图，

淡泊泊，不媚不俗……

一池墨，蹦珠跳玉

溅活了山水草木……

兰亭是一个充满美丽的历史传说，具有卓著墨举文名的文化战地。越王勾践曾在这里种兰渚口。范曾在这里养鱼，著有《养鱼经》。王羲之曾在这里著《兰亭序》。因而凡到此一游的文人，大都是灵感顿开，留下墨迹。虽然历史上有关描写兰亭的作品不少，但绥青此诗，却独具特色。诗人奇思妙想，以历史传说的纵以现实景物为横，纵横交织，泼墨穿梭，织出一幅既有历史感，又有现实内涵的美丽清新，不浓不淡，不媚不俗的画图。这里既有越王勾践的兰香，又有范曾的鱼跃；既是王羲之古震今的书法艺术，又是绥青撼人心魄诗歌魅力。"山，一座一个庄重的楷字溪，一条一幅飘逸的草书"既气势如虹，又贴切如画。王羲之书法之气象，王绥青诗作之魅力，尽在其中。"一池墨，蹦珠跳玉活了山水草木……"既含历史之脉动，又富现实的图画感；既歌颂中国文化传统之美，又描绘了现实生活的创造力。一诗二用，一箭双雕，实在难能可贵。写出这样的诗，需要有穿透性的目光，需要有复调性构思，需要有套层式的思索，需要融汇消化诸多历史的、现实的、文化的，政治的因素，进行综合思考，才能剥茧抽丝，理出头绪。

2.风暴雨式的，大流星的情感排泄，藉以造成诗之排山倒海的气势。但绥青诗中的排比对仗的用法和功效却有所不同，他一般是以轻松明快的排比语言，来构成美的清新的画图。请看《富春江》中两节：

> "船似碧空行云，
> 鱼似江天飞鸟；
> 水是春的摇篮；
> 山是春的襁褓；
> 花是春的唢　；
> 竹是春的洞箫；"

这是一幅表像的动感春景图。诗人调动春天山水鱼虫花草等一切活的事物，作为线条，作为色彩，作为影像，作为声音，来构造一幅热热闹闹的活的春景图，表现春是生命的摇篮，而生命是春的内涵的境界。这里意在用密集的意象来表达诗的内涵，而不在于用对仗排比造成强大气势。下一节：

> "啊！水是春的情怀；
> 山是春的襟袍；
> 心是春的源头；
> 人是春的向导
> 只有知春、惜春、培春、护春，

> **春才青春不老。"**

这一节对仗排比的效用，是从前面的表像动感，引入对春的内在思索。"心是春的源头/人是春的向导"的诗句，意义深邃，导向力极强，迅即完成了由春的外象向内象的向过渡。这里的对仗排比深化了对春的思索。绥青其它诗中的对仗排比手法的运用，大体与我们对此诗的分析相同。这种对仗排比手法的使用法的结果，形成绥青诗的轻松明快，丰满富丽的一面。

3.干净利落的剪裁，快速无痕的跳接。

诗的成败在于构思，诗的优劣在于剪裁。有许多作品，本来构思相当灵幻巧妙，如果能剪裁好，会成为完美之作。但由于诗人缺乏继续跋涉的耐心，或缺乏精品意识，草草终篇，留下许多遗憾。绥青的作品十分注意创作的后期工作，即成文后的剪裁修饰和结构调整工作。因而使他的作品大都表现出层次分明，语言凝炼，结构严紧，旋律明快的特色。如《千岛湖》一诗，其四节，第一、二节用一反一正结构法，尽展湖的样式和风彩。第一节是"泛舟湖上/全然不见了湖"因为湖似荷盘，岛是翠珠，湖被掩入鸟、渔、花岛深处。第二是"泛舟湖上/放眼全是湖"因为"绿"字统帅了三千西子湖，这里湖的内涵是"绿"。第三节是动感性的转换段落。请看：

> **"鸟儿对飞对落；**
> **鸟儿时沉时浮；**

鱼儿对时聚时散；

涟漪对密对疏；

风，在湖上湖下浅歌低唱，

绿，在船前船後相互追逐……

湖水清清，

清得能照见我的思路。"

这里绥青采撷的一系列动感性意象，组合成了一幅美得醉人的水上图画。这诗真可谓语言精、图像美，物与物相配，景与景和谐，几达增一字嫌多，减一字嫌少的境界。而这一节中用了这么一句："湖水清清，清得能照见我的思路，"便十分自然而轻捷地完成了由客观向主观的过渡。下一节就是诗人主观的行动。

诗的跳接是作诗人的基本功之一，如果不善于跳接的人，只能当散文作家。跳接是结构诗的关键。意念上怎样才能既跳跃又连接，在语断意连中怎样才能作到自然过渡而不留痕迹，这就是诗人的功夫，也往往是优秀诗人与一般诗人的区别。绥青十分善于无痕的跳接。上面我们谈到的《天下为公－雨中谒中山陵》一诗就是很好的一例。现再举一例，请看《月光下》后两节：

"爱的根，冬天扎下；

爱的果，结在穗上。

既收割就大大方方，

何必隔拢隔行？

麦穗沙沙摇
镰刀沙沙响……
肩膀一撞，两把镰刀
汇成圆圆的月亮……"

　　这是一首充满农村风味，农家情趣，非常精炼、含蓄、优美的爱情诗。诗人十分巧妙地利用人与物、情与景之间连续互动和快速跳接，完满地完成创意，使这首作品成为爱情诗中的精品。"爱的根，冬天扎下/爱的果，结在穗上。"既指冬小麦的扎根结果；又指农民对泥土、对人类爱的扎根结果；也指一对恋人爱情的扎根结果。内涵丰富而深邃。这里，诗人通过选境借助读者的想象，完成了不同意义之间的过渡和跳接。"肩膀一撞，两把镰刀/汇成圆圆的月亮……"这里又有三意：即天上月亮之圆；地上镰刀之圆；和恋人心中的爱情之圆。在景的烘托下，三种含意展现在读者面前。这种无痕而快速的利用象征进行跳接，大大地增强了诗的含蓄性和凝炼度，为作品带来了浓郁的诣意和悠长的想象余地。绥青的诗还有许多独到的艺术特色，比如新诗和民歌的结合；口语和文学语言的结合等。写文章也象写诗一样，留些余味继续品尝和开掘可能更好。

95 年 8 月　于京郊寒舍

表达模式的突破

── 剖析李瑛的一首诗

　　包括中国在内，世界的诗歌历史大概已经延续了三千多年。其流派，风格，表达模式难以计数。但是从本人的阅读经验看，这种非常繁杂的事物，可高度概括为"实"和"虚"两个字。不管是中国的古诗和新诗，还是西方的现代主义，新现代主义，象征正义，达达主义，后现代主义等等。在诗歌的追求和写作上，都越不出两个字，即"实"和"虚"的分寸和度数。现实主义主张诗歌反映现实，表达真情。在表达方法上以实为主，虚实相间。但是要求作品能够传神。这传神部分就是作者的主观世界，即创作意图与客观世界相对应而产生的神奇效果。这种神奇的效果虽然是由人的激情和兴奋的精神状态表现的，但是精神的火焰，却是由物质之燃料作基础的。所以它虽然虚但不虚无。

　　和观实主义相比，各种观代派就不一样了。它不仅是虚，而且是"虚无"。那些作品读起来莫明奇妙不知所云。像猜谜，它却没有谜底。所以它的关键不是虚，而是无。既无物，也无神。近年来我们所读到的台湾现代派诗人的作品，绝大部分都是诗人们将西方的现代派和中国的现实主义相结合了的作品。比起中国的现实主义，它更虚；比起西方的现代派，它更实，即使在台湾新诗论争中常当靶子被批到的"创世纪诗社"诗人们的作品，也是改造了的现代派的作品。而台湾现代派一号人物纪弦，也只是理论上虚无，他的作品不但不虚无，而且篇篇都是掷向对手的投抢和匕首。他一直处在与对手格斗的环境中，战斗的武器的诗。绝对不会虚无。谁也不会用虚无去战斗。

受到台湾诗的影响，上世纪八十年代以降，大陆诗坛，也在整体性的发生变化，不仅青年诗人的诗风变了，而且老一代诗人的诗风也变了，怎么变呢？他们吸收了许多现代派的表现方法。使自己的诗"虚"的方面强化了，实和虚结合得更巧妙了。尤其是老诗人李瑛。李瑛生于 1926 年，1942 年开始发表作品，出版过数十部诗集，一直是军中诗人，创作态度十分严紧。作品的思想主题始终紧跟主旋律。但他的创作题材却比较广阔，创作方法和技巧不断丰富和创新。他年老思想却年轻；他诗龄长，但创作模式却从不僵固，本人很少评论大陆诗人的作品，上世纪 90 年代李瑛寄给我两部诗集，读之甚为感动，便写了篇小文发表在《诗刊》上。打那时起，我常读李瑛的作品。这几年常居住在国外，读中国书虽然不是那么方便，但读书人改变不了旧习惯，一有机会便钻进当地的图书馆，翻阅那数量不多的中文图书。我们住地附近的几个图书馆的中文书，我几乎如数家珍。一次突然在一本书中看到了李瑛的几首诗，我连读数遍，最后还是难以释手地将它放下了。但有一首诗，即《在失物招领处》，却一直徘徊在我的脑际，时过半年多之后，我不得不重返那个图书馆，翻出那本书，将这首诗完整地抄录在了我的笔记本上。这期间我曾反复思索，这首诗中有什么魔力拴住了我？我想，这首诗在表达模式上有一个重大突破。请先读这首诗《在失物招领处》：

在失物招领处
偶然相遇的帽子、手表、皮包和雨伞

全都无家可归
只孤零零地坐著
相互张望著
想自己的心事

先生这里可有我的童年
我凄苦童年的啼哭和眼泪

我的童声和乳牙
人不断消失
又不断发现
昨天、前天和远去的一切
走进失物招领处
四壁不断卷著逝水的涛声
岸上留下死去的贝壳和船板碎片

非常美丽的童话。那么多无家可归的小东西，都孤零零地坐在那里互相张望，还想自己的心事。这失物招领处，实际上是无边无际的，谁也去不了，但却能看得见，摸得着的过去时，是只能望而兴叹的历史。我们所有的过来人，都在那里丢失了许多许多东西。岂止是帽子、手表、皮包和雨伞，更宝贵的是我们的灿烂的年华，生命和青春。时间老人无情地剥夺去了我们的一切，只赠给我们皱纹，白发和蹒跚的步履。这是一种非常无奈和凄苦的事。但李瑛不诅咒，不悲痛，而用一种实际沉重而形式非常轻松的方式，向失物招领处的人发向："先生这里可有我的童年／我凄苦童年的啼哭和眼泪／我的童声和乳牙"这是明知故问，是一种震撼心灵，让人颤栗的提问。文字不多，震撼力却极大：不是对比，过去时和现在时两个世界却壁垒分明。真有"感时花溅泪，恨别鸟惊心"的效果……诗由物及人，更深沉地触及到了对生命本身的追究和探寻。

诗人是一个历史唯物主义者，过去的终要过去，未来的必将到来，该消逝的消逝，该出现的出现。一句："人不断消失/又不断发现"顿然一转，"昨天、前天和远去一切"都成了规律中之事了。诗转得突然又合情合理，简洁明快。

这首诗最值得称道，而令人历久不忘，甚至是精彩绝伦的是最后一节，这一节看似重复和多余，实则是该诗拔地而起的助推器；是该诗由地面升空的动力火箭。"四壁不断倦着逝水的涛声／岸上留下死去的贝壳和船板的碎片"这两句诗表面上与闹市的"失物招领处"无任何关系。仿佛近乎梦话。但正是这种近似梦话的诗句，才梦一般把表意识中的"失物招领处"与潜意识中的"逝水涛声"及死去的贝壳和船板的碎片，联系了起来，作了这个现时中的"失物招领处"与过去时中的历史海洋岸壁上的故物的纽带。让你从眼前岸壁上的故物再联想到"失物招领处"的帽子、手表、皮包、雨伞和童年的眼泪、童声和乳牙等，原来是同类之物。而诗中的"失物招领处"这个东西原本就是子虚乌有，它不过也是一种象征物而已。最后一节诗是一个虚拟世界，虽然也是一种过去时，甚至是一种更久远的远去时，但这种更强烈的梦幻般的东西在该诗中实际上是一种层递结构，不仅仅大大地扩展了诗的含盖力，激发了读者的想象，而且它还能使你回头思索：为什么"失物招领处"会有岸？会有涛声？会有死去的贝壳和船板的碎片？这种引起你回溯和思索的虚拟世界，最终作了你梦幻的清醒剂；作了你醒梦的晨钟和号角。当你从朦胧中清醒时，你会回味无穷，思索无尽，获得无穷的美感。我想这就是我读这首诗之后，虽然过了半年多，它仍然折磨着我，迫使我旧地重游，将它抄录下来进行研究的所在。

诗的功能是通过它的美感，感动人、陶冶人、启发人、教育人。它不是新闻，传达信息；它不是故事，把你引入主人公的处境中；它不是报告文学，要讲清事物的本末；它不是小说，一定要设置细节；它不是论文，要层层说理论辩。它是文学中的孙悟空，可以上天入地，可以千变万化，可以打破任何成规，闯进任何禁地。像唐诗中"呼龙依天种瑶草，踏空磨刀割紫云"这不是文学中的孙悟空吗？除了赞叹和喝彩之外谁还能说它不合规律。同样的，李瑛的"失物招领处"出现"逝水涛声""船板的碎片"除引发你的思索和想象之外，谁还能说诗人是瞎掰？诗人用巧妙的方法，精省的语言，神奇般为你点化出了一个想象中的宽广世界，一个美的王国，这就是一种艺术功力。

李瑛以层递结构和虚拟手法在诗中点化出更宽广的艺术空间，这种手法在过去的诗中还不多见。因而本人以为是诗在表达模式上的一次重要突破和创新。它令人耳目一新地调适了现代诗中"实"和"虚"的关系，把中国诗中的"空灵"和"神韵"以新的方式升华到了极致。

析评郑愁予三首爱情诗

　　郑愁予是台湾许多女性心中的白马王子，一是因为他一表人才，魁梧潇洒。二是因为他是爱情诗能手。那些想象奇特、描绘生动，具有勾魂魅力的爱情诗，使许多漂亮的女孩子淘醉，成为自动缴械的俘虏。由于郑愁予是个运动员，也当过海员，激烈的运动与广阔无际的大海洋，既给郑愁予的诗染上了豪放、豁达、放浪形骸的侠义精神，也给郑愁予的诗找到了诡密、新奇、极具象征内涵的题材。就郑愁予的爱情诗看，绝大多数都与羁旅和海洋有关。比如本文要评析的三首诗：《如雾起时》、《采贝》、《水手刀》便都是取材于海洋题材的爱情诗。

　　《如雾起时》，标题即含有二意，一是大海的自然观象，二是雾中美人似真似幻的一种神秘意境。该诗首句不凡，"我从海上来，带回航海的二十二颗星"。这是带给情人的一种奇特礼物。"航海的：二十二颗星"是什么礼物呢？就是诗人自己。写此诗时诗人正好 22 岁。这诗句既充满调侃，又顿时映现大海夜航的景象。"你问我海上的事儿，我仰天笑了……"这是长期海上生活，大海给予诗人的一种旷达不羁的性格。"仰天大笑"，一个动作胜过百句千言'的描绘，其内在的性格特征和外在的形象塑造，刹那间溢于言表。

　　"如雾起时"以下是雾中美人的形象描绘,该美人形象的每一部分都与海上的事物相连。"敲叮当耳环在农密的发丛找航路"。这既是古典美人的装饰和姿态,也是对海上航行状貌的描写。"用最最细的嘘息,吹开睫毛引灯塔的光"既是航船在浓雾中寻找灯光和目标的行动,也是情人用最轻最轻的叹息逼近美人,去观察和品尝她明亮如灯塔般眼珠的一种爱抚动作。"赤道"一节是用海上的事物对美人形象的描绘。尾段"我从海上来,你有海上的珍奇太多了……"美人浑身皆是海上的珍奇异宝。尤其是结尾句:"使我不敢轻易航近的珊瑚的礁区"。情人不仅美,而且·美得玄妙和神密。海上的珊瑚区是最美的区域,但越美的地方,越有风险;获得的享受愈多,付出的代价愈大。因而美丽的珊瑚区,也是航海者不敢轻易靠近的地区。这美既带点神秘、幽深,又有点陌生可怕;既有点如在眼前,又有点深莫可测。这是一种美到极致,爱到至深的一种感觉。在一首仅十一行的小诗中,诗人将航海者的豪放和深情、粗犷和细腻,外在的观察和内在的心理活动和盘托出,真是令人感佩。

　　《采贝》,是一首仅有七行的小诗。描写一个单恋者对美人的渴慕和追逐。"每晨,你采海贝于,沙滩潮落／我便跟着,采你巧小的足迹"从诗句中看出,诗中美丽的女孩是个穷家女。她每天早晨退潮时,都要到海滩采贝,靠此谋生。而追求者与采贝女身份不同,他是因爱慕美女才来海边追逐喜乐的。"采你巧小的足迹",十分传神,。一语便将天真烂漫,追逐嬉戏的少年形像跃然纸上。这个无忧无虑的富家子弟痴迷地爱上了美丽的采贝女,不仅每晨来采她巧小的足迹，而且·每同采贝女采贝归来，他都要来迎接。都要来欣赏采贝女蒙蒙雾中的"渺渺回眸"。一般情况下，傍晚是很少有雾的，只有…'一种苍茫暮色，这"蒙蒙雾中"可能是少年痴爱中的幻觉，或将暮色当成了晨雾。如果是热恋，两人撞击，应该是碰出火花的，但他们相遇，却是"欣然而冷漠……"采贝女劳动了一天，肚子饿了，身体累了，要赶快回家与亲人团聚，以解父母的忧悬。而富家少年却是闲得无聊外出寻爱，两人的身分不同，心境不同，他们的所爱也不同，于是只能是一种单相思了，不冷漠才怪哩。诗人并未交待他们各自的身份，但主人公行为和表情却将他们的身份显示得那么分明。

郑愁予既深知海洋，也深知爱情，因而他能使用精凝的语言'迅速抓住两者的特点，进行交织和融合，使爱情如海洋，海洋如爱情。有时令读者难以触摸，诗人竟究是在写美女，还是在写海洋，他着魔似地爱的到底是美女，还是大海我们只能这样说，潇洒，浪漫而富有情趣的郑愁予，心中永远装着两个人，既有美女，也有大海。美女和大海又融合成了他诗的巨大魅力。

《水手刀》，这是水手身边不可缺的最锋利的工具和武器。敌人来了，它是匕首，鲨鱼出现，它是利刃；飓风来了，它是结绳的工具，紧急时刻，它是斩断绳索的刀具。此刻，诗人是将水手刀，在非常情况下反用。用它来作为无情之物——斩断出航人与亲人、与故乡，斩不断理还乱的愁绪。诗的开头，极写水手刀的威武和锋利。"长春藤一样热带的情丝挥——挥手即断了"热带的长春藤，是最坚韧无比的。但挥一挥手即断了。这里的"热带"二字写的既是台湾亚热带的纬度，但同时也一词二意，写离人心中的热带和热情。"挥一挥"既是水手刀的挥动，也是比刀还锋利，还无情的告别亲人的挥手动作。水手刀挥断的只是葛藤，而离别的手挥断的却是一种心灵的纽带。真是无情更有情。人别情欲连。接着诗人连续加重离别情意："挥沉了处子般的款罢着小绿岛／挥沉了半个夜的星星／挥出一程风雨来"。李白的"以刀断水水更流"的情绪和意境，让郑愁予转换了一种方式，写得表面上轰轰烈烈，破釜沉舟，实际上却哀痛沉郁刻骨铭心。第二节："一把古老的水手刀／被离别磨亮"。尤其是"被离别磨亮"最见功夫。它既连接上一节的"挥沉缘岛、挥沉星星，"挥出风雨航程又加深了剜心割肺般地离别的痛楚感。"磨亮"二字将无形变为有形，其中的情感含蓄深邃。"被用于寂寞，被用于欢乐"，这里将物质之刀和情感之刀作了连接贯通。接下来又一个"被用于航向，一切逆风的／桅蓬与绳索"表面写的是割断一切逆风中的桅蓬与绳索，实际上是诗人的一种别后自慰和对未来的思索。即将用这水手刀去对付逆风逆境中的一切敌人和不测，这也预示着主人公未来航程不但不轻松，而且充满着艰难与险恶。离别的凄楚和航程的艰险的痛苦交织，更将诗的情感浓度升到了难以化解的程度。

　　如果前两首《如雾起时》、《采贝》是春暖花开，那么《水手刀》则是秋风落叶；如果说《如雾起时》和《采贝》是美妙的流行曲，那么《水手刀》则是沉重的男低音；如果说《如雾起时》、《采贝》是穿着时装的假日出游，那么《水

手刀》则是肩着沉重的武器出征。两者都是爱，前者爱得美
丽轻松而欢乐，后者却爱得沉重、悲壮而无奈。由此可以看
到，郑愁予在诗的情感内涵和表达艺术上，自由自如地变化，
显示出他的非儿和老道。

台湾短诗鉴赏

　　台湾的抒情诗中，不乏像王禄松气壮山河般的《长城颂》，罗门深沉悲戚的《麦坚利堡》，及痖弦和洛夫迷幻奇诡式的《深渊》和《石室之死亡》等长篇优秀之作。它们像一座座高山，峰峦迭翠，云雾缭绕。但是台湾抒情诗中更多，更迷人，更能抓往读者视线的是精品短诗。它们是沙中明珠，石中宝玉，浩翰长天上的闪电，辽阔夜空中的灯光，以一点亮全局，以一光照天下。它们积小容大，形弱实强，高墙挡不住，语言装不下，含蓄无比，优美绝伦。这种短诗有几个特点。

其一、庙小神多，不分主次

　　文学是文化中的精品，诗是文学的王冠。因而诗，这里说的是真正的诗，而非伪品，就必须具有内容大于形式的特质。即在一个形式中含有数种可供想象分析的内容，亦即形式的恒定性和内容的异变性。古语说：诗含二意，不精而自精。而诗中精品，优秀的短诗，更是如此。现举例分析。如台湾诗人罗智成《观音》：

柔美的观音已沉睡稀落的烛群里
她的睡姿是梦的黑屏风
我偷偷到她发下垂钓
每颗远方的星都大雪纷飞

　　首先是诗中的主角就具有文字的确定性和想象空间的不确定性两种。文字上的确定性是观音菩萨。她是专门做好事的，为人添子加孙的大善神，这是一个神话了的美好的形象。而烛群使人想象到无数善男信女到观音菩萨面前烧香祈祷，求子祈福的情景。但是从想象的空间看，我们可以把这个至美的观世音，看作一个绝色美女，把她从神降格成人，于是小伙子们就有了盼头，成了他们渴求和追慕的对象。"她的睡姿是梦的黑屏风"这里面暗藏着一个不可知的世界。睡姿和梦是紧密相连的，那黑屏风掩盖的是什么东西呢？这个美女的梦是什么呢？她在想什么呢？我是不是她的梦中情人呢？主人公在思索之后，便不失时机的下手了。如不"该出手时就出手"，很可能错过时机。但只能偷偷地进行，不可太张扬。否则犯了忌，很可能把事情弄糟。这里诗人用了一个"发下垂钓"。就是要顺着她的梦下钩。"垂钓"二字极准确而鲜活，因为还不知道对方是否上钩。这首诗最妙的是第四句："每颗远方的星都大雪纷飞"，该诗句意象开阔博大，内容横竖百出，语意变换不定，诗意张力无穷。这其中暗示着追求者成功后的疯狂和兴奋，但却顾左右而言他。无穷的诗，无穷的美，无穷的扩张着的想象，就从这顾左右而言他中爆发而出。想象的裂变和分解使其立于不败之地。又如钟顺文的诗《山》：

> 憨直的傻小子
> 几度落发
> 几度还俗

诗人将山拟人化，把它比作一个憨厚正直的年轻人。在历史的大潮中，在社会的风雨中，沉沉浮浮。诗人以季节的冷热变化，引起山上草木植被的枯荣，暗喻人生的大起大落。该诗只有三句十四个字，容纳了人生广阔的巨大天地和人世变化无常的风高浪急。这首诗还可作其它方面的解释和引伸，它所包括的内涵和美学含量，远远地超过了它的文字和形式。这就是诗表现生活，含纳现实的特殊的功能和方式。它非直观直达，而是靠引伸和想象，靠暗示和升华。就像一个人可以从一首诗中能找到一个巨大的世界，但却找不到一座小城。再如白家华的《两行》：

> 秋天是落叶殉情的季节
> 它们把位置让给明年早春的嫩芽

这是一首容量十分丰富的精短诗篇。美国有位华人诗人办了一个诗刊，专门发表一行诗，即一首诗只允许一行。还有一个美华诗人写了一首一个字的诗。他的诗的标题为两个字"生活"，诗的内涵为一字："网"。他们将诗短到了极限但弊端很多。不仅很难写，而很可能将诗困死。我们作事不能走极端，走上极端就是死胡同。与一行诗，一字诗相比，这首两行诗虽然还不算最短，但它已是一般诗中最短的作品了。它虽然短，但它确能大容量地概括生活。它准确地概括了人世间和自然界新旧交替、新陈代谢和生生灭灭，这种最基本、最重大的发展演变现象。

其二、预留空间，收放自如

一首短短的小诗，不允许诗人从容不迫地将诗中的各个角色和他们的行动内涵等交待得一清二楚，而必须将各种因素和内含进行搓磨、锻打、交合、融铸，进行巧妙的一体化的表现。而且要充分发挥语言的蕴含功能，拉开文字和内涵之间的距离，为读者、研究者的再创作留下巨大的空间。台湾青年女诗人叶红有一组短诗《情欲记事》。诗人用含蓄而隐晦的手法，将男女情欲间不好表达、也不能直接表达的事，作了刻骨但却脱俗化的表现。请看其中一首《仙人掌》：

渴坏了
沙漠拥紧一棵仙人掌
吸吮

这首诗的指代内含相当清淅。总标题是"情欲记事"而小标题为"仙人掌"。

诗人将"仙人掌"拟人化了，诗的主角就是仙人掌。但诗人却故意卖了关节，将仙人掌的行为写成被动，让众多饥渴难耐的沙粒，撕着，拉着，抱着仙人掌吸吮。诗就那么三行，总共只十四个字，但我们却能感受到无数无数尖尖的小嘴，钻入仙人掌的体内在吸吮，弄得仙人掌痒痒的，欲罢不能。读者读了这首诗很自然要与标题"情欲记事"联系起来思考。诗人并没有给你答案，从仙人掌到人的行为之间的桥是读者和研究者架起来的。这首诗的可贵之处是，写性而无性，脱去了一切黄色的、引人邪念的东西。再请看痖弦的《神》：

> 神孤零零的
> 坐在教堂的橄榄窗上
> 因为祭坛被牧师们占去了

诗人只在诗中写了一种现象。那就是该坐祭坛的神被移位在了橄榄窗上，而牧师们却坐上了神位。生活中这种雀巢鸠占，喧宾夺主的事，实在太多了。谁都能把这种庙堂中发生的事，连想移位到人间。诗的容量大小和诗人在诗中预留的空间大小是成正比的。诗的容量越大，预留的空间就越多；诗的容量愈小，预留的空间也就愈小。诗中预留的空间大小和诗的生命力也是成正比的，预留的空间愈大，诗的生命力就愈强，否则便相反。再请看颜艾琳的《外遇》：

> 有时句点之後
> 并非是结束
> 也许是个逗点

　　或；

　　然後……

　　（另有文章）

　　诗的标题是《外遇》，诗的文字中没有半个字写到外遇，而是写的一种语法中标点符号的错置使用。句点之后本应是结束的，但这里并不是结束。在句点之后，反而又出现了逗点或分号。这是一个不该开始的开始，接着便在"然后……"的删节之后，出现了（另有文章）。这首诗的内涵，全靠读者由标题去展开想象。

　　假如是一个不懂语法、想象力又差的人，那会是一片模糊。如果是一个想象力很强的人，那将是十分有趣的智力填空。台湾有个称为十大诗人之一的后现代派女诗人夏宇，专门在诗中留空格，让读者去填，有如猜谜。那不是真正的预留空间，而是一种文字游戏，我们并不提倡。

其三、语言精美，不含瑕疵

　　诗的语言是各种文类中最精美的语言。像唐诗绝句中为了使语言达到精纯，常常把主语、连接词、形容词等去掉。如李白的《静夜思》"床前明月光，疑是地上霜。举头望明月，低头思故乡"。既没有主语，也没有明月和故乡之间的因果链条。但这是诗这种文体所允许的、所必须的。所以在诗中省略成份，藏头去尾，主体倒置是常有的。为了达到语言精美可以采用一切非常规手段。例如田运良的《单人床》：

一大块吸鼾的海棉
滋润。甫开发的一小处绿洲。
竟是遗梦旧址

　　这是一首用语俏皮突兀，情趣鲜活的好诗。标题用了"单人床"，文中便以"吸鼾的海棉"指代，因为"吸鼾的海棉"比单人床更鲜活，更具有诗意。"滋润"甫开发的一小处绿洲"，很有生命活力，给人勃勃生机之感，让人想起睡觉可以产生新的生命力。"竟是遗梦的旧址"既是嘎然结尾，又具有自嘲和调侃的意味。语言上具有鲜明的个性特色。再看女诗人颜艾琳的《早晨》：

大地的惺忪
是被树叶中
筛下来的鸟
声所滴醒的

　　颜艾琳诗的语言以新奇突兀制胜，但这一首却以明朗清析具有较强的穿透力的特色布众。尤其是鸟声将大地滴醒，具有润心泽肺之力，给人耳目一新。这些诗的用语是足可与古诗"春风又绿江南岸"，"僧敲月下门"的名句相比美，甚至有过之而无不及。

其四、画龙点睛，神来之笔

诗要作到画龙点睛，神来之笔是不易的。但短诗的特点却要求诗人能够作到。

这种神来之笔，靠苦思冥想是很难出来的。多数是灵感触动，水到渠成。台湾女诗人蓉子和诗人罗门是台湾诗坛著名的诗人伉俪。蓉子被称为台湾诗坛上的"青鸟"，而且是台湾女诗人中起飞最早的青鸟。她是台湾女诗人中作品最多的诗人之一。蓉子的诗世界令人眼花缭乱，丰姿多彩。但她诗的情感的主导特色却是轻柔和静美。而在轻柔和静美的诗中，她创造了许多画龙点睛式的神来之笔。如她的名作《伞》这样写道：

> "一伞在握，开合自如
> 合则为竿为杖，开则为花为亭
> 亭中藏一个宁静的我"

她从暴雨喧哗的乱世中，找到了一个可以自我保护的宁静的世界。"亭中藏一个宁静的我"。可以说是这种对衬写照的神来之笔。她写轻柔，也是无于伦比的。请看她在《晚秋的乡愁》中写道：

> "啊！谁说秋天月圆
> 佳节中尽是残缺

> 每回西风走过
> 总踩痛我思乡的弦"

　　台湾在东南，大陆在西北，蓉子日夜思念着大陆的亲人。因而每次西风走过，即从大陆方向吹过来的风，"总踩痛我思乡的弦"。这是乡愁诗中佳品，这句诗也是这方面作品中的神来之笔。读之，仿佛我们的心灵都在颤抖。

短诗的创作体会

短诗是诗中的极品。尤如王冠上的珍珠，矿物中的钻石，金属中的黄金。它精粹，高质，优美。以简短的文字，展示出丰盈厚重的内涵。以精凝的语言，描绘出美丽动人的画卷。以精省的形式，概括出趣味无尽的哲理。读之让人回肠断气，余音绕梁。唐诗中的绝句，宋词中的小令，多是这样的作品。它们流传千古而不衰，背诵终生而不忘。显示了极强的艺术生命力。中国的现代新诗中也不乏短诗精品。比如;胡适的《梦与诗》，刘大白的《晚秋的江上》，李秋同的《送别》，徐志摩的《偶然》，谢冰心的《繁星》，卞之琳的《断章》，冯至的《蛇》，曾卓的《悬崖边的树》，李英的《失物招领处》，余光中的《乡愁》，郑愁予的《错误》等。这些都是百读不厌的短诗。由于受到绝句，小令和短诗的影响，本人对短诗有着特殊的爱好。自上世纪70年代发表诗作以来，所写作品多数为短小之作。多年来两岸诗选中所选拙著，也都是短诗。因而我对短诗写作有一些感悟。如今到了封笔之年，记录一点体会，可能会益人益已。

1.蕴蓄饱满，循序投注。诗是生活和艺术结合的产物。生活积累要非常丰富，才能写出好诗。就像花朵要结硕果，花儿就必须肥厚硕大，就像水果要圆润饱满，才能一咬而果汁四溅。写诗，尤其是写短诗，不能像揉焉菜一样，揉了半天，揉不出一滴水来，不能像挤牙膏一样，挤了半天，牙刷上还是一层霜。不过，只是有了饱满的蕴蓄还不行，还要有适配的艺术构思，就是内容和形式相适应。然后将饱满的内涵循序地投注入容器之中。就像歌手，憋足了气，还要根据不同乐谱的要求，巧用自已的歌喉，唱出各种美妙的歌声。写诗同理。有了充沛的激情和生活积累，而没有很好的艺术构思，一样成不了诗人。本人有一首小诗叫《邮票》：

> 一个心灵的使者
> 一只腾飞的大雁
>
> 心中揣著一团火
> 揣著一个最坚定的夙愿
>
> 到那远天孤寒的雪线上
> 吐一个温暖的春天。

这首诗明在写邮票，实在写情感。写亲人们的分离之苦和以通信的方式获得的安慰。而这种久积而切盼的苦和乐，久盼而未解的悬念，全都寄托在一张小小的邮票之上。以一个不到一寸见方的邮票，负载着大海一样的深情。负载着无尽的期盼和思念。这可以说是蕴蓄饱满，而又找到了一个适配的容器。接下来就是循序投注。首句"一个心灵的使者"表明其任务和性质。传递的是一种心灵的声音。"一只腾飞

的大雁"，符合古代大雁传书之意。以下有一个对比，一个
是"心中揣着一团火"另一个是"远天孤寒的雪线"寄信人
传情如火，受信人孤寒如雪。将事物推向两个极端，是最鲜
明的对比和层递升华的最好埔垫。当受信人收到信时，心中
温暖如春，这是"雪线"的升华，这也是大雁吐的春天。与
诗的开篇作了回应。这首诗内容和形式和谐而适配。情感疏
密，淡淡而恰切。尤其是投者的火热和受者期待的冷清和孤
寒的描写，非常真实而可信。"吐一个温暖的春天"的结尾，
一石二鸟，既是信的高潮，也是诗的结尾。

　　2.把握意像，升华思想。短诗在形容和描绘方面，没有
太大的回旋余地。它的特点是"短，平，快"。高度凝炼，
快速见效。但是它又必须达到优美，辉宏而具有思想深度。
否则，就不能称之为好的短诗。这里我想将"小诗"和"短
诗"有所区别。一般来说，称之为短诗比较恰切。因为"小"
是相对"大'"而言的。有许多短诗的容量和内涵比长诗还要
大，还要丰富和扎实。在文学作品中，只有长短之分，而无
大小之别。"小诗"的称号，在某种情况下，容易对该产品
造成贬的误会。本人有一首诗《长城》：

> 夜晚，月亮和星星
> 从你的臂弯里升起
> 清晨，你用红绸
> 轻轻地抖出太阳一轮
> 你是中国茁壮的胳膊哟！
> 怀抱著一颗醒来的

中华民族之魂

这首诗的立意，比较奇特，新颖而辉宏。作者紧紧地抓住了古长城抱含的民族的，历史的，爱国的，宏伟的，崇高的形象特征和内涵，将这种特征和内涵与刚升起的火红的朝阳的形象相迭加，于是长城的崇高与古老和朝阳的辉煌和新生的意象又进行了融合与重迭。紧接着一个巨大出人意料的意象，"中国茁壮的胳膊"耀然眼前。这一形象的出现，"怀抱着一颗醒来的中华民族之魂"的动作，就水到渠成。该诗的选景方面注意了它的巨大落差。开篇的场景是一个月明星稀，非常沉静，恬淡，优雅的夜晚。接着犹如电影蒙太奇和川剧变脸一样，刹那间，换成了清晨红日喷薄而出的画面。这种场景的剧烈错落，既是突鲜作品主题的需要，也强烈地抖动了读者的视神经。作品以崇高的形象，高亢旋律，火热的情感，美丽的画面，歌颂了新崛起的中国。长城的古老宏伟和崇高与红日喷薄飞升，光照大地，正好与中国的古老与崛起的形象相匹配。它有幸被选进了中国小学六年级教科书。

3.抓住事物两极，缩短描绘旅程。事物的两极，比如爱与恨，破坏与建构，生与死，战争与和平等等，是事物处于极端的矛盾状态，也是事物的正反，对错，美丑，黑白，最强烈，最显露的时候。就像人在最疯狂的时候，便去掉了一切伪装，在最高潮的时候，他的智慧和才华才能得到最彻底地迸发。一句话，此刻，事物才能显露出本真。这也正是事物内含光芒和诗性得到充分显露之机。也是新旧事物交替的大好时机。抓住了这个关节，思想和诗意，也就垂手可得了。

也只有这样才能从结构上缩短抒发和描绘的旅程，从根本上达到短的目的。如《参观出土文物》：

> 你曾是一团仇恨的火焰
> 在震天的杀喊声中卷入战争
> 冲闯，厮杀，喋血
> 懵懂地成了生命的克星
>
> 折戟沉沙，泥土使你冷静
> 千年隐没，大地改变了你的个性
> 如今裸露在冰冷的钢铁展台上
> 你依然顽强地生长和平

　　这里作品以战争与和平，历史和现实，激烈和冷静作为诗的主轴，来展开诗作的画卷。这是一首崭新的，现代的"折戟沉沙"，但不是为了"磨洗认前朝"。而是为了"以战止战"。诗的重心在第二节。"折戟沉沙，泥土使你冷静"这由热变冷的过程，既是一个冷静思考的过程，也是一个历史沉淀和转折的过程。世界经历一番毁灭性的大战之后，人力物力消耗殆尽。疮痕遍野，面目全非。人们不得不接受教训，这"泥土使你冷静"含意深沉。既有历史的教训，也有母教之意。尤其是"大地改变了你的个性"。这是一种脱胎换骨的变化。诗的结尾"冷冷的展台上"，"顽强地生长和平"。原来的血腥之物，如今变成了和平的宣传者，悍卫者，这就是历使和大地的双重伟力。是一种母性孕育下的重生。

4.点石成金，释放诗意。打开读者想象的快门，让事物在诗意中华丽转身，是短诗快速见效的方法之一。如何使大海凝成一滴，使乱麻拧为一股，是小诗创作者的功夫之一。否则，如果在乱麻中纠缠不清，在汪洋中沉浮不定，如何使诗魂结胎成熟呢？《枫红》一诗是本人在加拿大阿冈琨国家公园游揽观赏红叶时，无边无际的树上的红叶与加拿大的国旗上的红叶突然相迭加，顿然之间产生的意象。于是就创作了这首诗。

> 枫红阿，枫红
> 你这个奇特的精灵
> 孕育於土壤
> 展示於天空
> 蔓延于千山万岭
> 但是，你只有红成一面旗帜
> 才会有山摇地动

当时虽然从加拿大国旗上获得了意象，但是这首诗的真正鸿大的，此起彼伏，连绵不绝的意象，还是从镰刀斧头的旗帜上获得的。因为加拿大的枫叶旗没有如此功能。这首诗的前五句都是在写枫红，但是也在暗中为它的华丽转身作了铺垫。比如"孕育于土壤"就一语二意，暗含革命风暴是在广大民众中生成的。"蔓延于千山万岭"一方面指红枫的无边无际，另一方面也为红旗预作铺垫。"你只有红成一面旗帜"是点石成金。该诗由此顿然刷新和升华了主题。也由此才引出了"山摇地动"的结果。,旗帜是意志和力量的代表。它代表着一个团体，一个政党，一个国家，一个民族所包含的亿万人的意志和力量。因而它的力量是无穷无尽，难以估量的。所以，它的摆动就意味着地动山摇。就意味着改天换地。这里无需具体点出斧头镰刀或是五星红旗，人们看到其形象自然会联想它的名子，这就是诗，这就是诗意。反之，点明了也就没有诗了。

短诗，似小实大，即形式小内涵大。似短实长，即文字短，意味长。似虚实实，由于文句简洁洗练，字句之间的跨度加大，从形式看仿佛比较虚。不过这只是一种表面现象。实际上比较好的短诗，可以激发读者多角度，多层次，多面向的回味与想象。给读者预留的空间很多，因而它不虚反实。短诗似易实难。它在构思，孕育，语言，结构等方面，都有特殊要求。尤其在拉大形式和内涵的差距上，需要功力。有意写短诗者，不可不下功夫。

2013 年 2 月写于加拿大多伦多，
同年五月修改于北京方庄。

论黄春明小说的讽刺艺术

　　黄春明是中国当代小说史上一位耀眼的明星，是当代小说作家中的奇才。他以精心绘制的文学画图，将台湾社会转型期的重要图景、人生百态和心灵颤动的外化图像，一一地纳入其中。并以他深邃的哲理目光、辩证的解剖艺术和坚定的人民立场，透析出这些图画的内在本质和社会意义：他的小说中蕴含的深刻的思想和丰富的艺术、就像肥沃的黑土地中蕴含的生命，是常发常新的。这个丰富的宝库，为研究家提供了许多的用武之地。本文意图从黄春明小说的最突出的特点之一，丰富的讽刺艺术切入，一窥黄春明小说的艺术世界。

　　文学作品中的讽刺，从方法论方面看，它是手段、是方法、是工具；而从认识论方面看，它却是意识、是思想、是呈现意识的管道。就像滚滚河流、奔腾大海，它们对水来说既是内容，也是形式。没有水便不是河，不是海；反之，没有海、没有河，水也就难以存在。文学作品中只要能够形成讽刺，天经地义地思想也就在其中。不仅在其中，那辛辣的滋味，最突出的，首先呈现的是思想的滋味。因而可以这样说，思想是讽刺的生命，没有思想便没有讽刺。讽刺是思想的砥砺上磨出的锐利武器，是武器的锋芒中闪射的犀利的思想，它一出手便有着辛辣的批判力量。

　　文学中的讽刺，不是小幽默，不是歇后语，它是与时代，与历史，与人类的生存和命运联系在一起的思想和艺术。文学大师果戈里、鲁迅都是卓越的讽刺艺术家。他们都是生长在需要讽刺的时代。时代给他们提供了讽刺的对象和内涵，他们以自己天才的讽刺艺术回报了时代。黄春明生活的时代背景，也是极需讽刺艺术家和讽刺艺术的时代。台湾五十年代是专制、独裁，白色恐怖弥漫，百姓啼饥嚎寒，民不聊生，怨声载道的社会。六十年代，台湾实行对外开放，以全盘西化，丧失民族灵魂和自尊的惨痛代价，换来了经济起飞。经济上去了，尊严丧失了。七十年代，民族灵魂大觉醒，在强大的反对西化和保钓运动的推动下，台湾掀起了巨大的回归民族和回归乡土的浪潮。这种激烈动荡的转型期的社会，是孕育、萌生和培养黄春明讽刺小说的温床。它不仅为黄春明的讽刺艺术提供了广阔的用武空间，也磨利了黄春明讽刺艺术的锋芒。那些无比贪婪，恨不能将台湾挖地三尺，把人民的血汗吸干的外国资本家和跨国公司老板，成了黄春明讽刺小说的主要批判对象。如《小琪的那顶帽子》中，对日本资本家将伪劣的高压锅向台湾倾销，发生爆炸，给台湾同胞带来了巨大灾难的揭露。在《沙哟那拉，再见》中，黄春明站在历史和现实的高度，来观察和评价生活，震聋发溃地指出，日本帝国主义过去以战争侵略中国，霸占我们的台湾，而如今又卷土重来，以经济入侵的方式，在中国的土地上横行霸道，百般地侮辱中国同胞。他们侵略野心不死，仍然把台湾看作他们的殖民地。黄春明把历史和现实相联系，为我们敲响了要警惕日本人再次入侵的警钟。作品以尖锐的讽刺笔触，突出地表达了作家的民族赤子之心。作品中巧妙地利用语言工具，让翻译者作为仲裁，痛快淋漓地揭露日本人制造南京大屠杀，黄浦江沉尸的滔天罪行，把他们置于被审判的地位，让他们低头认罪，使故事本身形成幽默和谐趣，产生良好的讽刺效果。这篇小说表现了中国人严正的民族立场和强烈的爱国情感。台湾文艺评论家何欣说："黄春明是一个正义感极强，爱憎分明的作家……他在写《莎哟娜啦，再见》时，那股强烈的、民族自尊心和爱国心占据了他的心灵。"由于东西方帝国主义利用台湾开放之机蜂拥而至，使台湾成为罪恶温床，因而除了使许多软骨病患者染上了崇洋媚外的病症外，外国人在台湾耀武扬威，横冲直撞，使台湾的罪案频频发生。小说《平果的滋味》，就是揭露美国军人的汽车，将台湾一个贫苦打工者的双腿撞断，略施小惠，反使受害者向肇事者感激涕零的怪事。

　　黄春明的这些小说，虽然创作于六、七十年代，在台湾曾经产生过巨大反响，但是艺术的魅力是永恒的，如今它们不但没有过时，没有因日月增添暗淡艺术光芒，而且由于进入八、九十年代之后，开放改革的潮流席卷全世界，广大的发展中国家全都面临着如何对待外国资本家和跨国公司的问题。黄春明的这类作品，形象地为他们提供了不可取代的借鉴。因而黄春明的这类作品，必将在新的条件下，放射出新的艺术光辉。

　　对于台湾社会来说，如果外国资本家和跨国公司，只是一种外部细菌和风雨的污染和锈蚀，那么，他们在台湾内部的一些死心塌地的代理人；一些仰外国势力鼻息的奴才们；

一些比外国人嘴脸还丑恶的走狗们，是比污染和锈蚀还要可恶百倍的蛀虫。因而他们也是黄春明讽刺小说的打击对象。这一类小说人物中最突出、最典型是《我爱玛莉》中的戴维·陈。戴维·陈，本名叫陈顺顷德，为了讨主人的欢欣，为了向上爬，他起了一个外国名字戴维·陈。而外国主子却常常将戴维，叫成了"大胃"。因美国主管卫门在台湾任期届满要回美国去，戴维·陈挖空心事花了四千元，买到一张临摹齐白石的残荷画，以此为诱饵向卫门夫妇钓宠，要将他们喂养的杂种狼狗"玛莉"留下来，光耀门庭，抬高身价，达到向上爬的目的。为了讨好外国主子，求人不得而求其狗，其中已包含了巨大的讽刺和批判威力，但作为卓越讽刺艺术家的黄春明，并不就此止步，他紧紧抓住这个具有丰富讽刺内蕴的题材，进行淋漓尽致的开掘和发挥，让它展示出更大的讽刺效果。黄春明在开拓这个题材上，表现出了非同寻常的创造才华和思想深度。戴维·陈，不仅在外国人面前把自己降到了狗的地位，而且为了达到丑恶的目的，还要将自己的妻子降到比狗还不如的地步。他把外国人的狗弄回家后，这条被外国人遗弃的狗，成了他们家的太上皇。平时连孩子弄坏了他命一样宝贵的兰花，都难逃挨打的惩罚，但玛莉弄碎了他所有的兰花，不但不怪玛莉，还要嫁祸于妻子，大骂出口："你笨蛋！你这没用的东西……"使戴维·陈最担心的是玛莉和本地的土狗进行交配。但越担心的事就越发生。这条外国母狗来到戴维家后，本地的土狗们个个都馋涎欲滴，经常一群群地伸长脖子围在戴维家的门口不肯离去。戴维哄赶一下，它们后退一步，戴维再哄赶一下，它们再后退一步。然后便撑起前腿，虎视眈眈，伺机作案。这使戴维家时刻处于这群性欲狂们的严重威胁之下。戴维一再告戒妻子玉云，千万要保护好玛莉，无论如何不能让那群土狗们得手。但是这条外国狗却不争气，中国土狗喜欢洋味，它却喜欢土味。一天它发情了，在按捺不住的情况下，瞅着玉云不注意的空当，挣脱链子夺门而出，并且饥不择食地找到一个最小、最不象样的土狗便慷慨地献了身。玉云发现后如惹天塌大祸，嚎啕大哭地打电话叫戴维回家。戴维在门前下车后，目睹了玛莉正得意地与土狗作爱的场面，便恼羞成怒对妻子大打出手，逼得妻子向他发问："你爱我？还是爱狗？"这个无耻之徒，竟然疯狂般地叫喊："爱狗"！

至此，作品的主题思想得到了最大限度的开掘和发挥。小说泼辣中埋伏着深沉；让人捧腹中却又隐含着难忍的酸痛；行云流水的情节中却翻腾着污泥和浊水，其讽刺效果也达到了极至。

戴维·陈，是外国人眼皮下的奴才；是中国人中的人渣，是社会转型期的特殊产品。在实际生活中不泛其人，但是作为文学典型，作为艺术品的成功形象，它在台湾文学中，乃至全中国文学中，都是独一无二的。丧失民族气节，外国的一切都好，中国的一切都糟；依仗外国人，欺负中国人、坑害中国人的人和事，在开放的条件下屡见不鲜。批判崇洋媚外，揭露洋奴买办的文学作品，也不在少数。但是像黄春明这样，选材如此巧妙，观察如此透辙，开掘如此深刻，描写如此鲜活者，实不多见。戴维·陈的形象，无可争辩地成为了这类形象中最精彩，最成功的典范。

　　从性质上来说，讽刺有对敌人的致命性的攻击；有对人民的激将式的刺激；有对罪恶的无情的批判；有对错误的有限的批评。黄春明的讽刺小说，界限是十分分明的。哪些是掷向敌人的匕首，哪些是送给人民的芒刺，一点也不含糊。即使在同一篇小说中，在两种人物身上，使用的两种不同性质的讽刺，也是清晰分明的。从来不会混淆。例如小说《平果的滋味》中，美国人撞断了中国人的腿，美国人不但没有蛮横无理，反而表现十分歉疚，赔偿也作得及时而令人满意。而这篇小说的讽刺锋芒，主要是针对中国同胞的愚昧无知的。家人被撞断了腿，生死未卜，妻子和女儿去医院探望，竟然有心思去偷厕所的卫生纸，表明农民的自私。造成了终身残废，美国人略施小惠，不但自己有因祸得福之感，连警察都恭喜他"好运气"。这说明中国人的麻木，也表现了穷人的愚昧和善良。虽然小说的讽刺锋芒是针对中国同胞的落后和愚昧的，读后令人啼笑皆非，而对美国人没有掷以利器。即使如此，也能使人体会到，作品内外有别的清晰界限。美国人对受害者略施小惠，是为了免除更大的麻烦，"不想双脚都陷入泥沼里。"以保留更大的掠夺余地。这是丢芝麻夺西瓜之计。小说对受害者讽刺得虽然也十分辛辣，但却令人感到有一份温情，希望他们觉醒，不是对他们落井下石，雪上加霜。这表明黄春明是一个很有政策感和分寸感的作家。从另一个角度表明了黄春明对人民情感的深厚和笃实。

　　在对人民身上缺点的讽刺中，中篇小说《锣》，是可圈可点精粹之作。尤其是主人公憨钦仔的成功塑造，使我们在隔了半个多世纪之后，又看到了鲁迅先生笔下的阿Q再世；

又使我们看到了鲁迅小说艺术的再现；又使我们看到了新的社会背景下新的阿 Q 的诞生。

　　憨钦仔是台湾社会转型期，被历史前进的脚步淘汰的无业游民。他本来靠打锣叫喊做广告为生，因为科技发展被现代化的喇叭车夺去了饭碗。于是无奈地混入了街头的流浪汉队伍。在既无可奈何、又不服输；既无能为力，又强装好汉；既穷困潦倒，又死要面子的精神胜利法下，演出了一系列既令人同情，又使人啼哭皆非；既滑稽可笑，又充满辛酸的悲喜剧。

　　他有三餐没有饭吃了，此刻，来到了别人的木瓜树下，望着那熟透的木瓜馋涎欲滴。想去偷，又怕被人逮住。于是他心生一计，贼喊捉贼："有人偷木瓜唷！有人偷木瓜唷！"经过火力侦察，确信附近无人看守，才放心地下手了。但是运气不佳，费了九牛二虎之力，打下一个木瓜，却掉在了结了硬壳的粪池里。作者以生花妙笔，把形体动作和心理渴望及作者调侃融合在一起，真是生动逼真、五味杂陈。作者写道："愈想打到目标，愈不容易打着，他的心又急又烦躁。他想有些事情做了还得加上几句咒骂才行。干伊娘咧！使劲一拨，真的打着了。但眼看就要到手的大木瓜，扑刺的一声闷响，掉落在干了一层壳的粪坑里。木瓜隐隐地往坑底，一点一点地下沉，憨钦仔像与情人惜别，痴痴地目送着将要沉没的木瓜咽了几口口水，慰藉此刻饥肠的绞痛。"仅此一个细节，饥饿流浪汉的形象便跃然纸上。尤其是"像与情人惜别"一语，调侃中将流浪汉饥饿的神态写得非常传神。

　　憨钦仔被喇叭车夺了饭碗，当臭头等问他怎么不打锣时，他却说："老是打锣没有意思。"当别人直接了当地问他："不是给喇叭车抢了你的饭碗？"他却说："那种不伦不类的东西算什么？碰巧我憨钦仔不想打锣，他拣去干罢了"从这段对话里，我们活脱脱地看到一个新阿Q的咀脸。

憨钦仔加入的街头流浪汉大军，靠帮人家拉棺材板到死主家里混饭吃。因几天没有人买棺材，他们都饿得嗷嗷叫。于是他们便寄希望于迷信，认为敲响棺材店里的棺材板，就会死人，就会有人来买棺材。憨钦仔又自告奋勇地偷偷跑到街对面棺材店里，去敲响了棺材板。但是他敲了棺材后，心里一直忐忑不安，连做梦都想到自己成了"杀人犯"。后来老觉得杨秀才之死，与他敲棺材板有关。这个情节说明，憨钦仔的心是十分善良的。作家虽然写了憨钦仔许多不良陋习，但他对憨钦仔还是充满同情的。

黄春明淋漓尽致地发挥了自己的创作天才，熟练地调动多种艺术手法，采用形体动作和心理描写相结合，讽刺调侃和正面叙述相结合；精心的细节描绘和粗略地概述相结合，把现代阿Q憨钦仔的形象，刻画得维妙维肖，活灵活现。作者在塑造现代流浪汉憨钦仔形象时，创造的许多形体动作和细节，都是精彩绝伦，令人拍案叫好的。例如，写憨钦仔抽香烟："他小心地吸那短得不能再短的烟蒂，像在做最后的吻别那样。当他不能不把它扔掉时，他还捏着那么一点点的地方，望了一下，实在再也容不下嘴唇了，他吐出最后一团烟雾，觉得舒畅死了。"可以说憨钦仔的每_个动作，每一句话都符合他流浪汉的身份，都与他的意识主导－精神胜利法相吻合。

四

黄春明生活在一个需要讽刺的时代，而他的热爱生活，热爱人民，同情弱小。疾恶如仇的性格和卓越的文学才华，为他成为时代的讽刺艺术家，提供了保证。不过客观和主观是既相联系，又有根本区别的两码事。在事物的发展中内因又是决定作用的因素。也就是说，黄春明的讽刺艺术是他刻苦创造的成果，他的讽刺艺术家的称号，是建立在他讽刺艺术成果的基础上的。黄春明的讽刺艺术，不是一般的讽刺艺术，它是具有黄氏印记的，鲜明个性的讽刺艺术。

1.鲜明的人民性。黄春明是出生在台湾农村的穷孩子，从小饱受社会欺凌和生活熬煎。穷苦的生活和坎坷的人生养成了他坚强不屈的反抗性格；社会的黑暗和世道的不平，激起了他的侠肝义胆。因而它总是站在弱者一边，站在穷苦老百姓一边，勇敢地向恶势力，向为富不仁的家伙们宣战。中篇小说《锣》中的憨钦仔和短篇小说《儿子的大玩偶》中的坤树，都是被生活逼向绝境的穷汉子；都是靠沿街叫喊做广告糊口，而又随时都可能丢掉饭碗，挣扎在死亡在线。黄春明对他们的穷苦，对他们遭到的侮辱，充满同情和愤慨。在《儿子的大玩偶》中，他作了一个天才的构思。为了生活，坤树不得不每天戴上高帽，涂上鬼脸，身子前后挂两个大广告牌，把自己的真实面貌掩盖起来，到烈日炎炎的大街上不停地叫喊。久而久之，他的幼儿习惯了那个戴着高帽，画着鬼脸的人是他的爸爸，对坤树的本相却不能接受，因而坤树一卸装，他便哇哇乱哭，于是本来只有回到家里才能一露真容的坤树，不得不在家里也化起装来。它说明，这个世界只认鬼，不认人。它已容不得真正人的存在。即使在自己家里，也不能复原成人。

2.强烈的民族性。黄春明是一位坚定的民族主义和爱国主义者。他对侵略中国，坑害同胞的一切帝国主义份子都切齿痛恨。他在小说中将最锐利的讽刺匕首和投枪、勇猛地掷向美、日等帝国主义，也掷向他们在中国的走狗和代理人。《平果的滋味》、《小琪的那顶帽子》、《我爱玛莉》、《沙哟娜拉，再见》等，每一篇小说，都是掷向他们的一颗炸弹。黄春明对祖国对民族的一颗赤子之心，永远在这些作品中跳动。细读这些作品感到，黄春明不仅是一个天才的作家，他更是一个守护祖国和民族的战士。

3.根据不同的矛盾性质，运用不同的讽刺武器。讽刺是一种非常锐利的武器，但是由于它在同一形式下包含着两种不同的性质和内涵。因而使用者除了要具备艺术技巧之外，还必须具备较高的思想素质和政策水平。否则，用得不好，会刀口向内，造成自伤。读了黄春明的讽刺小说，感到他把刺刀和芒刺分得非常清楚，运用得恰到好处。在他用刺刀的地方，是要置敌人死命的；在他用芒刺的地方，是要通过刺激，梳通经络，启动麻痹的细胞，让人健康起来。

4.黄春明的讽刺语言极为生动、形象、凝练，有着巨大的容量。如：小说《锣》写到罗汉脚们窥探憨钦仔口袋里的黄壳子香烟时，这样写："他伸长脖子，像咽喉科的医生，看病患者的喉咙那样，两只眼睛直勾到憨钦仔的袋子里。"

眼睛勾到袋子里，虽然不可能，但却十分真实传神。它传达出的丰富内涵，远远超过文字自身的说明。再如：罗汉脚们一边抽着憨钦仔发给他们的香烟，一边围着憨钦仔，听他讲打锣的故事。当憨钦仔讲到有的雇主请他打锣找丢失的小孩，结果小孩子没找到，他也不给钱时，臭头急急地打报不平地说："哪有做媒包生小孩？"比喻恰切，语言生动，且非常符合臭头们的身份。又如：《我爱玛莉》中，当玛莉与土狗交配，气得戴维·陈不可名状时，作家这样写道"今天玛莉的桃色事件，在直觉上，一只不是普通的狗，竟然给土狗奸了的事，令他错综复杂地懊恼而气愤起来。还有，这件事在玛莉的肚皮里，可能发生的结果，更叫他坐立不安。"在具体的语境中，这段话读起来，直让人憋不住地笑。洋奴的丑态跃然而出。

语言在讽刺文学中占着举足轻重的地位。没有好的讽刺语言，就没有好的讽刺文学。好的讽刺语言是好的讽刺思想的结晶。思想是根，语言是苗。要想练好讽刺语言，必须先从思想上下功夫。一个好的讽刺文学家，必然也是一个好的思想家。

孝庄太后形象的历史内涵

—— 读朴月《玉玲珑》、《金轮劫》的启示

　　历史人物和历史小说中的人物形象，是既有联系，也有区别的。其联系部分是历史真实；其区别都分是艺术真实。历史真实部分传达的并不是历史人物的全部，而是其社会活动的精华部分。艺术真实则是经过作家对历史进行认识、审视、取舍、复位、创造出的典型环境中的典型形象。因而历史人物和历史小说中的人物形象，已是不同领域，不同范畴中的不同事物。我们既不能按图索骥，从历史小说的人物形象中去寻找历史人物，也不能互相取代，用历史人物替代历史小说中的人物形象。历史学家笔下的历史人物是客观的，而历史小说家笔下的人物形象是主观的；历史人物是历史的载体，历史小说中的人物形象是美学载体。

　　朴月以两部长篇小说《玉玲珑》和《金轮劫》的篇幅来塑造孝庄太后的形象，从内蒙古科尔沁草原一个七岁的天真活泼的小姑娘玉儿，一直写到力挽政治狂澜，扭转王朝乾坤，辅佐、保驾丈夫皇太极、儿子福临、孙子玄晔三代王朝的统治；亲眼目睹和亲自参与了大清王朝从孕育、到诞生、到发展、到入主中原，到繁荣的辉煌事业。孝庄太后在中国五千

年历史上的实际历史地位和作用，超过了任何一个统治阶层的女性领袖人物。她经历的特别复杂、残酷而漫长的政治斗争和政权转移，也是任何一个统治阶层的女性领袖人物望尘莫及的。要塑造好这样一个人物，要对那么庞杂、丰富、曲折、漫长的军事、政治、宫廷、民间、婚恋、战争、蒙古、清朝、明朝等的各种生活和人物进行想象、塑造、复位、谈何容易？又岂是区区几十万字的作品可以胜任的。朴月的机巧就在于她不追求面面具到，不追求浩繁富丽，不追求开创一条浩浩荡荡、奔腾咆哮的大河，而是根据自己的所有和所能，开凿一条能承载自己艺术构思，满足人物形象活水的玲珑河溪。小说中有战争，但场面不大：有宫廷生活，但不繁文褥节：有政治斗争，但中心突出；人物众多，但重点明确。

两部长篇小说中的情节和人物，都是相通和贯穿的，中间的衔接部分，也天然无痕。因而《玉玲珑》和《金轮劫》也可以看作是一部小说的一二卷，或上下集。两部小说的中心人物和贯穿首尾的中心形象，是女主角孝庄太后。因而作者在这个人物的塑造上，花费了最多心血，也写出了不少让人一睹难忘的特色。作者在塑造这个形象上，突出地运用了多重错位法。这个形象的成功，也是错位法的成功。

1、地位和使命的错位。小说一开头，孝庄太后还未步入人生的成年阶段，作者就多方面地下达和渲染·科尔沁草原上的小女孩，布木布泰的超凡使命。她是一个"母仪天下"的"富灵阿 —— 福星"，她必须嫁给大清拥有"汗位"的男人。于是她阴差阳错地作了大她二十多岁，连儿子豪格都比她大三岁的姑丈皇太极的妃子。在皇太极的众多妃子中，她只是一个最末的等待圆房的小女孩。她的年岁虽小，在妃子中地位不高，手中的权力不大，但她却要"母仪天下"，于是作者除了极写她的美丽之外，还要赋于她非凡的智慧，以少女的身份实际充当皇太极顾问和军师的角色。她向在袁崇焕铁壁铜墙面前一筹莫展的皇太极献出了"避实攻虚"的策略，叫皇太极利用满蒙联盟的有利形势，绕过长城从蒙古攻到北京城下。解决了满清入主中原的关键性的战略步骤，为清朝掌握全国政权开辟了通道。一个权位不高，且被皇上嫉妒的小女孩，以智超权地解决了连至高无上的皇帝都没有能解决的重大战略方针，为三百多年的满清王朝奠定了方向和基础。以智慧克服地位低，使命大的矛盾，出色地完成使命，是令人信服的。

　　2、爱情和婚姻的错位。还是在孝庄太后七岁的时候，皇太极和多尔衮到蒙古探亲，天真活泼的布木布泰便在大草原的见证下，爱上了多尔衮，并向多尔衮许了身。也正是同一时刻，布木布泰的父亲许下诺言："将来，谁继承了'昆都伦汗'的汗位，就把布木布泰嫁给他。"从此，谁娶了布木布泰："昆都伦汗"的汗位仿佛就是谁的；反之，谁继承了"昆都伦汗"的汗位，布木布泰就是谁的妻子。布木布泰成了"昆都伦汗"汗位的象征。这一安排就决定了拥有布木布泰爱情的多尔衮和最可能继承王位的皇太极，在布木布泰和皇位的争夺上你死我活，势不两立。不过两虎相争强者胜，多尔衮虽然一方面拥有布木布泰的爱情，另一方面又拥有努尔哈赤传位的许诺，但拥有赫赫战功和强大兵权，又位居四阿哥地位的皇太极，略施小技，便逼杀了多尔衮的靠山生母，将两个"拥有"但却年纪幼小的多尔衮置于了失败者的地位。为了能使自己的丈夫皇太极夺得汗位。皇太极的妻子，布木布泰的姑姑哲哲，不惜采用骗术，移花接木地将布木布泰的妹妹娜兰嫁给了多尔衮，而将大清汗位象征的布木布泰，留给自己的丈夫皇太极，不惜姑侄共一个丈夫，结成生命共同体，来保皇太极的皇位。于是造成了布木布泰爱的是多尔衮，但却作丁皇太极最小的妃子，给她带来了一生爱情和婚姻之间的遗憾错位。这种错位，既给孝庄太后和多尔衮造成了一生的不幸，也给大清政权带来了延绵不绝的危机。

3、情感和利益的错位。孝庄太后性格丰富而复杂的历史内涵，很大程度上，是她情感和利益的错位促成和体现的。从情感的角度，她是站在多尔衮一边的，她对多尔衮的母亲被逼杀及多尔衮忍辱负重的处境是同情的，甚至背着皇太极向多尔衮传递秋波，弄得皇太极对他们两人的爱昧关系，一直疑神疑鬼不放心。但是从政治角度和自身利益考虑，她又是坚定地站在皇太极一边，与姑姑哲哲皇后同心同德共保皇太极的皇位万无一失和顺利交接，即使让自己丧失尊严，以永福宫庄妃的身份充作美人计的主角，去诱降洪承畴的事，她也乐意去做，而且做得那么漂亮，恰到好处。当皇太极驾崩，准备和忍耐了十多年，又握有强大兵力的多尔衮，决心要报杀母之仇，夺取皇位。而这一切又似乎一触即发，势在必行，大乱将至，大祸临头的危机时刻，布木布泰临危受命，沉着应战。

她一方面冷静地分析形势，精确地计算双方兵力和力量对比，准备背水一战。另一方面从容不迫地面对多尔衮，用爱情去感染和软化多尔衮，并分配给多尔衮摄政王的崇高职位和大权，终于使多尔衮在情、权、位"三得"的情况下，作出让步，并发誓保福临继承皇位。一场巨大的灾祸在她的周旋下，顿时转危为安。显示了孝庄太后灭天灾于眼前，挽狂澜于既倒的大将风范和领袖才能。在这里，多尔衮像一头发了疯的野兽，被孝庄太后乖乖地驯服了。显示了孝庄太后以柔克刚，以水淹山的超凡本领。

4、太后的尊严和皇位危机的错位。与其说多尔衮是孝庄太后的情人和精神支柱，还不如说他是孝庄太后精神极限的挑战者。皇太极的儿子福临继位之后，多尔衮大权独揽，肆意横行，不但不把小皇帝放在眼里，而且自命"皇父摄政王"，并将皇帝玉玺藏在摄政王府，逼得小皇帝干不下去，公开宣布不当皇帝了。多尔衮动则就公开扬言，要取皇位而代之。使圣母皇太后哲哲和孝庄皇太后，提心吊胆，惶惶不可终日。为了能保住儿子的皇位和缓解与转移多尔衮篡夺皇位的野心和注意力，孝庄太后不惜毁誉和背叛丈夫，答应多尔衮的要求与他上床，还答应"太后下嫁摄政王"。弄得皇宫中议论纷纷，丑闻四起。使她在儿子眼里也变成了一个不守节的荡妇形象。当她因董鄂妃的事教训儿子时，儿子竟公开地拿她与多尔衮的事进行反驳和顶撞。除了她自己之外，没有第二个人能够理解她的痛苦和无奈。

5、爱情的追求者和爱情的刽子手之间的错位。孝庄太后既是一个爱情的追求者，也是一个爱情的牺牲品。她七岁时便爱了上多尔衮，之后因为政治而作了皇太极的妻子。她虽然与皇太极生了几个孩子，甚至作了皇太后，她的心中直活着初恋，爱着多尔衮。在深宫的高墙内虽然不能随时与多尔衮约会，但每当有机会在公众场合见面时，他们总要互相窥探。她虽然身居宫中，但却总想听到多尔衮的消息。即使多尔衮逼她上床，逼她下嫁，她也不是在完全不可抗拒的情况下同意的，甚至心中也有几分顺从。即使多尔衮死后，她还搬进了多尔衮为"太后下嫁"准备的寝宫中。这都证明，孝庄太后的一生都没放弃过对爱情的追求和渴望。

不过，孝庄太后在爱情上是个双重标准者。她对自己的爱情表现得那么执着，但对她儿子福临与董鄂妃的爱情，竟然采取了残酷的扼杀的态度。不但对荣贵皇后用计逼嫁董鄂妃，破坏儿子的爱情毫不同情，而且当儿子与董鄂妃在皇宫中同居事发后，恶狠狠将董鄂妃定为殉葬品。在她的逼迫下，董鄂妃一命乌呼，顺治皇帝削发为僧，连董鄂妃的妹妹也未能幸免，被逼作了殉葬品。顺治、董鄂珊瑚和董鄂珊瑚妹妹的爱情、婚姻和命运的大悲剧，是孝庄太后一手制造的，在自己的爱情婚姻上是一位自由女神，在儿子的爱情婚姻上却是一个魔鬼，这种精神上的分裂和错位，正是封建社会当权者的人生哲学和性格特征。

孝庄太后一方面是一个聪慧机智，处变不惊，沉着稳重，力挽狂澜的女英雄；另一方面，她又是一个心怀柔情，不忘初恋，容貌惊人的美女；一方面她是一个足智多谋，智慧超人的女中豪杰；另一方面她又是一个仰人鼻息，委屈求全，倍受屈辱的悲剧人物；一方面她是"母仪天下"，大清三代王朝的保护神；另一方面由于她对顺治婚姻的错误干涉，导致顺治无心从政，为大清政权带来了不少麻烦；一方面她是悲剧婚姻的主角，另一方面她又是悲剧婚姻的制造者。孝庄太后的多重身份和复杂经历；她的特殊地位和丰富的应变能力；她多变的处境和始终如一的对大清的忠诚，都造就了这个人物既坚毅果断，又未雨绸缪；既精致周到，又顾全大局；既细致入微、又高瞻远瞩；既合理退让，又坚守原则。这个人物性格的多面性和形象的多重性，是由极其复杂多变的历史背景和她在这背景中充当的角色决定的。她的丰富的性格和多重的形象特征，也正好是她所经历的历史背景和她扮演的角色的内涵，在性格和形象上的反映和凝集。这个人物性格和形象的塑造，难度极大。

不像塑造单纯的正面人物，只描写其好的、优秀的、出众的一面，便完事大吉；也不像塑造单纯的反面角色，只拼命描写他坏的一面，人物自然便可突现出来。而塑造这种复杂多变历史背景中的，并有正反两面特征的高层人物形象，对任何一个作家都是一种考验，尤其是塑造历史小说中的这种历史人物形象，既不能为所欲为，随心所欲地创造历史场景，又不能随心所欲地描写人物的性格，还必须顾及到其历史真实的一面，必须恰如其分地把人物放在既恰如其分，又合理适度的历史环境中。朴月对孝庄太后形象的塑造和历史背景的描绘，是顾及了历史真实和艺术真实两个方面的。她采取的以点为主，以面为辅，点面结合，以点塑造人物，以面带动历史，即：以藤结瓜，以瓜带藤的书写策略，为完成人物的塑造发挥了良好的作用。

箕子东渡

—— 中华文化首次海外大传播

　　引言：五千年中华文化如浩阔大海，无际无涯，似广袤环宇，星河灿烂。大海滋润万物，星河照亮长天。而中华文化，则是炎黄子孙创造，又赖以札根成长的土地。在几千年的民族交流和迁徙中，中国不断接受外来文化影响的同时，中华文化也通过各种方式和管道流向海外，使全世界人民受惠，尤其是周边国家和民族受到的荫泽更为深巨。箕子东渡朝鲜，就是中华文化大规模地向海外传播之始。本文将用系列篇幅，来叙述此次最古早的民族大迁徙，带来的民族文化大传播的状况和深远影响。

一、箕子是何许人也

　　箕子是个什么样的人？他生活在怎样的时代背景下，他又是怎么样由贵族转眼变成囚徒？又是怎样由囚徒突然之间又变成朝庭的贵宾？之后，又成为中华文化第一个海外传播者，成为我们的东邻朝鲜第一个开国明君？他的传奇色彩和感人事迹，令人眼花缭乱，甚至迷惑不解。

　　可以毫不夸张地说，箕子是我国历史上最早，最了不起的大"圣人"，他的学问和智慧，比之老子、孔子、诸葛亮，有过之而无不及；他的传奇故事，比之中国历史上任何一个传奇人物的故事都要精彩：他对中华文化的贡献，尤其是对中华文化的海外传播，在古圣贤中独树一帜：他高尚的品德和人格，也是其它人望尘莫及的。

　　箕子生活在公元前十三世纪的中国奴隶社会，他是殷纣王子受辛的亲叔父，他与另两个同胞兄弟比干，微子，共同辅佐殷纣王。他们兄弟三人都是才华出众，学问超群，品德高尚的大贤人，如果殷纣王能够听取他们的意见，是决不会亡朝亡国的。但是，殷纣王却是中国历史上最昏庸，最残暴的国君。他不但横征暴敛，残害百姓，而且终日迷于酒色腐败透顶。为了要看看婴儿在母体中的样子，竟然将孕妇的肚子剖开；因为对周部落首领姬昌之子姬考不满，便将姬考杀死做成肉羹，强迫姬昌喝下。殷纣王的叔父比干进言相劝，殷纣王竟将比干的心挖出来，看看是不是七个孔：箕子出来相劝，殷纣王又将箕子打进死囚牢。如果不是他用计装疯，定然也难逃死劫。

　　殷纣王的无道和残暴，终于引来亡家亡国亡命之祸。原居住在渭河流域关中地区的周部落，暗中发展，逐渐强大东移，接近权力中心区。周文王姬昌死后，周武王子继父业，养精蓄锐，招贤纳士，任命文武全才的姜子牙为周兵团的总司令。率领四万五千人马与殷兵困七十万大军决战于牧野（河南卫辉县）。周兵英勇无敌，杀声震野。而殷军却人心涣散，一击即溃。结果姜子牙创造了中国战争史上第一个以少胜多，以弱灭强的战例。不可一世，力大无比，双手可捏死老虎的殷纣王子受辛败逃到鹿台，纵火自焚。周武王姬发再接再厉，一举攻克殷纣王的老巢朝歌（河南淇县）。殷纣王的美人苏妲已也死于非命。

　　殷朝灭亡，周朝取而代之。周武王姬发实行宽大仁厚的英明政策，不仅大赦囚犯，厚待殷商旧臣，而且视野高阔，胸襟宏大。他能广开言路，主动去征求和听取一切对我有用之/言，周武王不仅将因忠言直谏被殷纣王逮捕下狱的死囚箕子，从监狱中放出待为贵宾，而且像一个小学生请教老师那样，谦虚而诚恳地向他讨教安邦治国、勤政富民，以及天文、地理、历史、气候等一切有用的知识。箕子对周武王宣讲知识之事，〈尚书〉中称为："箕子说洪范"。洪范即宇宙万物发展的规律，也称为："天地大法"。《辞源》对"洪范"的解释是："周书篇名。箕子叙天地之大法。陈与武王者也。"

二、箕子是怎样当上朝鲜第一任国王的？

　　关于箕子竟究是怎样离开中国到朝鲜，并当上了朝鲜第一任国王的，有许多不同的传说，其中比较权威性的有两种。一种是说，周武王消灭殷纣王之后，箕子采取不合作态度，不愿作周朝的子民，而将其五千弟子、家人携带东逃朝鲜的。如：台湾作家柏杨在他的《中国人史纲》中就写道："子受辛（即殷纣王）的叔父子胥余于朝歌陷落时，逃到朝鲜半岛，建立朝鲜第一个王朝，称箕子王朝，也称箕子朝鲜"。（柏杨《中国人史纲》中国友谊出版公司 1998 年版第 91 页）。

此说传按播虽广，但不见古文献记载。另一种说法是，周武王将箕子封到朝鲜去当第一任属国国君的。此说在司马迁的名著《史记》中有清楚明白的描述。

〈史记〉第三十八卷《宋微子世家第八》中写道："武王既克殷，访问箕子。武王曰：'于乎！维天阴定下民，相和其居，我不知其常伦所序。箕子对曰：'在昔鲧堙鸿水，汩陈其五行，帝乃震怒，不从鸿范九等，常伦所序，鲧贝《薑鲧则殛死，禹乃嗣兴。天乃锡禹鸿范九等，常伦所序。'"初一曰五行；二曰五事；三曰八政；四曰五纪；五曰皇极；六曰三德；七曰稽疑；八曰庶征；九曰向用五福，畏用六极……"

接着箕子对这段话的内容一条一条进行阐释。如所谓五行，是水、火、木、金、土。而水、火、木、金、土又进行阐释：水曰润下，火曰炎上，木曰曲直，金曰从革，土曰稼穑。……无疑，这是关于大自然和农事方面的知识。

箕子对"五事"的阐释是："五事：一曰貌；二曰言；三曰视；四曰听；五曰思。"接着再深入一步阐释："貌曰恭；言曰从；视曰明；听曰聪；思曰睿"再接着对恭、从、明、聪、睿，再进行阐释。无疑，这是有关思想道德方面的知识。箕子对"八政"的阐释是："八政：一曰食；二曰货；三曰祀；四曰司空；五曰司徒；六曰司寇；七曰宾；八曰师。"无疑，这是告诉周武王；要掌握好政权，治理好国家，在政治和政权建设上要作到上述八个方面。第一个是食，就是要老百姓有饭吃，腹中有粮，心中不慌。这是政权稳固的基石。第二是"货"即钱。古代没有货币，实行物物交换。货即是指物资流通交换。这是当政者应注意的第二件事。"三曰祀"

祀，即是祭祀，包括祭天，祭神、拜祖。这在朦昧时代是件大事，排列第三。往下"司空、司徒、司寇……"为各级官职，即要想国家强盛，就要选好任好各级官员。他们必须廉洁奉公，全心全意为老百姓服务。

箕子对周武王的这一番教诲演说，即是《尚书》中所载的："箕子说洪范"。箕子从自然农事开始，一直讲到政治、思想、道德、天文、地理、占卜等等。这是当一个国王、治理好一个国家所需要的一切知识。看来箕子不仅主张科学兴国，而且主张专家治国。如果不折不扣地具备了箕子所讲的那些知识，并照箕子的话去做，不仅是一个英明的领袖，而且是一个伟大的导师，还是一个全能的身兼自然科学和社会科学两方面知识的科学家。观看箕子给周武王讲的这一篇充满科学知识，具有指南性的开国宣言，使人想起刘备三顾茅庐，诸葛亮决定出山帮助其打天下时，作的那一个精辟的形势报告。诸葛亮对当时天下三分的形势分析和力量对比估量，听之令人五体投地。说不定，罗贯中就是从箕子这段施政报告中受到启发，才设计出那篇形势分析的。所不同的是刘备是要打天下，报告侧重于形势和力量对比的分析；周武王面临治天下，箕子的报告侧重于掌权安民事宜。

诸葛亮作了一番形势报告之后。当了刘备的开国军师，而箕子作了一番治国方略报告之后，周武王是怎样安排他的职位呢？

"于是武王乃封箕子于朝鲜而不臣也。"周武王听了箕子的施政报告之后，对箕子佩服得五体投地，把箕子看成了真正的天才和老师，认为不能让老师在自己的殿前屈就称臣。而必须人尽其能，才尽其用，让老师去独立治理一个地方，一个国家，充分发挥他的才能。

从箕子的角度来讲，他由殷朝的一个死囚，一跃而为周天子的座上贵宾；由侍候一个残暴无道的昏君，一下遇到这样一个明君，自然是有死而复生之感。对周武王自然怀抱感激之情。如果在周武王殿前作一个谋臣，当然也能发挥自己所长，但是周武王殿前已经人材济济，不仅有太公望、周公旦、姜尚那样的才高八斗的军师、重臣，又有与自己同朝为相的兄弟微子等殷朝旧部被启用。与其在周武王殿前为臣，占一个重要位置，享受现成的清福，还不如远走他方，在一个荒凉国度扎下根来，干一番事业，展示一下自己的才能，为那里的老百姓谋些福利。同时这也是为周朝固边安民，对恩人周武王也是一种报答。在两相情愿，顺应时流的情况下，箕子便被周武王封为朝鲜属国的首任国王。这既是历史记载的事实，又是合情合理的结论。

关于箕子逃跑之说的根据，主要是从周武王灭纣后，殷朝原有旧臣中有许多对周天子不服，胸怀拥殷反周情绪，长期与周朝对抗的事实演化而来。是的，不仅周朝灭殷后，原殷朝的一些旧部，一下接受不了改朝换代的事实，有许多人抱着守旧拒新的顽固脑袋，宁死不属周。如伯夷、叔齐不食周粟，饿死在首阳山就是一例。伯夷、叔齐是属于不接受新生事物，顽固坚持旧观念、旧立场，逆历史潮流而动的历史的殉葬者。不过此典故后来被引用，已改变了原来的性质，被用于忠贞不二和宁死不变节的正面意思。这种引伸用法，已与原来历史事实分离。我们既不能用今意来看待伯夷、叔齐当时的行为，也不能用历史典故本身来限制今日引伸意的运用。而且历史上，在历次改朝换代之后，总有一些旧朝遗老遗少，死抱着旧王朝的牌位不放，轻者采取不合作态度，新政权号召做什么，他们偏偏不做什么，新政权不准做什么，他们偏偏要做什么，你叫我往东，我偏要往西；你要我打狗，我偏要打鸡。重则聚集亡朝旧部对新政权进行颠复活动。如明朝灭亡后就有一批人坚持反清复明活动。清朝灭亡后，又有一批清朝的徒子徒孙，起来反对孙中山的革命党。因而我们判断一个历史人物和历史事件的性质，唯一的标准就是看他是有利于历史向前发展，还是不利历史向前发展；是有利于广大老百姓、还是不利于广大老百姓。从这种判断标准出发，我们对伯夷、叔齐的反周行为是否定的。

　　箕子和伯夷、叔齐的地位和处境均不相同。伯夷、叔齐原是殷朝属国，孤竹国君的两个儿子。两人互相谦让均不接受父亲关于任该国国君的遗封，又不顾国家人民的命运逃跑而去。逃跑途中遇到周武王发兵伐纣，进行阻止。武王的军队要杀他们，武王不准杀，还称他们为“义人也”，放了他们。他们反与周朝对抗到底，抱着殷纣王的亡灵饿死于首阳山。而箕子是忠言直谏，成了殷纣王的死囚，被周武王从监狱中救出。他深知让殷纣王继续统治下去，世界会是一个什么样的局面，他深切感到革命的迫切性和必要性。因而拥护周武王推翻殷纣王是最为合情合理之事。箕子是一个大学问家，是一个充满智慧的哲人，是一个有远见的政治家，他决不会用一种守旧观念来阻当历史的发展；他决不会以牺牲全体人民的利益为代价，来维护应该灭亡的殷纣王。因此，箕子不与周武王合作逃跑之说，是很值得怀疑的。再说箕子当时被殷纣王囚在狱中等待杀头。他想逃跑也无法逃走。箕子东渡朝鲜时，与其随行的弟子和家人有 5000 人浩浩荡荡的队伍，还带着许多词章典籍和资料，及大批的行李和生活用品，如果周武王不准他走，不经过合法的途径，如此大队人马，如此山一样的行李家眷，是如何能够逃得脱呢？即使周武王睁一只眼，闭一只眼，放他一条生路，但行程万里，经年累月，交通工具又那么落后，路途住宿和吃喝旅费怎么办？一个囚徒往那里筹措那么一大批人长途旅行所需要的数目'惊人的经费？看来，司马迁所写箕子是受周天子之封，而经过官道，在各地方政权的协助下，完成万里跋涉东渡朝鲜是不争的历史事实。

　　关于箕子的事迹，〈史记〉、《涵虚子》和《尚书》（箕子说《洪范》三部古书中均有记载。《涵虚子》中写道："箕子率中国五千人入朝鲜，其诗、书、礼、乐、医、巫、阴阳、卜筮之流，皆往从焉。"这一描写说明，箕子东渡朝鲜，并非一般逃难之人，急不择路，狼狈逃窜，而是一次有目的，有准备的"民族大迁徙。"仅从其携带的中华民族典籍的类别看，就已括包了诗、书、礼、乐、医、巫、阴阳、卜筮八大类。而其套数和册数还是个未知数。这表明箕子与司马迁所描写相符，是一个全知全能的非凡的大学问家。这些东西既是他日日所学习，所研究的东西；也是他每天所需所用之物。更是他到达目的地之后，要在实践中使用和传播的东西。如果将箕子比作中华文化的播种者，那么他们所携带的每一册书每一部典籍，都是中华民族文化的一粒火种。

　　箕子的事迹在《史记》中有多处记载，如《史记》卷 33《鲁周公世家第三》中有："释箕子之囚。封纣子武庚禄父……"卷 32《齐太公世家第二》中有："居二年，纣杀王子比干，囚箕子……"卷 3《殷本纪第三》中有："剖比干，观其心。箕子惧，乃佯狂为奴，纣又囚之。"又写道："杀妲己，释箕子之囚，封比干之墓。"卷四《周本纪第四》中有："居二年，闻纣昏乱暴虐滋甚，杀王子比干，囚箕子。"又写道："已而命召公释箕子囚。命毕公释百姓囚，表商容之闾。"还写道："武王已克殷，后二年，问箕子殷所以亡。箕子不忍言殷恶，以存亡国宣告。武王亦丑，故问以天道。"《史记》中关于箕子描写得最多的是 38 卷《宋微子世家第八》。该篇专门描写箕子的字数达到 1800 多字，约占该篇篇幅的四分之一，除了我们上面已经写到的周武王向箕子全面讨教为政之道的文字外，还描写了箕子的为人和生活细节。以及箕子到朝鲜执政后回国朝周的情景。在写到箕子的为人和生活细节时写道："箕子者，纣亲戚也。纣始为象箸，箕子叹日：'彼为象箸，必为玉杯；为杯，则必思远方珍怪之物而御之矣。舆马宫室之渐自此始，不可振也。纣为_不听一人或曰：'可以去矣。'箕子为溢：'为人臣谏不听而去，是彰君之恶而自说于民，吾不忍也。'乃被发佯狂而为奴，遂隐而鼓琴以自悲，故传之日《箕子操》。"

　　这段描写是说殷纣王生活奢侈腐化，吃饭用象牙筷子，喝酒用玉杯，箕子从这具体的生活用品中，看到了腐败中潜在的亡国之忧，便当面向殷纣王劝谏，殷纣王根本不听。人们对殷朝政权已失去信心，便劝箕子说，你再在这里干下去已无意义，应该弃之而去了。箕子认为这样私自离去不好，是表示用国君恶行来换取老百姓对自己的喜爱，这样的事我不能做。但他的忠言直谏已经引起殷纣王的不满，影响到了自己的生存。尤其是比干被杀，他料到自己必死无疑。既不能离去，又不能免死的困境中，箕子想到了一个避祸之法，即装疯卖傻，浑迹于佣人之中，并胡乱弹琴鼓瑟，自表悲情。不料他这种悲哀之声竟被世人传之为《箕子操》。这段描写虽然文字不多，但却既充分表现了箕子非常正直和光明磊落的人品，又表现了箕子足智多谋危难中生计，有效地保护自己的机敏性。真是面高墙而敢击掌，履薄冰而敢迈步，智勇非凡。

三、中华文化海外的第一个传播者

　　周武王十二年攻克殷朝老巢朝歌，殷纣王在鹿台自杀身亡，箕子被周武王从监狱中救出。不久，他便率众去了朝鲜，时间大约是公元前 1122 年。箕子东渡，比秦朝徐福东渡日本求仙药和汉朝张骞出使西域，时间上均早了一千多年。比唐朝鉴真和尚东渡日本，早了一千六百多年。箕子率领大队人马经过艰苦的长时间跋涉奔波，到达平壤便定居下来。在那里稍作修整，便开始对那里的情况进行摸底调查，随之就参照中国的政权形式以平壤为首都，在那里建立了朝鲜有史以来第一个君主王朝。设立各级政府机构，分派任命官职，规定各级官员的权力和任务，建立法度、颁布法律、确立规章。如"郡守"、"道厅"、"县知事"等，从那时定下来之后延用至今。关于箕子在朝鲜创立的政权，据史册记载，是开始于公元前 1122 年，即周武王十三年。经历了近一千年时间，传到汉惠帝元年，即公无 194 年，被卫满纂夺，箕子建立起的王朝终止。关于箕子在朝鲜的军事、政治、文化、农耕、手工业等等方面的贡献，有许多专著记载，由朝鲜人创作并流传下来的专著和历史文献如：一、〈平壤志〉十六卷，其中有《箕子志》两卷。作者是尹斗寿（字子仰、号梧荫）。朝鲜海平人。朝鲜明宗十三年（中国明世宗嘉靖三十七年）公元 1558 年，文科及弟，官至领议政。他着《平壤志》的时间是公元 1612 年，光海君四年（中国明神宗万历 14 年）。二、《箕子外纪》，共三卷一册。作者是徐命膺、曾任大提学。该着上卷叙述篇章、制度、出处。中卷记载道学、传习、名教。下卷收录论说，庙享、歌咏等文献资料。该著设有附录，考证箕子早年从中国东渡朝鲜以后所作的重要事情。三、《栗谷全书》四十五卷，其中有《箕子实纪》-卷。作者李珥（字叔献，号石潭）明宗 19 年（中国明朝世宗嘉靖四十三年）公元 1564 年着。四、《箕子志》九卷三册，编者郑磷基等。该书编于朝鲜李朝高宗 16 年，（中国清德宗光绪五年）公元 1879 年。这是关于箕子的书成书较晚的一种，编者增补此前各书所缺，广泛收集经、史、子、集和诸子全书，摘其精华编纂而成。其内容包括：洪范传录、巳典、祭文、御制赋、诗、辞、赞、论、说、记、序、跋、碑文及操歌等古典文献。卷首有绘像，另附有赞、事迹、图、祠墓图、谱系。图和序文等。该着是有关于箕子的所有专箸和文献中最全面，最系统，最完整的一套。此外，流传下来的还有鸿儒李玄逸撰《洪范衍义》、文宪公南龙翼编的《箕雅》诗集七卷。韩国出版的《增补文献备考》—— 书均有记载。

　　关于箕子的专著，文献编纂、选集、专集方面的资料肯定还有不少。在三千多年的历史变迁中被毁坏，遗失的难有确数。不过仅从朝鲜鸿儒、专家、学者的著述和朝鲜现有库藏的有关箕子的文献资料，就足可证实和肯定，箕子是一个博学多才，无所不通，无所不精的伟大的思想家、政治家、哲学家、诗人、天文学家、农学家、历史学家等。是中国文化海外传播的第一人。是朝鲜最早的开拓者和经营者。是古代东方的一大圣贤。

　　从中国文化的传播和中朝文化的互惠和交流来看。箕子和他的弟子们建立了这样一些不朽的功绩。一是，推行使用汉字。朝鲜使用汉字是从箕子起。自那时以来，三千年中朝鲜的政府文书，著述印刷和个人的家书函件，用的全是汉字，朝鲜的公校私学教的都是汉字。法令、规章、制度、史书、家谱用的皆是汉字。因而懂得汉字的人到朝鲜去查历史文献和在中国的数据馆中查数据没有区别。到了五百年前朝鲜的世宗大主创造和提倡注音符号，即《训民正音》（与拼音字母相似）-使百姓更方便地学习和掌握汉字。二是，立科考取士制度。从朝鲜建制以来，对各级官员的选拔、任用的方法和途径，大体是采用开办科举考试制。所考试的科目均为汉文献中的精典，比如有四书、五经等。三是，开办教育、设立学校。那时各种学校实行的私塾教学。儿童初入学的启蒙教材中有《三字经》、《百家姓》、《千字文》等。四是，习俗文化传播。其中最突出的是朝鲜人喜欢穿白衣白裙、白

裤的习尚，是继承了殷朝的时尚，关于殷商时代衣服尚白有
许多历史文献记载。《檀弓》戎事乘翰。"《尸子》中写道：
"汤之救旱也，乘素车裤于桑林之野。"《淮南子·齐谷训》
中也写道："殷人其服尚白。"箕子率领的大队人马到达朝
鲜后，不仅将殷商居民喜穿白色衣服的习尚带到了朝鲜，而
且沿用了殷商哀悼长者和亲人去世，穿白色丧服，求雨祭祀
一律白车白马、白衣、白裤等习惯。箕子等一批中国移民是
属于亡国后的受封迁移，每个人心中都有一种亡家亡国之
哀。他们长年穿白衣、白裤不仅是出于生活上的喜好，而且
是为亡殷伤悼。官行民效、上行下效、久而久之形成全民性
的习惯，一直延续到今。如今朝鲜人不管是居家过日子，还
是娱乐跳舞，仍然是白衣白裙，以白为美。据说，历史发展
到高丽时代，即高丽忠烈王元年（中国元朝恭宗德佑元年）
公元 1275 年，忠烈王当了中国的附马，娶了元世宗元成公主
为妻·曾举五位色相为依据，提出变更色相。（阴阳五行方
位箴规）是，前朱雀、后玄武、左青龙，右白虎；东方甲乙
木，色相属青；南方丙丁火，色相属赤；西方庚辛金，色相
属白；北方壬癸水，色相属黑。他认为高丽属于东方国家，
居于木位，其色相应属青。再则，白是治丧葬礼俗，不吉利，
曾下令通报全国要求废除白色。但是命令下达后却没有人响
应，也没有人执行，改色失败。历史发展到朝鲜时期，世宗
七年，公元 1452 年和世祖二年，公元 1456 年及肃宗十七年，
公元 1691 年，先后三次以"不宜再衣丧服"为由，通令全
国，废除白色，但照样未能获得任何效果。老百姓依然我行
我素白服如旧。

　　四、司马迁的尴尬。箕子是一个非常热爱故国的人，在朝鲜执政后，他仍然常常思念故国，思念国内的亲人，思念祖国的河山。他曾亲自回国向周天子朝拜。《史记》中写道："其后箕子朝周，过故殷墟，感宫室毁坏，生禾黍，箕子伤之，欲哭则不可，欲泣为其近妇人，乃作《麦秀之诗》以歌咏之。其诗曰："麦秀渐渐兮，禾黍油油。彼狡僮兮，不与我好兮"。所谓狡僮者，纣也。殷民闻之，皆为流涕。"箕子回到了故国，路过殷墟旧地重游，一边是毁坏破败的殷朝废墟，一边是绿油油长势正旺的大片麦苗。面对一盛一衰，一旺一败，一成一毁的景象，箕子不由悲从中来，触景生情由麦苗起兴，来衬托和比较殷朝败亡后宫室的破败景象。写下了这首感人的诗。诗中以繁旺比破败，更能引入悲伤，发人哀思。于是很自然地引出责任者亡国之君殷纣王。"彼狡僮兮，不与我好兮！"你这个坏纣王，不好自为之，以致于亡国害民，弄到如此下场。箕子悲情满怀，欲哭无泪，充分地表现了他的爱国爱民之心。

　　按照箕子的地位和事迹，太史公在《史记》中是应该为他立传的。但是为什么连微子都写了《微子世家第八》而官职与微子相等，学问和实际地位远远超过微子的箕子为什么连"世家"中也没有他的位置呢？是太史公不公，还是箕子不值得一写？两者都不是。究其原因，是因为箕子中途出国，他的重要业绩和成就均在海外。那时交通不便，信息数据传送困难，司马迁对箕子封朝后的事迹没有掌握，或知之甚少。如果在《史记》中设专篇，只写箕子在中国的事，而不写箕子去朝鲜以后的事，等于抓了芝麻丢了西瓜，根本不能表现箕子的全貌。与其如此给世人留下笑柄，还不如割爱。但是箕子的事迹对殷朝和周朝的历史都太重要，太关键了，完全不写此人，不但会破坏历史的完整，而且会造成历史的某种中断，这种情况使司马迁十分为难。怎样解决这个难题呢？太史公采取了"分而述之"之法，将箕子的事迹分散在别人的章节之中来写。如我们上文所举《鲁周公世家》、《齐太公世家》、《殷本纪第三》、《周本纪第四》、《微子世家第八》等篇中均有。上述各篇中以《微子世家第八》的描写最多，分量最重。司马迁将"箕子说洪范"放在了该篇中，于是使人读之，有喧宾夺主之感。令人感到不解的是，"箕子说洪范"是教导周武王的，有如周武王之开国宣言和施政纲领。这个纲领对周武王安邦治国具有举足轻重的意义。这么重要的事情，为什么不写在《周本纪》中，而写在《微子世家》之中呢？理由只有一个，那就是箕子和微子是兄弟，均为殷之旧臣，两人写在一起，内含"合传"之意。这是太史公没有办法的办法，是不得已而为之。尽管如此，《微子世家第八》中的主轻客重和喧宾夺主，结构欠匀称之不足，仍然使人感到太史公在这部不朽巨著中，不无遗憾地留下了尴尬和无奈。

鱼游大海，鸟归林

—— 评林佩芬来大陆的创

　　曾经被文坛称为"格格"的满族台湾女历史小说家林佩芬，于十年前，即 2003 年毅然地离开了她出生、成长和多年经营的创作基地台湾，只身来到了人地生疏的北京定居。作为她的好友、读者和评者，当时我对她的这一重大举措不仅不能理解，还暗暗地为她捏了一把冷汗。甚至担心起她日后的生计问题。作为朋友对她不便明白地说三道四，但我和夫人还是以疑问的口气提醒过她。不过林佩芬是一个非常有见地的女性，一但她决定了的事，别人是很难动摇的。很巧，就在林佩芬到北京定居的同一年，我和夫人去了加拿大。时间是最好的老师，若干年之后，我们看到了林佩芬的跨海行动，释放出的巨大的战略意义。

一、多头并进，超凡驾驭

　　林佩芬在描写和评价努尔哈赤时，有过这样一句话："也许，英雄之不同于凡夫俗子，除了襟抱、智慧、才能之外，还在于能在危难中克服恐惧，产生勇气，在忧伤中忍耐痛苦，度过黑暗，等待光明。"此处，我想借用这句话来映照林佩芬。生活中人们的职业、地位或许不同，但开创事业的决心、意志和勇气都是一样的。林佩芬创作几百万字的大河小说，从某种意义上来讲，也是在文学世界中打天下。她在小说创作上表现出的英勇、坚毅、忍耐和无畏，在某种意义上与她笔下的历史人物努尔哈赤、皇太极、李自成也不相上下。而且他们之间形成了一种双向互动之势。英雄人物的事迹和精神激励了林佩芬，林佩芬又用这种精神来塑造英雄。林佩芬身上的这种精神发挥得愈充分，英雄人物的形象就愈成功，愈典型。林佩芬从台湾迁到北京，安家、定居、生活和创作的适应过程非常短暂。很快，她的好消息便源源不断地传来。她的巨著《故梦》拍成 40 集电视连续剧，通过中央电视台向全世界热播。我们在多伦多的电视机前一面欣赏，一面激动地为林佩芬叫好。紧接着她的一百多万字的长篇小说《故梦》，也在大陆出版，并乘着电视剧的热播气势，在大陆热销。《故梦》剧本一百多万字，写成小说又是一百多万字，两项相加是二百多万字。这是多么大的工作量啊。然而林佩芬并不是只作这一件事。她同时还在修改几部旧作，均是百万字的长篇小说《努尔哈赤》、《天问 —— 明末春秋》、《两朝天子》。这些作品一面修改，一面陆续在交给人民文学出版社出版。修改旧作，并不是一件轻松的事。不管是情节修改，人物修改，还是作品主题的提升，都是牵一发而动全身的事。有时修改一部旧作，比创作一部新作难度更大。这里还想揭秘林佩芬一件事。那就是，历史进入了电脑时代，但佩芬至今还仍然坚持手工操作。用手一笔一笔，一个字一个字地撰写。这样作，她有自己的理由。她说：1、用电脑创作的作品没有手稿，一个作家的手稿对后世是非常重要的。2、用电脑写作，没有情感，硬碰硬的。作家很难将自己的情感融入作品,与作品产生心灵共鸣。3、用电脑写作时间长了，连字都不会写了。成了半文盲。除了上面几部百万字的小说创作和修改之外，她的《两朝天子》已经写好了电视剧本，正准备投入拍摄。叙述了林佩芬的上述创作之后，我们已经要连连地为她发出惊叹。惊叹她"十年抗战"，硕果垒垒，成就惊人；惊叹她坚忍不拔，克服困难，勇往直前；惊叹她视野开阔，人脉兴旺，左右逢源。

　　不过在没有谈到佩芬繁杂的家事之前，人们还以为她孤身一人，生活简单，没有负担,才能成果惊人的。不错，林小姐是单身一人，但生活并不简单；负担并不轻松。她生活在一个人和动物有机组合的大家庭中。她养了十多只小狗和大狗，每有客人来，大狗小狗汪汪地乱叫，我夫人怕狗，佩芬就请她们一一进入各自的铁笼，将铁门锁紧。哪只狗病了，她要亲自送到宠物医院为它看病，照顾它吃药打针。狗死了，她要送到大兴火葬场，花 500 元人民币为狗送终。她养了一百多条金鱼，40 只各种小鸟，对小鸟要均衡喂食,促其下蛋。还有小猫。因狗繁殖得快，常赠送别人，又交接了不少狗亲家，自己则以狗姥姥自居。有时她戏称自己是"狗奴才"。如果放在别人身上，光这海陆空的动物世界，就把人累趴下了，还谈什么创作。但佩芬不仅弄得井井有条，而且各方相安无事。即使相对相克的动物，比如猫和鱼，狗和鸟，在她的治理之下，也变得和谐相处。除此之外，林佩芬还种花草，居家内外，绿树成荫，花香四溢。如此一个林佩芬，家里、心里哪里还有一个男人的位置呢？因而当朋友与她谈起婚姻时，她总是哈哈一笑说："招驸马爷的事免谈"。

林佩芬一头写小说，一头写电视剧本，一头养狗、养鸟、养猫、养鱼，多头并进，超凡驾驭，而这一切又仿佛是那样秩序井然。我们不禁要惊呼，林佩芬真是一个三头六臂的世间奇女，天下奇才。

二、高瞻远瞩，深化主题

与许多历史小说作家不同，林佩芬是一个历史使命感和社会责任感很强的作家。她的历史小说除了故事细节之外，重要历史事件，均是本着对历史、对读者、对时代负责的精神，作到忠于历史，有据可查的原则。比如，她的《天问——明末春秋》、《两朝天子》等作品的每一章的末尾，均把历史事件的真相附上。这在历史小说创作中是不多见的。历史小说有多种写法，作家在创作中也完全拥有选择的自由。不过历史小说有一个铁的法则，是必须遵守的。那就是不能伪造历史。历史是一种记载，是一种失去活力和细节的记忆。作为历史小说家，创作小说的过程，同时也是活化历史的过程。历史小说家和别的作家一样，有权对历史事件，作品中的人物和他们的活动方式等，进行选择和诠释，但他绝不能对重大的历史事件进行虚构。那种随意的指鹿为马，指马为驴的胡乱编造和演义的东西，是不能进入历史小说范畴的。林佩芬之所以是一个极具责任感的作家，不仅在于创作小说时严格地遵循以历史事实为依据的原则，而且在作品出版之后，经过社会实践的检验和读者的测试，对那些不尽人意的地方，要精益求精，存正去错，填低就高地进行自我超越式的，颠覆式的修改。林佩芬是一个求精，求优，求高式的作家，要出精品，要达优质，要创高峰。宁可不惜代价，也不让作品留下瑕疵，留下遗憾。宁可开肠破肚动大手术，也要步入佳境，让作品攀上高峰。她对作品的修改主要有以下几个方面：①高屋建瓴，宏观立意，将个体变整体，从而展现清朝开国、兴盛和灭亡的全貌。林佩芬的《努尔哈赤》、《天问－明末春秋》两部小说，过去创作时，缺乏整体设计，没有统一立意，分别是以主人公的命运和成败为主要线索进行创作的。作品虽然也描写了轰轰烈烈的战争，也展现了波澜壮阔的历史潮流，也体现了历史成败的选择，但是，从整体上看，两部作品的宏大的历史变迁的主题，却显得不够统一和完整，也没有达到应有的高度。经过反复思索和考虑，林佩芬将两部作品主题作统一设计和构思，将原来的以描写人物和断层式的设计，将一部部作品独立的微观设计，改为两部作品宏观的，整体设计，将原来以写人物命运为主要线索，改为以国家，时代命运为主要线索。书名也由原来的《努尔哈赤》，《天问－明末春秋》改为《大清开国》。作品长达 150 万字。这样一来，作品的内涵和意义便被大大的扩展和提高了。这不仅是文学世界中一个气魄宏大的创新，也是历史形象化的大胆尝试。②删繁就简，突出重点。旧版《努尔哈赤》中，对早期女真族内部的争夺战争描写的比较多，占用的篇幅较大，显得有点零碎芜杂。新版《大清开国》中因作品的立意和主题发生了变化，原来的许多章节便显得多余。作者对此作了大量的修剪。此外为突现新的主题，作品中也增加了一些新的情节，更提高了作品的人性化程度和历史的真实性。《两朝天子》的修改中，又增加了三万多字的篇幅。增加的内容主要是明朝政权与瓦剌的和平谈判，详细地提示了双方和谈过程中的内在心态，体现胡汉民族长城内外和谐相处的主题。作品增加部分还有于谦被捕、被杀前后的内心争扎，展示了人性善恶的主题。③值得特别注意的是，《大清开国》这部作品的起止时间为：自公元 1583 年，清太祖努尔哈赤起兵，至 1683 年清圣祖玄烨收复台湾。"这一天，远在台湾的提督福建水师、总兵官施琅正代他在台南赤嵌楼受郑克塽的请降，受降仪式隆重举行，此后，台湾纳入大清的版图。"作品的这一结尾颇发人深思，它对当前的反对台独斗争具有重要意义。郑成功赶走了荷兰人，将台湾收回中国。清朝又从郑氏政权之手将台湾纳入大清的版土之内。如此明确地正告台独分子，台湾早已几度刻入中国版图。明末清初，郑成功和施琅等，几度已用炮火与鲜血将台湾和整个中国牢铸于一块。如今台独份子在铁的事实面前的叫喊，不过是狂犬吠日而已。小说用这一结构形式，表现出的这一意义，明确而深刻。④以历史之镜，映照今之现实。作者在对《两朝天子》的修改中，通过明朝与蒙古人的战争与和平的历史变迁之描写，有意识地隐喻如今台湾海峡两岸的中国人应该和平相处，和平统一，中国人爱护中国人的主题。历史有许多巧合，许多相似。因而前车才能成为后车之鉴，前人才能成为后人之师。经过修改的《两朝天子》，大大强化了爱国主义的主题。⑤几部作品中改变比较大的是《故梦》。电视剧是以陆氏家族兴衰故事为主要线索，反映一个家族的兴亡史。小说创作过程中，作者将一个家族的兴亡故事，演变为一个王朝的衰亡史。一个是家庭的悲欢离合，一个是中国的历史变迁。经过修改的《故梦》，几乎跨越了中国古，近，现，当代，四个时代的历史。陆氏家族就像漂流在中国历史大河中的一条船，在颠簸动乱的中国古，近，现，当代的河道中，在布满激流，险滩，峡谷，漩涡的波涛中，由北向南，再由南向北，即北京，上海，台湾，再由台湾到北京，整整地转了一个圈。最后又回到了北京这个起步的码头。中国已经由一个千疮百孔，任人宰割，穷贱不堪，破落户式的封建社会，进入到了一个骤然崛起的，现代化，工业化的社会主义强国。比起电视剧来，小说中溥仪、陈宝琛、郑孝胥等政治人物的描写，占有更多的篇幅。电视剧中为了吸引观众，根据导演的意见，把陆海棠写成是汪莲君的亲生女儿。而小说中陆海棠则是汪莲君拾来的弃婴。这一变动便楔入了一个重要的主题，即文化的认同远比血统的认同意义重要，颠覆了一个中国人以血统认同为前提的封建家族观念。因为这部小说的故事跨越海峡两岸，文化认同的主题对祖国统一的意义更为开阔和重要。在创作实践中，许多作家的作品是因为要再版，作家才乘再版之机对作品进行修订和删改的。而林佩芬不同，她是为了修改升华而再版。别人修改作品，是一种被动状态，而林佩芬修改作品是一种主动状态。别人修改作品，大都是枝节性的，文字性的修饰润色，而林佩芬对作品的修改，则是颠覆性的，架构性的变动。因而林佩芬在对待作品的修改和优化方面，更具有创造性和革命性，更勇敢，更果决。只考虑作品的提升，而不计投入之代价。

林佩芬是在困难中经历千锤百练的作家。她出生在台湾的一个满族家庭，自幼丧父丧母。一个无依无靠的小女孩，在复杂而险恶的社会环境中闯荡，在人生道路上，她以百折不挠，百败不废的顽强意志，穿逆境，斗黑暗，将自己磨练成了一个强者。因而她具有一般人所不具备的坚毅、顽强、刻苦、耐劳的品质；她具有非凡的渺视困难，克服困难的勇气。她特别善于构思和创作大河式的长篇小说，动不动就是百万字的篇幅。她毫不畏惧，时时表现出"一览众山小"的气慨。在《大清开国》自序中她写道："古往今来成大事的不朽者，其最优于常人的地方是能坚忍卓绝地战胜痛苦与困难，在绝境中自强不息，奋斗不懈，乃至克服困难，超越困难，而终有所成。"这既是对作品中主人公努尔哈赤的一种赞誉，也是林佩芬自我形象的写照。从人生经历看，林佩芬与努尔哈赤有某些相似之处，他们都是自幼丧失父母，早年生活极为不顺，全靠自己在大风大浪中闯荡。林佩芬在创作道路上的磨难和获得的成就与努尔哈赤的创业，只是形式不同罢了。她在塑造努尔哈赤的形象时，也契入了自己形象的成份，因而才写得栩栩如生，左右逢源。

三、鱼游大海鸟入林，林佩芬创作的黄金期

林佩芬八十年前离开台湾到北京定居，表面上看来是脱

离了自己的创作和发展基地，对创作不利。但实际上这是一种战略性的大转移。因为林佩芬是一个历史小说家，是一个专写明清史的小说家。而明朝清朝的大本营在北京。明史馆，清史馆在北京，清朝的遗少和后裔在北京。研究明清史，创作明清历史小说，最佳的基地不是台湾而是北京。因而林佩芬从台湾向北京的转移，不是脱离创作基地，而是鱼游大海鸟入林。林佩芬的这一举措，使她实现了三个跨越，即台湾海峡的跨越，两岸意识海峡的跨越和创作上从边缘到基地海峡之跨越。这三个跨越使林佩芬的历史小说创作进入了黄金期。第一个跨越，台湾海峡之跨越的意义是不言而喻的。她离开台湾到大陆定居，是以自己的实际行动，体现两岸统一的思想，在有许多台湾同胞对大陆存有这样和那样的疑虑，十年前台湾的生活还明显的优于大陆的情况下，林佩芬到北京定居的举动，是突破了许多瓶颈的。其中最主要的一条是她对祖国发展崛起和统一的坚定信念。第二个跨越，是意识海峡的超越。这一跨越虽然是无形的，但它比有形的自然海峡跨越更难，时间更长久。本人是大陆最早与台湾文坛接触的少数人之一。当初开放改革之前，两岸人接触，心理上有一个敌对的前提。双方都有一种提防的思想。交流是非常小心，甚至是提心吊胆的。弄得不好，会留下"通敌"的嫌疑。随着改革开放的展开，敌对的心理渐渐地淡化，但心理上还是隔着一堵墙，尤其是台湾人，以为大陆人人都是"统战"能手，生怕一不留神被"统战"了。而且台湾人有一种"富有"的优越感，有一种通西方的洋气。下意识地把大陆人都看成是"土八路"。而大陆人则很容易把台湾人看成是"假洋鬼子"。因而两岸人交流共处，存在一个意识海峡的跨越。林佩芬在与大陆朋友的交往中虽然也有意识方面的障碍，但她是最容易接触和交流的一个台湾作家。她身上极少那种政治性的隔膜，而且颇有一见如故的亲切感。所以她拥有许多比较知心的大陆朋友。第三个跨越，是创作海峡之跨越。一般的海外作家到大陆定居，存在着几个转移，即创作题材和描写对象的转移；读者群体的转移；出版发表阵地之转移。而佩芬却比较独特，不但不存在这几个转移，而且是鱼游大海，鸟入林，获得了得天独厚之利。在创作题材和描写对象上，她是由贫弱走向了富强，由边缘走向了中心。从台湾到大陆之后，她进入了清史和明史的宝库。她亲观了北京和南京明清的故地，她走访了许多清朝的遗老和后裔。她走访了东北努尔哈赤和皇太极起家和发家的基地。她获得的极其丰富的创作素材，这些在台湾连想都不敢想。她收集和研究了大量的资料之后，不仅使自己的新作有了丰厚的土壤，而且用以检视自己的旧作，发现了一些在台湾时因资料错误，给作品留下的硬伤。比如，关于南京秦淮河流经地域的描写，将城内写成了城外。林佩芬便重新进行了修改更正。又如：《努尔哈赤》中将李成梁府错写成了沈阳，而她来大陆后，发现李成梁府是在广宁，林佩芬进行了更正等。一件事情的转折所含纳的意义，是要待以时日才能显示出来。智者和非智者由于对形势的了解和看法不同，对事物发展演变的估量不同，常常同一件事上作出完全相反的判断。于是就分出了对错、优劣和高下。而对的一方，是凭着自己的经验和智慧及观察判断事物的正确方法，使自己的判断适应了客观事物的发展。林佩芬在十年前能够果断的作出从台湾来北京定居,并坚定地实施了这一行动,为她的事业带来了辉皇,这是值得敬佩的。不过任何美好的事物都是以付出代价为前提的,当我们为林佩芬的成就喝彩的时候,也为她付出的代价而惊叹。

附录部分

台湾文学三史与其作者古继堂

杨　月

　　近年来大陆对台湾文学的研究者中，最为人注目的当数中国社会科学院文学所的古继堂。他的台湾系列分类文学史即《台湾新诗发展史》、《台湾小说发展史》和《台湾新文学理论批评史》先后在海峡两岸出版，引起海内外的热烈反响。

　　古继堂为台湾文学总结出"崛起一成长一西化一回归一多元"的规律和历程，被两岸学者和读者普遍接受。在《台湾新诗发展史》一书中，他以令人信服的史实论述了台湾现代派文学是诞生于三十年代而否定了诞生于五十年代之说，将台湾现代派文学的历史向前推进了20年。这一发现，得到了诗坛的普遍认可。

　　微观研究上，这部书最大的成功，是显露出古继堂诗人论诗的特色，对许多诗作剖析得深邃细腻而独到；对不少名篇的评论，本身就是一篇篇精美的鉴赏文章。许多大专院校将该著选为教材。

　　在《台湾小说发展史》中，作者将台湾小说放在中国小说发展的历史长河和大格局中进行研究，既分析了台湾小说的独特个性，也总结了台湾小说作为中国小说的共性。作者指出：中国小说的悠久传统是孕育台湾小说的土壤。该书从本世纪初台湾小说的萌芽，一直论述到六十年代现代派小说的大繁荣，七十年代乡土小说的大崛起，八十年代小说迈入多元化的多姿多彩局面。从编目上就可看出·该书鲜明地勾勒出了台湾小说从萌芽到兴盛的全过程。

台湾元老文学批评家叶石涛在《世界日报》撰文说；"古继堂先生以唯物史观的立场来看台湾文学的发展，但显然他并非教条主义者，在个别作品的分析上所显露出来的美学涵养，很可观，很值得我们敬佩。"台湾辅仁大学等高等院校将该著选为教材。

《台湾新文学理论批评史》是古继堂倾注多年心血的又一部力作。它不仅系统地论述了台湾 70 余年的新文学理论批评发展的概况和规律，而且利用作者拥有的丰富的文学知识，对台湾引进西方的形形色色的文学理论批评从理论和实践两个方面进行了深入剖析。它以历史唯物主义和辩证唯物主义的观点，既肯定了台湾新文学理论批评的重大成就，也严肃批判了崇洋媚外的西化倾向和别有用心的"台独"文学理论。

古继堂在短短的 5 年内出版 3 部台湾分类文学史，其中两部已再版。这些成就是与他的敬业精神和刻苦严谨的学风分不开的。他没有向公家要一分钱的经费，而把自己的工资和稿费几乎全部用于购买书籍和有关资料。

此外，他对台港海外著名华文作家都一一建立了研究档案，台湾有位诗人感叹"可以毫不夸张地说古先生的数据柜中装着一个从二十年代到八十代的台湾文坛"。他外出讲学，不必看资料，如数家珍，能一一道出台港作家的生平、创作和作品的特色，常常使作家本人都惊奇不已。难怪台湾著名女作家林海音、张香华惊叹古先生对她们研究得如此的深刻，连她们自己都感到意外。台湾女诗人涂静怡说，古先生把她研究透了，见面会觉得不好意思的。台湾诗人秦岳、非马、绿蒂等来信说，所有研究他们作品的文章中，古继堂的文章是最认真最深刻的。

古继堂每次进入一部专著创作时，在书桌边一坐就是一天。妻子上班之前给他泡上一杯茶，下班回来还是一杯，经常忘记了喝水。他患了胃炎，也常常忘记医生的忠告。满头乌黑的头发已快谢尽也不足惜，家里人对他无可奈何。正像台湾的叶石涛所说古继堂"是一匹狼的精神"。目前古继堂已出版 10 部论著，总共达 300 多万字。另外还选编出版了 20 余种各类文学作品选集。他主编的 200 万字的《台港暨海外新诗大辞典》和 37 万字的《台湾青年诗人论》正在出版中。他用自己的生命，用绵密而柔韧的情丝，正在编织着两岸心灵的彩带，为祖国的统一大厦添砖加瓦。

原载《人民日报》海外版 1994 年 3 月 24 日

评古继堂的《台湾小说发展史》

叶　石　涛

　　●迄今为止，台湾分别出版了两本有关记述台湾文学史的专著；其一是一九七七年由联经出版的陈少廷先生编撰的《台湾新文学运动简史》，其二是叶石涛着著一九八七年由「文学界」出版的《台湾文学史观》。

　　这两本书都是个人的心血结晶；虽然陈少廷先生得到黄得时先生数据的提供，但他的见解却是扎根于他本身的台湾史观，殆无疑义。菜石涛当然也有一群人帮忙他搜罗数据以及修改，但基本上，他的看法也应该自己负全责。

　　研究台湾文学史触犯了台湾执政者的某种禁忌，所以在解严前出版的这两本专书都未能痛快淋漓的发挥浓厚坚定的台湾意识，文字背后的历史观或世界观也就模糊不清而暧昧不堪了。加上，台湾所有的学院派学者把台湾文学排除在课程之外，这使得这两本着作缺乏了众多个案研究的扎实根据。

　　刚相反的是，大陆的台湾文学研究是在官方的鼓励下蓬勃发展，正方兴未艾。我们可以把这现象视为统战工作的一部分，但是反省自己情况时，却有挥不去的寂寞和焦虑。

　　大陆所出版的台湾文学史我只看到两、三部。其中的两部分别是辽宁大学等几个研究机构合作，由二十二位专家编撰的《现代台湾文学史》。这是本集体研究，集体创作的专著。有时，叙述前后不连贯，稍嫌混乱。其余一本是古继堂先生以一匹狼的姿势完成的庞大《台湾小说发展史》，这本书的叙述系统完整，从日据时代的新文学运动一直写到八〇年代的台湾文学。我们不得不脱帽致敬古继堂先生超人的毅力，何况他还有另外一本巨著《台湾新诗发展史》呢！

　　一般说来，同大陆任何一本文史著作一样，古继堂先生的根本世界观是唯物史观，这也没有什么不好。大陆和台湾是属于第三世界的，在分析时代、社会的变迁上唯物史观可以提供较清晰的辨别观点。在古继堂先生的这一本书上，五十年代的反共八股作品的分析特别显得精采是靠这世界观的充分发挥。可惜，八十年代的这一部分，由于作者没有在资本主义社会的高度消费文明里生活过，所以作家流派的制定，作品的剖析都有异乎我们日常经验的描述。固然古继堂先生搜罗颇广，数据翔实，勤快而努力，但是由于不是土生土长，也未曾来过台湾，所以他未能充分掌握台湾这块大地的脉搏，这叫人遗憾。

　　虽然古继堂先生以唯物史观的立场来看台湾文学的发展，但显然他并非教条主义台湾文学的发展，但显然他并非教条主义者，在个别作品的分析上所显露出来的美学涵养，很可观，值得我们钦佩。

　　迄今为止，这是一本较完整而结构紧密的台湾文学史，但离「精致」还有一段距离。这种瑕疵都出现在台湾特有的景物和事务上。譬如日据时代的保甲制度中的台湾人里长叫做「保正」而不是「保证」。诸如此类的错误不少，希望这不是古先生的笔误而是出版社疏于校对的结果才好。

（本文作者爲台湾文坛元老，
小说家兼文学评论家）
原载美国《世界日报》

真正进入了文学史研究的角色

—— 评古继堂的《台湾小说发展史》

古　远　清

　　大陆学者研究台湾文学。目前大半停留在作家作品的介绍和评论上，较少有人象古继堂那样，真正进入了文学史研究的角色。现在摆在我案头上海峡两岸先后出版的《台湾小说发展史》，又一次证明古继堂在认真研讨台湾文学本身进化演变的历史流程方面，取得了令人钦羡的学术成就。

　　《台湾小说发展史》值得重视之处，在于力图摆脱目前大陆学者研治台湾文学模式的束缚，尝试着从文体发展史的角度探讨台湾文学的发展道路。具体说来，作者是以历史与美学、思想与艺术并重的综合理论尺度，寻求小说具体变迁的内在规律。他的理论视野，无疑要比一般研究台湾小说的评论工作者来得广阔和新颖。比如，作者在考察台湾小说诞生的背景、日据末期和光复初期台湾小说的特点，以及台湾小说文体叙述方式的变革，还有台湾小说与中国古典小说的渊源关系方面，均没有按传统的思路，用政治形势的变化和经济状况的改观去简单地演绎小说发展变化，而是通过大量的史料去充分论证台湾小说如何从小花小草成长为茂林嘉卉的过程。当然，台湾社会政治变迁和文化背景对台湾小说发展的影响也不是容易忽视的，但作者更多侧重于台湾小说文体自身的蜕变、演化过程的梳理和钩勒。在第六编"六十年代台湾现代派小说的大繁荣"和第七编"台湾爱情婚姻小说潮的涌起和发展"中，作者均认真审视了现代派作家的创作主张、小说成就与不足，以及台湾爱情小说潮的流变，由此清晰地勾勒了台湾小说向现代派演变过程的脉络，尤其准确地描述了台湾小说文体本身多元化和题材的多样化进化过程，指出了它们在台湾文学史上的地位和作用。台湾小说史的研究只有象古继堂那样摆脱政治决定论的影响，才能深入文体变迁的审美研究，弄清其发展的来龙去脉。

　　研究台湾小说史和研究台湾新诗史、散文史一样，难免会碰到许多棘手的问题。比如对乡土派与现代派的评价；对一大批台湾海外作家的定位分析，到底哪一个算台湾作家，哪一个只能算客患乃至无法放在台湾作家群中评述；对其他文学社团和小说刊物的地位和作用的描述，等等。和撰写《台湾新诗发展史》一样，作者对这些问题均不带任何成见和框框，从文学创作实际而不是从政治需要出发，从小说实际而不是从大陆文艺政策出发，从每个小说家取得的艺术成就而不是从统战角度出发，尽可能给每位小说家公正、客观的评价，给每种小说现象作出实事求是的判断。比如对台湾文坛上最受争议的作家王文兴的评价，作者既注意吸收他人的研究成果，同时又不被他人的成果所围，而是入乎其内又出乎其外，作出自己独立的评判：指出他的文学之路是建筑在沙盘上，"全盘西化"的路走不通，但并不因此影响著者对《家变》艺术成就的。对在性描写方面最受争议的李昂，著者大胆肯定其"以婚姻爱情题材表现深沉的社会主题"，肯定其形式与内容的和谐统一。对被某些人认为"充满病态"，乃至上纲为"琼瑶公害"的琼瑶爱情小说的评价，作者无疑触发了那些与琼瑶作品毫无关系的人们的心灵悸动。作者本不想取悦于一切作家评论家和读者，他只以表现自己的独立判断为满足。现在看来，作者这个目的是达到了。

　　《台湾小说发展史》的客观公正，并不影响其主体意识的发挥。著者是具有鲜明倾向性的台湾文学史家。他对许多作家作品的评价，都鲜明地打上了自己美学思想的烙印，象对台湾文学回归的总枢纽 —— 乡土文学论战的评价，著者就没有各打五十大板，而是旗帜鲜明地指出："反对西化和反崇洋媚外，不仅是台湾乡土小说的第一要务，而且被台湾所有的民族主义和爱国主义者所信奉。不反对西化，不反对崇洋媚外，中国精神就无以复活，作一个中国人在中国的土地上就不能扬眉吐气，有一种拂之不去的压抑感"。基于这一点，著者高度赞扬乡土文学著名理论家尉天聪，把反对西化和反对崇洋媚外当作自己的主要任务。这种评价显然不是出于古继堂个人的偏爱，而是表达了所有坚持民族主义和爱国主义立场的文学评论家的共同愿望。对象张爱玲这种既不是在台湾出生，也没有以台湾生活作为自己创作对象，然而她的作品确确实实影响了台湾作家几代人这种特殊情况，著者本着尊重历史事实的精神，也将其列入自己的评述对象，并给予极高的评价。这种写法，是著者个性、风格的审美研究与历史客观、公允评判的相互交融。

任何文学研究的成熟，必然包含着方法论上的成熟。只有这样，才能达到一种评论风格的形成。从古继堂的两部台湾文学史研究著作看，他治史的方法是将评论对象置于文学史的整体框架中来确认它的存在价值辨认它的文学地位，并在文学史的流变中来探讨一种文体发展规律。这种动态的把握对象的方法，在台湾现代派小说的萌芽和女性小说的发展，以及第十篇"多元化的八十年代台湾小说"中，均有充分的体现。作为一部视野宏通。另开生面的填补空白工作，《台湾小说发展史》还充分体现了著者充分占有史料的优势。一部文学史著作，如果只凭理论的深刻而不将这种深刻建立在丰富的史料基础上，那是站不住脚的。不同于某些新潮评论家，古继堂十分注意文学运动来龙去脉的叙述，设作家专节时不忘记交代其生平和主要著作目录，这均为后人了解和研究台湾文学提供了极大的方便。

作为大陆台湾文学研究长期"阵痛"后的早产婴孩《台湾小说发展史》，成熟与欠成熟的机体、骨骼难免杂合在一块。在这本填补空白的学术著作中，我们看到作者付出辛勤的劳动的同时，也发现某些地方（如对部分作家作品的评价）偶有力不从心或失察之处，尤其是对台湾小说理论的评述，是个薄弱环节。希望作者今后再版时，去掉书中某些部分留下的仓促成篇的痕迹。

原载《中国教育报》

深化对台湾文学的研究

—— 从古继堂的《台湾小说发展史》说起

王　淑　秧

近十年大陆对台湾文学的研究有很大进展，不仅出版了许多专题研究著作，还出版了多本文学吏专著。古继堂同志的《台湾小说发展史》便是其中引起海内外注意并获得一定好评的一部书。应该说，对于深化台湾文学的研究，这部著作是作出了令人注目的贡献的。尽管在某些方面也还存在可以讨论和商榷的一些问题。

《台湾小说发展史》的特色是：

第一，它在台湾文学研究中，首次对小说的发展作出了宏观性的整体把握，在一定的历史纵深上对台湾小说的发展源流、主要现象作出梳理，从而提供了读者了解台湾小说从现代到当代的动态流程的认识框架。

台湾小说与大陆小说虽出于同一源流，但由于地区及政治、经济、文化等方面的具体历史差异，又有其独自的发展特色，现象丰富而复杂。文学观念的递嬗，几代作家的蜂起，中西文化的撞击，都使台湾小说在题材，主题、人物、形式、风格、流派等方面呈现错综的多色调，其间各种小说品类与流派的盛衰嬗替，令人眼花缭乱。因而将表面纷乱无章的小说创作现象加以归类耙梳，理出清晰的线索与格局，殊非易事，非把握翔实，丰富而全面的材料不可。在大陆现有关于台湾小说的研究著作中，或在台湾文学史有关台湾小说的论述部分中，还没有象《台湾小说发展史》那样作出条理清晰的宏观整体描述的。这部著作从中国小说的悠久传统与源流说起，将台湾现当代小说分为萌芽期，初步发展期，发展期，日据末期与光复初期，五十年代乱局中的台湾小说，六十年代现代派小说，事实叙述比较客观，对作家作品评价也比较允当的一部著作。它作为一项开拓性的研究成果，对深化台湾文学的研究是有帮助的。至于其缺陷与不足之处，在大陆对台湾文学的研究著作中也具有一定的普遍性。对这方面问题的探讨，实际上也是对深化台湾文学研究的探讨。

　　这方面很重要的一个问题是如何在大中国文学的宏观格局中去正确评估台湾文学的历史地位和文学贡献。台湾文学是地区性文学，是中国文学的一部分。这就必然存在台湾文学与中国文学的关系问题，脱离中国大陆文学而孤立地研究台湾文学固非全无价值。但那样一来，势必难以对台湾文学作出恰当的评价。古继堂的《台湾小说发展史》试图在中国文学的总体格局中去考察台湾小说的嬗变，并取得相应的成绩是应当予以肯定的。但由于作者对中国现代文学，特别是当代文学尚不够熟悉，这就难免使他的某些论断产生偏颇。如他认为，"在吸收外来文学经验方面，台湾小说比大陆早二十年。白先勇、陈若曦等对西方文学中的表现方法吸收是非常成功的，乡土派中陈映真、黄春明、王祯和及更年轻一代的黄凡、王幼华、吴锦发等，在中外文学经验的结合方面，都有可观的表现，大陆许多中青年作家都难以企及。"实际上，中国小说接受外来影响，始子上世纪末、本世纪初。梁启超之提倡"小说界革命"便明显受到外国小说的影响，林琴南对外国小说的翻译更广泛地影响到中国小说作家。"五四"新文学运动兴起后，西方现代主义对中国文学的影响也十分明显，象鲁迅的《野草》以及创造社，新月诗的某些作品中都见到这种影响的痕迹，至如三十年代李金发的象征主义诗歌、刘呐鸥，穆时英等的新感觉派小说以及四十年代《九叶集》诸作者的诗作，受到现代主义的影响更十分明显，何其芳早期的诗歌与散文《画梦录》也是。因此断言大陆文学接受外国文学经验比台湾晚二十年，是与事实不符的。而新时期以来，大陆中青年作家，象王蒙的意识流小说，高行健的探索性戏剧，舒婷、顾城等的朦胧诗以及宗璞、残雪，刘索拉、莫言、扎西达娃等的作品，在吸收现代主义影响方面不仅明显，而且自创机杼，表现了独特的民族特色，其成就也难说低于台湾作家。古继堂还认为"台湾的青年女作家特别兴旺，屈指可数的成绩卓著者就有：袁琼琼、廖辉英，萧飒，李昂、苏伟贞、萧丽红、朱天心、朱天文等等。大陆近年来虽然也崛起了一批青年女作家，如张抗抗、王安忆，铁凝，张辛欣等，但阵容上仿佛比台湾弱。"这与事实也有出入，实际上，新时期以来，大陆女作家的蜂起，也令人注目。宗璞、谌容、张沽、航鹰等中年女作家外，象黄蓓佳、陆星儿，程乃珊、王小鹰、方方、池莉、刘西鸿。迟子建、蒋子丹，程玮，蒋濮、范小青、唐敏、王海鸰、丁小琦、严亭亭、严歌苓等等，都因著作具有全国性的影响并各具思想艺术特色而被评论界和读者所赞许。概而言之，要把台湾文学置于中国文学整体格局的视野中去测定和考察，就必须既深入地研究台湾文学本身，也要对中国大陆文学有必要的深入把握，否则就难以比较其实际的长短得失，也难以准确地评估台湾文学的地位与贡献。

其次，对台湾文学的研究不仅不应迴避历史唯物主义观点，相反大陆学者正应深化这种观点。人们固然不能以马克思主义世界观去要求台湾作家和学者，但海峡两岸学者在世界观，人生观、价值观、艺术观方面的差别是客观存在的事实。历史唯物主义作为一种科学的历史观，在历史研究，包括文学史研究中的重要性是不言而喻的。如果离开意识是存在的反映的观点，离开经济基础与上层建筑意识形态相互关系的原理，离开阶级分析和阶级矛盾与对立的学说，全部历史就都会成为难以解释的一笔胡涂帐，而文学的发展也会成为一种无规律可寻的偶然现象。那样，文学史就会成为只记录作家作品的流水簿，而无法深入到规律的层面。古继堂的《台湾小说发展史》的可贵就在他努力运用历史唯物主义观点去烛照文学现象，而不足之处也在于这种分析有时不免失之于简单化，未能对某些文学现象的具体情况作具体分析，从而得出更贴合实际的论断。如对台湾女性小说发展的评述，指出它与大陆曾经存在的鸳鸯蝴蝶派有渊源的关系是对的，但对现、当代台湾女性小说与鸳鸯蝴蝶派已有巨大差异的社会历史根源与思想文化背景的分析却有所欠缺。又如反共小说，其实质是文学从属于国民党政治的产物。由于国民党五十年代在台湾大力培植青年作家，因而决定了反共文学在台湾不仅始于五十年代，而且也决定了它会代有发展的历史事实。古继堂指出反共小说在五十年代如何兴起及其公式化、概念化的特点，在当时台湾文坛所处历史地位等是对的，但对五十年代以后出现的反共小说，或者无视其总的发展变化，或者将其中有的圈在"五十年代反共小说"的框架内，这就不只在时间上不够确切，而且也难以涵盖这方面作家全部创作发展的状况，更有可能影响读者以发展的眼光从文学和政治与生活、从作品的思想和艺术等广泛的角度去审视他们小说的实质。这方面如果能把他们创作的发展部分置于一定的历史范围中去考察其历史渊源，兴衰嬗变及其具体历史意义，无疑这部著作便会更见深刻，更具科学性。而这正是台湾文学研究的深化要求所期待的。再如对张爱玲和谢冰莹的小说，就其所论作品来看，都是她们在大陆时期所写，不应归于台湾小说，但古继堂找了几条不是理由的理由大加论述，明显造成该书的游离成分，如果能将其放在适当位置，如对台湾作家发生影响的地位加以充分论述，耶将更符合文学发展的客观事实，也将更见全书观点的和谐统一。

【编者附记】

王淑秧，陕西富平人，中国社会科学院文学研究所副研究员。着有传记《展翅高飞的鸟儿－丁玲的青年时代》、评论集《朴素、真诚·美一丁玲创作论（合作）、论文集《美·哲理·文学》。近年转入台港文学研究，发表多篇有关论文。

原载《台港文学选刊》1991 年 3 期

（王淑秧乃古继堂的同事、朋友、研究员，已故。）

一部开创性的著作

—— 评古继堂的《台湾小说发展史》

史　进　文

　　古继堂的两本专著《台湾新诗发展史》、《台湾小说发展史》同时在海峡两岸出版了。本人细读了海峡两岸两种版本的《台湾小说发展史》（大陆版由沈阳春风文艺出版社和辽宁教育出版社联合出版），现就该书特色作点评述。

　　一、史无前例的开创性。古继堂的《台湾小说发展史》，目前在海峡两岸均是第一部。70 年的台湾小说史的航道应该怎样规划、开挖、疏浚；浩如烟海的台湾小说流派、小说家、小说作品。小说思潮：小说社团等应该怎样在史的梳理中合理摆放、论述：旅居海外作家和本土作家的关系应该怎样处理，做到既不压抑海外作家，也不喧宾夺主；对论战的叙述既要坚持原则，做到是非分明但又要感情平易而温和等等，都是非常不易之事。可是通读全书之后，觉得古著对这些既繁杂又棘手的问题处理得井井有条，分寸适当，恰到好处。

　　二、《台湾小说发展史》最显著的特点和功绩之一，是准确地确立了台湾小说史的坐标和为台湾小说归位。以民族主义和爱国主义两面大旗，来剖析和聚合台湾纷繁复杂的小说现象。经过充分地历史论证，作者写道："台湾小说充分地继承和发展了中国几千年的小说传统，而中国几千年丰富的小说传统和创作技巧，又是台湾小说孕育的沃壤。有的故事传说还直接为台湾作家提供了素材。"这种明确的民族的和历史的归位，不仅具有文学意义，而且具有政治意义。

三、敏锐地发现历史现象，大胆地把历史现象变成史实。一般认为台湾现代派是始于 60 年代白先勇等创办的"现代文学社"和《现代文学》杂志。即使再往前推，也只是推到50 年代的聂华苓的创作和夏济安的《文学杂志》。而古著《台湾小说发展史》在对台湾小说进行了宏观研究之后，发现由于日据时期创作环境异常恶劣，有一部分台湾小说家，或出于逃避现实，躲避日本人的迫害，或用隐蔽的方式表达抗日意识，于是便采用了超现实主义的表现手法，把对社会的描写悄悄地转向了对人物的内心发掘。古著第三编台湾小说的发展期的第四章为"台湾早期现代派小说的萌芽"，作者从历史文学背景入手，对这一文学现象的产生、发展、代表作家和创作成就，进行了详细的论述。古继堂的这一发现和肯定，把台湾现代派小说的历史，向前推进了 20 年。

四、观点新颖，不人云亦云。《台湾小说发展史》虽然是海峡两岸第一部，但是，谈小说的著作，比如文学史、小说论文等却不少。古著在作家作品论述方面，集中抓特点，不一般论析。例如，台湾女作家李昂用"在性描写方面最受争议的李昂"；萧飒用"擅写'外遇'的萧飒"，写萧丽红

用"创造典雅爱情世界的萧丽红"等为标题,一下就契入了
作家的世界,角度准确、新颖而独到。

　　五、在史和论的研究中突出理性。如《台湾小说发展史》
在论述到乡土文学论战时指出:乡土文学论战是台湾文学向
母体文学全面回归的总标志。作者高屋建瓴,从理论上指出,
台湾文学实际上走了一条"传统 —— 西化 —— 传统"即崛起
成长 —— 西化 —— 回归之路,并根据台湾的具体特点,分析
了这种回归的民族、乡土实质。

　　《台湾小说发展史》和《台湾新诗发展史》是台湾文学
研究的大型工程,它在台湾文坛的轰动,从一个侧面反映了
这两项工程的成功。这两项重型工程,由一个作者在不长的
时间内完成,也显示了作者的学术实力。

　　　　　　　　原载《光明日报》1999 年 5 月 10 日

台湾文学研究的重要一翼

—— 评《台湾新文学理论批评史》

汪景壽　楊正犁

　　古继堂是大陆台湾文学研究界最早的学者之一，70 年代末就已起步，十多年来，研究不辍，著述颇丰，独树一帜。特别是《台湾新诗发展史》和《台湾小说发展史》同时在海峡两岸出版，曾获好评。几乎同时，他已意识到"文学理论是文学运转的方向、方法、方针和原则"，"文学批评是文学家族中极为重要的行当"，"台湾文学理论批评，扮演着台湾新文学的旗帜和导向的角色"，再次独辟蹊径，又以可贵的开拓精神，踏入了台湾文学的理性殿堂，较全面系统地对台湾新文学理论批评这一重要课题进行了探索研究，并终于以兼具史学笔法的批评完成了《台湾新文学理论批评史》（1993 年 6 月由春风文艺出版社出版），为他的台湾文学门类史系列增添了很有份量的一部分。

　　《台湾新文学理论批评史》（以下简称《批评史》）以科学的体系作为框架支撑，开篇以"绪论"举纲，主体由六大编构成，最后结尾以"跋"言志，系统完整。

　　绪论明确了该著的宗旨。从中国文学的整体观念出发，从理论和实践两个方面，梳理、剖析，论证、总结、概括台湾新文学理论批评的内涵、规律、得失和流向。从而为人们提供一幅台湾新文学理论批评的基本面貌和特征，知晓台湾新文学理论批评在中国文学和中国新文学理论批评中的状况和地位，为整个中国文学和中国文学理论批评事业的繁荣和发展，提供有益的借鉴。

　　主体部分，由"台湾现代新文学理论批评的历史沿革和基本内涵"，"台湾当代新文学理论批评的发展概况和走向"，"台湾文学史的研究"，"台湾的小说理论批评"、"台湾的新诗理论批评"，"台湾散文理论批评"等六大编构成。如果按刘若愚《中国文学理论》一书中提出的观点，文学理论批评的研究包括文学理论批评史和文学理论批评之理论批评两部分，那么，这六编正好由这两部分构成：以对台湾新文学理论批评的历史发展概况和规律的宏观描述为纬，以对其众多文学理论批评家及其著作的评价为经，而按形式体例，第一、二编作为文学理论批评通史，论述了台湾新文学理论批评的历史发展概况及其基本内涵；如果按作者的观点，文学史虽不同于文学理论批评，却又包括文学理论批评的话，那么，后四编都可视为从文学不同门类进行的理论批评之理论批评。

　　《批评史》具有以下特色：

　　第一，对"台湾新文学理论批评"做了明确的界定。该着是台湾新文学理论批评之理论批评，明确规定内容涵盖的是本世纪 20 年代初至今台湾新文学的文学理论批评，论及的范围和内涵十分清楚。此外，如 1949 年后台湾出版多种中国文学史和许多关于大陆现当代文学的论著，都不在作者评述之列。

　　第二，台湾文学研究一个重要问题就是如何在中国文学大格局中去正确评估台湾文学的地位和价值。《批评史》将台湾的文学理论批评视为中国文学理论批评主河道的一个支流，中国文学理论批评整体中的一个局部，大格局中的小格局。因此，在论述这个支流、局部、小格局的时候，作者首先将它与主河道、整体、大格局之间的关系进行了定位和疏通，为台湾新文学理论批评提供了可信的背景。在主体论述时，从台湾的新文学理论批评对中国文学理论批评传统的继承和发展诸因素入手，充分证明了台湾文学理论批评是中国文学理论批评的一个部分。

　　第三，在上述指导思想指导下，该书形成科学的、有特色的批评结构，即；中国文学理论批评大格局下，台湾文学理论批评小格局的形式结构和以中国文学理论批评为源。台湾文学理论批评为流的叙述结构。即在中国文学理论批评大的背景下，对台湾文学理论批评进行主体叙述。如关于台湾新文学理论的诞生和成长，就是放在"五四"文学运动背景下阐述的。书中明确指出，台湾新文学理论批评是在"五四"运动和它的思想理论直接指导下诞生、成长的。而所谓以中国文学理论批评为源的叙述结构，是说在主体论述时充分注意到台湾的新文学理论批评对中国文学理论批评传统的继承和发展。如论述到台湾新文学理论批评家尉天聪作为台湾文学理论批评界现实主义的一面旗帜时，正是从白居易等的现实主义精神中找到了坚实的基础。

第四，《批评史》既重史料，又重史观，即通史和文学理论批评之理论批评并重，可谓史有史的论述，论有论的卓识。作为首次对台湾新文学理论批评的历史发展做客观性整体把握，该书明显带有契合全部实践的整合意识，所以在总览流变中，提供了充分的史料，甚而有些是独家信息。比如，台湾后现代诗歌理论批评家孟樊尙在著述中的诗学专著《从郑愁予到林耀德 —— 当代台湾新诗学》就是第一次在大陆披露的。这部包括三个部分共二十六章的诗学专著，被认为是理论和实践相结合的相当宏阔的论著。然而，治史更重要的还是进行价值判断和表达史家的主观见解。这就是在重史料的同时，要在史观，包括对一些根本性、普遍性问题的思考与探究，该书在这方面有不少创见。

第五，本着从发展和繁荣中华文学出发，去探索台湾新文学理论批评个性的精神，该书注重并反映出台湾新文学理论批评的一些独有特色。比如，正像女性创作是台湾文学中特殊景观那样，女性理论批评亦别具风采。所以该书进行再批评时对台湾女性文学理论批评给予特殊观照，不仅将其作为台湾新文学理论批评中的突出现象，而且以独特视角，论证了它的不凡意义，反映出台湾新文学理论批评另外的侧面。

第六，该书对台湾新文学理论批评史的描述和对理论批评家及其论著的评价都较客观，同时也不无独到的分析。由于特殊的历史政治背景，台湾新文学理论批评情况较为复杂，如何客观地实事求是地进行研究是十分重要的，该书在这方面做了积极的努力。比如，台湾 50 年代文学理论批评主要是反共文学批评，对此，该书旗帜鲜明地给予了否定，但同时对其非本质的一面也给予了正面的关注，比如，作为"三民主义文学理论批评"代表人物的王集丛也写过很有学术价值的专著《文艺新论》，从方法论、本质论、起源论、发展论、功能论、价值论、关系论、创作论、批评论等方面，对文艺进行了全方位探讨，不能不说对台湾新文学理论批评做出了一定贡献。指出"三民主义文学理论批评"中存在的非本质的一面，旨在为人们提供另一种参照。辩证法的渗透增添了该著的机智和光彩。

　　第七，《批评史》既重视台湾新文学理论批评的学术价值，同时又重视思想倾向，字里行间充溢着鲜明的民族情感，表现出作者身为炎黄子孙的忠诚和身为学者的正直、严谨。文学从来就回避不了政治，台湾新文学和时政的关系尤为密切。50 年代，国民党当局把文学当政治；80 年代具有分裂主义倾向的人又以"台湾意识"作为文学的"检视网"，前者是要通过文学达到政治目的，后者是以政治手段统摄文学。我们有自己的文学倾向，但无意介入台湾的流派之争，然而，涉及到文学与民族、祖国的关系，作为一个炎黄子孙，却不能沉默。例如，80 年代分裂主义企图分裂祖国，分裂中华文化，作者旗帜鲜明地站在中国文学的立场上，进行了有理有据的批驳，驱赶分离主义文学鬼怪。该书体现作者对台湾文学研究中的一贯精神。高扬爱国主义旗帜，批判分离主义文学主张，成为该书最鲜明的特色之一。

　　第八，提供了文学批评的方法。比如，前边谈到的批评结构的建立，就为批评寻找到了支点，它包含着明确的价值判断，既告诉人们批评是什么，又告诉人们批评为什么，又如理论实践相结合的方法，即理论研究和实际批评相结合，前者包括理论本体论和理论批评论，后者包括注释和评价。

第九，由于作者兼有诗人的素质，语言具有明显的形象化特色，凭添了几分生动、形象，可读性大大增加。诸如。"属于上层建筑和意识形态范畴的文学，不可能脱离政治、经济、文化背景，不受任何制约和干扰而独善其身。就像和尚出家、尼姑进庵那样，洁身自好，与尘世无缘，何况和尚和尼姑有时还要受到尘世的干扰而偷吃禁果呢？""因此，我们可以毫不夸张地说，萌生在《台湾青年》上的台湾新文学批评，是一个十分健硕、美丽而令人酷爱的文学婴儿。"等等。

第十，体现出与《台湾新诗发展史》和《台湾小说发展史》的系列性。为充分地论证某一观点，时常旁及另外两部专著，互为依恃。主观上看，保持了认识的一贯性，客观上看，节省了篇幅，却扩大了论说空间。

《批评史》在海内外文学界都是首部，因此在许多问题的研究上具有开创性，这是难能可贵的。

原载《文艺理论与批评》1994 年 5 期

（北京大学中文系教授汪景寿，已故。杨正犁大学老师。）

第三个首创

—— 评古继堂《台湾新文学理论批评史》

王　烨

　　古继堂四年出版了三部论著，即《台湾小说发展史》、《台湾新文学理论批评史》和《台湾新诗发展史》，构成了一套台湾系列分类文学史。这三部书均为海峡两岸第一部，又均为填补学科空白的开创性著作。因而它们一经面世，便在海内外引起强烈反响。海内外数十家报刊纷纷发表评论文章，给予赞扬和肯定，甚至被称之为"精典性"著作。其中《台湾小说发展史》，多年来被台湾辅仁大学等作为"正式教材"。大陆学者的学术论著被台湾高等学府作为正式教材的还是首例。古继堂的新着《台湾新文学理论批评史》刚刚面世，便在海内外产生反响。

　　《台湾新文学理论批评史》是一都高水平的学术论著。它站在理论的高度去透视、总结和评价台湾文学的理论批评。从全局看，它把台湾的文学理论批评纳入中国几千年文学理论批评的长河中，从诗经、孔孟、老庄、文心雕龙、诗品等中国古代的文论、诗论及中国古代文论家们概括的"滋味说"、"风骨说"、"肌理说"等，一脉相承地发展到当今的台湾文学理论批评，并且清楚地找到台湾当今的重要文学理论论著、继承和发展了中国古代文论的某一种理论，某一部著作。不仅大脉络清晰可辨，而且细节和引言均十分细致真切。如，该著指出，姚一苇先生的《艺术的奥秘》中"论风格"一章，来自《文心雕龙》的"八体"；"境界论"一章来自王国维的《人间词话》之"境界六说"。这种具体、深入、细致的论述。把台湾文学理论作为中国文学理论一部分和它们之间的渊源关系，论述得客观清楚。从纵向看，该著清晰地论述了台湾新文学理论批评是怎样在"五四"运动的影响下诞生发展的。如，台湾文学理论批评的奠基人张我军，在北京受到五四"运动的洗礼后，把文学新军引进台湾，展开新旧文学论战，以胡适的《文学改良刍议》和陈独秀的《文学革命论》为武器，开创了台湾新文学的蓬勃局面。又如，台湾新文学理论的奠基性论著，张我军的《致台湾青年的一封信》、黄朝琴的《汉文改革论》、黄呈聪的《论白话文的新使命》等，有的创作于北京，发表于台湾；有的是来大陆考察后的结晶，通过这些论述，令人信服地阐明了台湾新文学理论批评和大陆新文学理论批评均来源于"五四"新文化运动，它们是一母二子的亲兄弟。从横向看，该著以丰富的资料论述了海峡两岸各个时期的文学理论批评家和文学理论批评的来往和交流，如，清末的红学家张新之的专著《妙复轩评点石头记》，就是由大陆移居台湾后创作的。又如，今台湾许多著名文论家都是大陆去的。王梦鸥、姚一苇、周伯乃、魏子云、何欣、尹雪曼、丁树南、夏志清、张汉良、李欧梵、颜元叔、刘绍铭等均属此列。该着还论证了台湾的新文学理论批评先于新文学创作的理论超前现象，其原因是这样的理论批评建立在全中国文学创作实践的基础础上的。从另一个角度阐明了台湾新文学理论是中国新文学理论一部分的道理。

《台湾新文学理论批评史》的内涵十分丰富，不仅包括了文学理论、文学批评、美学理论，而且还创造性地将文学史研究涵盖其中，大大地扩展和丰富了文学理论批评的内涵。不仅为读者提供了非常丰富的，多方面的数据，而且在史的叙述中，从新的视觉论证了许多理论问题。如，关于文学史研究，该著不仅阐述了各种文学史的定义、内涵和意义，而且阐述了将文学史研究纳入文学理论、批评体系的必要性，并针对当前文学史研究中突出存在的"大拼盘"、"乏理论"和"理论过盛"等现象，发表了看法。值得一提的，是该著的文体研究部分。这一部分虽然由于篇幅限制，许多内容都未能充分展开论述，不得不将许多重要文论家和重要论著挤在一章或一节之中，作画龙点睛式的阐述。其中特别引人注目的是，对台湾女性文学理论批评家的论述，既有整体性的庞大气势，又有个体性的突出光彩，这种情况的出现，主要原因是作者在研究中准确地把握了两点：一是以独到的史观和史笔来观照和描绘史实，尽可能展现对象世界丰富内涵的丰富本质，二是特别善于发现和总结不同对象的个性特征，将千姿百态和万紫千红的花朵植于一苑。如，第十二章第一节中论述了四位女理论批评家。作者将她们各自概括为："将女性意识融入小说评论的齐邦媛；将女性主义理论引入小说研究的李元贞；突出强调小说主题的张素贞；视小说创作为灵魂探险的陈幸蕙"。这些特点的概括是细致和透彻研究的结晶。《台湾新文学理论批评史》还以广阔的视野和丰富的文学理论知识对台湾引进的文学理论，如新批评、比较文学、结构主义、后现代派、语言行动理论、神话原形理论等，进行了阐述，并对其优劣得失，进行了实事求是的评价。这些都显示了作者的渊博知识和广阔视境。

《台湾新文学理论枇评史》古继堂着，
春风文艺出版社 1993 年出版）
原载《中国图书评论》1994 年 6 月

评古继堂《台湾新文学理论批评史》

欧　阳　鸣

　　《台湾新文学理论批评史》1993 年 6 月由春风文艺出版社出版，全书共六编十七章三十七万字。该著是古继堂先生继他的《台湾新诗发展史》、《台湾小说发展史》之后又一部研究台湾分类文学史的力作，也是大陆第一部系统阐述台湾文学理论批评发展历史的考著，填补了大陆研究台湾文学方面的一项空白，因此，本书的出版具有开拓性的重大意义。

　　作者在写作此书时用了三年多的时间，研读了三千余万字的书籍和资料，仅只粗列的主要参考书目就达一百余种。用作者自己的话说"三十七万字是三十万滴心血和汗水"而这些"心血和汗水"也确实没有白流，确实凝成了灿烂的结晶。

　　文学理论批评本身即是对于文学创作的研究，是"披文而入情"的文学逆向思维过程，它本身即有着完整的理论架构和顺畅的历史沿革。而作为一部文学理论批评史，一部"关于文学理论批评之文学理论批评"（作者语）的著作，而且是一部有着特殊的历史、地理、社会政治的地区性文学理论批评史，作者在创作此书时始终以科学的观照贯彻了以下几点基本的指导思想：

1、确立台湾的文学理论批评是中国文学理论批评主河道的一段支流。为此，作者在绪论中用较多篇幅回溯了中国文学理论批评的发展史，以大量无可辩驳的材料证明了中国古典文学理论批评对大陆及台湾近、现、当代文学理论批评的共同影响。比如作为五十年代台湾新文学理论的先驱王梦鸥所提出的文学理论三大原理：适性论——合目的性原理，意境论——假像原理，神游论——移感与距离原理，意境论——假像原理，神游论——移感与距离原理，就与中国古代文论中的"格调说"、"神韵说"、"肌理说"等有着很深的渊源。

2、界定台湾的新文学理论批评史正与大陆的新文化运动同步。由于"一致的思想理想和相同的理论共识"，"台湾新文学理论批评在'五四'精神的光照下诞生和成长"。而台湾新文学理论的奠基人张我军更是直接将胡适的"国语的文学，文学的国语"的口号归纳为台湾新文学的两项使命："一、白话文学的建设。二、台湾话语的改造。"古继堂先生对此曾特别强调地指出：'台湾文学'这个概念既是有时限性的，又是有文类性的。

3、正视文学理论批评与政治的密切关系，不回避客体对于主体的反作用，对台湾新文学理论批评史中出现的几次逆流和浊流都作了深刻的剖析和明确的澄清。如五十年代出现的所谓"三民主义"的反共文学思潮，六十年代现代派文学思潮中的西北倾向，七十年代乡土文学论战深层潜藏着的两种政治势力的迫害与反迫害，八十年代"本土化"文学思潮中的"一岛论"实质等等。本书作者对以上现象或毫不留情予以彻底否定，或客观地分别予以扬弃，或揭开表层显出本相，或一语破的抓住要害。"以公正无邪之心来稳操手中的文学天平"（作者语）。

确定了写作的主导思想之后，就要着手进行整体框架的搭构和具体材料的填充。面对浩翰的史料、纷繁的头绪、诸多的作家与作品，古继堂先生在创作此书时也是匠心独运。

1、总论 —— 分论的结构方式。作者在分析郑明娳的《现代散文类型论》时为该书的结构概括出一个公式：总体 —— 解剖 —— 整合。实际上，这个公式几乎可以适用于所有类似的理论考著，本书也正依循着这种框架：本书的第一编"台湾现代新文学理论批评的历史延革和基本内涵"与第二编"台湾当代新文学理论批评的发展概况和走向"是全书的总论部分，概述了台湾新文学理论批评的源与流，它的勃兴的缘由、发展的走向及基本的内容，对于其间的主要的文学思潮、流派和论争，对于居于主导地位的文学理论和理论家都给予了总体的评价，这是一个基本轮廓。在其后的四编中，作者则分别从文学史、小说理论、新诗理论、散文理论诸方面，就其中每一具体类别的特质展开更详细、更有针对性的评述，这就是总论涵盖之下的分述。如作者在第三编中以陈少廷、叶石涛、彭瑞金的三部著作为参照，勾勒出台湾文学史研究的清晰线索及线索中的重合与歧异。此外，即使在所谓的"分论"部分，作者仍然采用了更细腻一层的"总 —— 分"结构。如第六编下辖两章，一章为"台湾散文理论批评概述"，另一章则为"台湾具有代表性的散文理论批评家"。如此，全书的整体结构极严密、顺畅、合理。

2、"编年体"与"纪传体"相糅合的史论方法。面对延续相当时期的台湾新文学理论批评历史，非"编年"则无法理顺其发展脉络；同样：针对芜杂的各种文学理论批评现象、流派及人物，非"纪传"则无法凸现其重点。本书作者是巧妙地将这两种史论方法交替、交迭使用，既观照历史进程的全貌，又详察其中的转折关节。如本书第二编先用两章的篇幅铺写"台湾当代新文学理论批评概述"及"台湾当代文学思潮和文学论争"，用"编年"的方法历数台湾从五十年代直至八十年代文学理论批评发展中的各级各阶；然后在下一章"台湾当代新文学理论家"中，对其时做出突出贡献的几位理论大家如尉天骢、颜元叔、姚一苇、王梦鸥、沈谦等择要介绍。如此，读者在阅览此书时既能有一种全局把握，又不至于失之浮泛，不得要领。

3、论著分论点互为倚重的评述手法。尽管仅只是一部地区性的新文学理论史，却仍然可说是阡陌纵横，星汉灿烂，评家蜂起，论著云集，即使在一部三十七万字的大书之中若想面面俱到也势必费力不讨好。基于以上考虑，作者一方面谨慎地选择若干部影响力大、涵盖面宽的专著做鸟瞰式扫描，另一方面则更多地采用了撷取诸家摄其精华的点睛式勾画手法。而且，在"鸟瞰"之时又非浮光掠影，而是尽可能地于洋洋大观之中析精发微；同时在"点睛"之时亦能以点带面，收到借一斑而窥全豹之效。比如对于身兼作家、评论

家、文学理论家、文学史家数任的叶石涛及他最重要的一部
著作《台湾文学史纲》，古先生就设专节予以较详细的介绍，
对叶石涛的整个文学理论批评体系都有所涉猎；但同时更对
他在台湾乡土文学上的远见卓识，特别是其中关于"台湾意
识"的一些见解作了极精到的阐释，澄清了在这方面的一些
误解和歧见。不过，更多的时候，古继堂先生还是喜欢用一
些概括力极强的文句提纲挈领地直指要津。比如对于那些
"支撑起台湾文学理论批评的大厦"的一群当代新文学理论
家，作者是这样命题的："探索中国新文学传统在台湾文学
中表现活力的夏志清；把文学的始与终都归结为爱的王集
丛；认为文学自有提升人类精神表现复杂人性的柯庆明；视
崇高的理想是文学的灵魂的何怀硕；贯通中西文学理论的周
伯乃"。如此，就如一部大戏，既有几段压轴的华彩唱腔，
韵味十足可令人反复品味；更多的则是不间断的水袖翻飞，
姿态变幻令人目不暇接。

此外，还是如一出同一戏种的大戏，尽管故事内容可以
变换，但基本的格局、套路、范式是不会大差的。不过仍然
有一点可以明显地见出它们之间的不同，这就是作为作者个
人所独具的个性特点。古继堂先生的这部著作承续了他以前
几部著作的特色，同时又有更淋漓尽致的发挥。

1、热烈的呼喊与冷静的指责。通读全书我们可以十分真
切地体会到作者对于台湾这一文学支流的满腔热情和无比热
爱，他是将她作为祖国文学宝库中的一部分给予了充分的肯
定和赞扬的，甚至包括那些由于特殊的环境而有些特异生长
的部分，如那些具有明显西化倾向的存在主义、结构主义、

语言行动理论等舶来品，作者也都作出了公允、客观的评价，与此相应，对其在发展过程中不可避免地产生的一些逆流、毒菌，作者也不留情面地予以严厉抨击，甚至是一些理论上的失误、观点上的疏漏等也逃脱不了古先生的善意的批评。比如被誉为"打通艺术和文学理论通道"的姚一苇，古先生在充分肯定他的成就的同时，也尖锐地指出他"很少涉猎台湾文坛的文学现象和作品，使人无法把这种理论与台湾文学联系认识"这一很大缺憾。

　　2、哲理性的缜密思维与诗化的形象表述，作为一部"关于文学理论批评之文学理论批评"的专著，它的抽象的理论建构是十分必要的，作者在这方面也做出了卓越的努力，如作者在"绪论"中一开始就用十分严密的逻辑界定了文学理论、文学批评与文学创作之间的关系及它们各自特具的属性。另外，由于作者本人曾作为一个诗人的个性所决定，他的行文之中又不时闪烁出形象思维的诱人火花。比如对于"台湾文学"这个至关重要的大命题，作者在强调它的特殊的"时限性"时是这么说的："就像一条大河，流到某一地段，突然出现一个沙洲，使其中的极小一股水流，暂时绕过那个沙洲，之后再汇入主河道，中间分开的那很小的一段，人们以它流经的地域之名以名之，但它和主河道分开之前和汇流之后，均无必要，也无法单独称谓。"一个抽象的理论就如此变得具体可感。此外，像俯拾即是的华美语言，对女性作家的特别关注（作者在本书中特别辟出一章专门介绍台湾女性小说理论批评）等都表现出作者那种特具的诗人气质。

　　以上种种，我们不难看出本书是近年来不可多得的一部力作。当然，如果苛求于古继堂先生的《台湾新文学理论批评史》，也并非全无瑕疵。比如，为了分类论述的需要，作者不得不将一些有多方建树的理论家"腰斩"，像古添洪，既要在小说理论批评中点明他"沿新径入新境"，又要于新诗"现代化"的理论追求中道出他的"名理前视境诗论"，这样，作为一个完整的理论家就有缺乏完整之嫌。再如为了抓住重点突出一个理论家的主要贡献的需要，有时对于他（她）在其它方面的成就只好忽略或一笔带过，像郑明娳，她确实在构架散文理论体系方面无人与之比肩，但也因此她于小说、诗歌方面的理论研究就被古先生割爱了，这样，也不能不给人以某种单薄的感觉。但是，这些许缺憾，有些是确实无法两全其美的，有些则是这类理论著作不可避免的局限。无论如何，瑕不掩瑜，古继堂先生的《台湾新文学理论批评史》必将在整个台湾文学研究中占有显著的和特殊的位置。

　　　　　　　原载《太原日报》1994 年 11 月 3 日
　　　　　　　（作者为大学教授）

为台湾新诗定位

—— 评古继堂「台湾新诗发展史」

文 晓 村

如果以当代诗人、诗评家的论点为准，台湾新诗的发展，自民国四十年十一月五日，「新诗周刊」借「自立晚报」的版面创刊迄今，历经〔诗志〕、「现代诗」、「蓝星」、「创世纪」、「今日」、「葡萄园」、「笠」、「中国」、「龙族」、「大地」、「秋水」、「大海洋」、「绿地」、「草根」、「风灯」、「诗潮」、「阳光小集」、「心脏」……等无数大小诗社、诗刊的辛勤耕耘，而有今天欣欣向荣的局面。但是，不可否认地，在四十年来的台湾文艺界、诗坛的纷争也是最多的，如何以宽阔的心胸，远大的眼光，深刻而又敏锐地，拨开四十年来新诗众说纷纭的迷雾，理出一条发展的理路，作为今后继续努力的基础，乃是当代诗评家和史学家应该负起的责任。遗憾的是，由于台湾既无批评的环境，也缺乏有识见有担当的批评家，以致至今，在我们的学术界和出版界，还没一部公正客观的新诗史。

　　但是，在海峡的彼岸，大陆学者诗评家，「中国社会科学院文学研究所」的研究员古继堂先生，却捷足先登地，将其所著「台湾新诗发展史」，继由北京人民文学出版社出版之后，也在台北文史哲出版社正式问世了。这是第一部大陆诗评家研究台湾新诗发展的学术性著作，也是彼岸学者为台湾新诗定位，为台湾诗人立传的史学专著，在学术和史学上具有极大的重要性，自不待言。兹将笔者读后的一点愚见，公开披露，以就教于作者、读者，和关心此书的诗人朋友们。

　　古「台湾新诗发展史」，分上中下三篇，十四章七十五节，外加「绪论」和「后记」，总计五百零五页，约三十余万言。其中上篇「台湾新诗的诞生和成长期」，包括台湾新诗和五四运动，台湾新诗的发萌和奠基，台湾新诗的成长和发展，台湾新诗的断层期和「跨越语言」的一代诗人等五章。最重要的论证是，从台湾新文学运动急先锋，台湾新文学史上第一位新诗人张我军的诸多论文，及其诗集「乱都之恋」（也是台湾新文学史上的第一本诗集），就是写于北京，发表在「台湾民报」的种种事例，证明「五四运动为台湾新诗孕育了反帝反封建之健硕诗胎，又为台湾新诗培育了发难之诗人。」与张我军同时，有「台湾的鲁迅」之称，也曾渡海到过厦门的医师诗人赖和，和曾被日本人逮捕下狱，并在狱中写出「黑潮集」五十三首的杨华，均为台湾新诗发萌的诗人。之后，盐分地带的吴新荣、郭水潭、林芳年，「风车诗社」的杨炽昌、「福尔摩沙」的巫永福，和光复之初断层期「银铃会」的张彦勋、萧金堆、锦连等，以至后来全都加入了「笠」诗社，被称为「跨越语言」的诗人陈秀喜、詹冰、林亨泰、陈千武（桓夫）等，均为台湾新诗成长期中的重要诗人。作者古继堂先生收集资料之丰富，发掘问题之深广，叙论之脉络清晰，是十分值得称道的。

在此值得特别一提的是，作者依据杨炽昌等人一九三五年组织「风车诗社」，发行「风车诗刊」，从日本将法国超现实主义文艺理论引进台湾的这一史实，改变了一般论者多认为台湾现代诗始自纪弦先生的「现代诗」的说法。古继堂在论及「台湾早期的现代派诗人群和风车诗社」时说：「多年来台湾流行着一种说法，认为台湾的现代派诗是一九四九年国民党迁台时，由……大陆诗人纪弦等带到台湾的，因此把纪弦当作台湾现代派诗的鼻祖和倡导者。其实，这是一种以讹传讹的误会。……现代派诗最早进入台湾的时间不是一九四九年，而是一九三五年；现代派诗在台湾的第一个倡导者是台湾籍诗人杨炽昌；……现代派在台湾的第一个阵地不是纪弦的『现代诗』诗刊，而是杨炽昌的『风车诗刊』。」由此，不但将台湾现代诗的历史向前伸延了十四年之久，也改正了一部份评论者不明事实的错误。史论家的责任之一就是，把历史的真面还给历史。

「台湾新诗发展史」的中篇是，「台湾新诗的西化期」，包括五章三十一节。其中第六章「台湾新诗的重新起步」，着重指出，一九四九年大陆来台的诗人，如纪弦、覃子豪、锺鼎立、李莎、葛贤宁、宋膺、余光中、杨唤、锺雷、墨人等，无意中作了大陆新诗的使者和大陆新诗火种的传播者。一九五一年十一月，纪弦、覃子豪、钟鼎文、李莎、葛贤宁等，借「自立晚报」版面创刊的「新诗周刊」，便是沟通海峡两岸诗艺的桥梁。在这一章中，作者以其自己的立场，对当时的反共文艺，也作了一些批评，认为除了少数人的作品外，「诗的主流是不好的。一部分诗人违背了文学自身的原则，把诗当作政治工具，写了不少反共八股。」这一部分只用了几百字的篇幅，似乎只是轻描谈写地带过而已。这一时期，作者最为推崇的诗人是杨唤，特以「传播大陆现实主义精神的诗坛慧星杨唤」，予以专节评介。杨唤的作品，三十多年来，一直被列为中小学课本的教材，读过他的诗的读者和受其影响的诗人不知凡几的事实而言，说「他在台湾新诗和大陆新诗的结合中，在台湾新诗的起步时期，是一位非常重要的诗人。」或称他是「天才诗人」，的确是当之无愧的。

在第七章「台湾现代派诗的崛起和关于现代派的论争」，除了简要叙论「现代诗」、「蓝星」、「创世纪」等三大诗社的演变、相互激荡，及其功过得失之外，对于现代诗运动过程中，诗坛内外的重大辩论、批判与反驳，诸如纪弦的「现代诗」的「六大信条」，与代表「蓝星」的覃子豪所提出的「六大正确原则」的辨难；卫道代表的苏雪林教授，与代表现代诗坛的诗人覃子豪，关于「象徵派与中国新诗」的批驳；散文家丘言曦与诗人余光中，关于「新诗闲话」的论战；以及关杰明、唐文标两位教授多篇论文对现代诗的攻击，与诗人余光中等人的反击等，既有广泛的论证，复有作者的评议，虽是旧话新提，读来仍然津津有味，堪称精采。经过多次反复辩论，多数诗人不得不做一些反思，而有逐渐回归传统，回归民族的觉醒。

　　第八、九、十三章，分别详细论述了「现代诗」、「蓝星」、「创世纪」等三个诗社的组织、主张、演革、兴衰，及其在台湾新诗发展史上的定位，均有通常的评价。各诗社有成就的诗人，也各以专节，从各人的生平、理论、作品的成长与风格等，予以细细的评介。三个诗社中，以专节评介的诗人，计有「现代诗」的纪弦、郑愁予、羊令野、林泠、方思、方莘、方旗、罗英；「蓝星」的覃子豪、余光中、罗门、蓉子、夏虹、杨牧、周梦蝶、向明；「创世纪」的瘂弦、洛夫、张默、叶维廉、商禽、辛鬱、管管等。这些人的作品，在台湾诗坛，大部份已有定评，但因人际关系太近，难免不带人性的偏私。古继堂以人在彼岸，自能保持适度的超然与客观，仅此而论，便有值得一读的价值。

　　下篇是「台湾新诗的回归期」，包括四章二十七节。纯就文学而言，这里所谓的「回归」，是指诗坛内外，对于现代诗西化移植之论的批判过程中，所引发的民族意识和乡土情怀的觉醒，是回归民族文化和乡土情怀，而不是回归中国大陆的现实。第十一、十二章，都是叙论「台湾新诗的前奏」，以一九六二年七月创刊的「葡萄园」诗刊为代表，以一九六四年「笠」诗刊的出现为标志。由于「葡萄园」和「笠」的异军突起，「打破了现代派诗在台湾诗坛上的一统局面」。作者对于「葡萄园」诗刊所主张的「健康、明朗、中国诗」的路线，和「笠」诗刊的乡土精神，对现实和人生的批判，给予以很高的评价，认为这些主张的贯彻，对七十年代新诗全面回归民族、回归乡土，发挥了前导和前奏的作用。对「葡萄园」创刊初期的几位重要诗人，文晓村、古丁、陈敏华、李佩微，和「笠」诗社中诗人白萩、赵天仪、李魁贤、非马、许达然、杜国清等，也作了专节的评介。

第十三章，以「台湾诗坛画时代的事件 —— 空前民族的、乡土的回归浪潮」为题，分别简介了「龙族」、「主流」、「大地」、「秋水」、「绿地」、「草根」、「诗潮」、「掌门」、「阳光小集」等九个青年诗社所形成的青年诗人运动的成就和特色，并作了六点总结性的评价；认为「回归浪潮和青年诗人运动，是对台湾新诗西化的否定」；其主要内容是「民族灵魂的复归和民族文艺传统的继承和创新」；「乡土情怀的追求」；「对民歌的重视」；「不拒绝学习外来诗歌艺术」；形成诗歌艺术的「多元化」。

第十四章「从新诗回归浪潮中崛起的空前规模的台湾青年诗人群」，是前章的续篇，对七十年代台湾诗坛崛起的青年诗人群，作者给予以高度的评价，他说：「这些青年诗人具有卓越的诗的才华；具有浓烈的热爱中华民族，热爱中国、热爱乡土的最宝贵的情感；他们有和西方文化打交道后经过识别和选择，对自己的民族文化传统产生的觉醒、认同、向往和追求的决心；……如今经过十余年的历练，他们大都进入了中年。……目前正担负着台湾诗坛主力的角色。」这群优秀的诗人是：「吴晟、蒋勋、向阳、施善继、罗青、渡也、郑炯明、林焕彰、李敏勇、陈明台、纪万生、刘克襄、萧萧、庄金国、汪启疆，蓉虹、黄树根、履疆、林锡嘉、古月、李昌、葵忠修、叶香、昔渝、林明德、郭成义、陈鸿森、林梵、冯青、李弦、淡莹、高准、苏绍连、军子乔、翔羚、翱翱、廖莫白、詹澈、岩上、曾贵海、乔林、李男、吴德亮、陈坤岑、黄劲连、连水淼、锺顺文等。」虽然作者因篇幅所限、只选出了吴晟、蒋勋、高准、施善继、林焕彰、向阳、郑炯明、李敏勇、张香华、朵思、陈明台、渡也、苏绍连等十四位作专节评介，似仍可以预示，只要他们今后继续努力创作，未来的台湾诗坛，将是他们的天下。只是本章中提及的淡莹，目前在新加坡大学执教，为新加坡籍，不宜列入台湾诗人的行列。

最后是「后记」。一般书的「后记」，多为说明成书或出版的经过等。古着「台湾新诗发展史」则不同，作者在「后记」中说：「本书写到七十年代末，掩卷沉思，觉得进入八十年代以来，台湾诗坛上又出现了一些新气象。……显示了台湾新诗今后发展的趋势和流向，因而觉得有略述之必要，故字此后记。」

作者认为进入八十年代的台湾诗坛有几项特微：一是「呈现一种自由发展的多元局面」，诗坛不再是旗帜鲜明的现实主义和现代派两家的天下，现代派的诗社中有不少乡土派的诗人加入，乡土派的诗社中也有现代派的诗人入赘，而且有不少青年诗人，很难再用什么派为其定位。他们的作品，既具社会意识，批判意识、乡土情怀，但其形式和手法又表现出现代派的明显特微。」二是八十年代又有一批青年诗人崛起。三是现代派以「现代诗刊」和「蓝星诗刊」为代表，经过调整后的再出发。四是以席慕蓉为代表的「软性诗」的崛起。五是诗与科技结合的錄影诗的出现。这段「后记」，可以当作第十五章来阅读。

综合而论，古继堂先生以学者和诗评家严谨的态度，以无比坚毅的精神和热诚，能够突破海峡政治隔绝数十年的种种不利因素，完成此一具有文学史意义的巨著 —— 「台湾新诗发展史」，诚层不易。尤其取材上的巨细靡遗，评论态度上的廓然大公，以及台湾版的适度增删和修正，在在表现了作者忠于历史忠于学术的精神，不能不令人，感到由衷的敬佩。

但是，美中不足之处，亦复不少，经较重要的，至少有以下几点：

一、不少有成就有影响力的诗人，在本书中没有得到应有的重视，没有给予专节评介，是极大的缺憾。如走出「蓝星」，走入世界，三十年代初，即以笔名「香草」发表诗作，为时所重，在台出版的诗集有「行吟者」、「山河诗抄」、「白色的花束」等，现任中华民国新诗学会理事长，世界诗人大会荣誉会长兼世界艺术文化学院院长的钟鼎文先生；以中、英、法三种文学写作，著有「胡品清的新诗」、「人选花」、「玻璃人」、「另一种夏娃」、「冷香」等集，现任文化大学法国文学研究所所长兼法文系主任，人称「形上抒情诗人」的胡品清；来台之初与覃子豪合编「新诗周刊」，提携后进，不遗余力，着有「骊歌」（重庆版）、「太阳与旗」（南京版）、「带怒的歌」、「琴」等诗集的李莎；长诗圣手，五十年代初昂着有「骨髓里的爱情」、「阳明山之恋」，近年移居南美，仍不时有诗作发表的明秋水；诗人理论家，着有「自由之歌」、「千叶花」、「夏的暖流」、「春至」、「文学论」的上官予；以及前辈诗人的钟雷、墨人，狂飙诗人画家王禄松，独行侠诗人理论家李春生、萧萧、舒兰等，他们对台湾诗坛的贡献，比之书中许多诗人的成就都是有过之而无不及的，史学家必须睁亮眼睛，不受某些偏见之论的蒙蔽。

二、本书基本上是以「现代诗」、「蓝星」、「创世纪」、「葡萄园」、「笠」等五大诗社为主轴，兼及其它比较重要的诗社诗刊，但却忽略了一九五七年三月创刊的「今日新诗」（主编上官予），和同时的「南北笛」（主编羊令野），这两个诗刊对继承传统，融合现代都采取了比较中庸的态度，尤其对现代派反传统的极端主张具有刹车的作用。「今日新诗」共出版了十一期。继「葡萄园」之后，而有「海鸥」诗社的重组，出版了「海鸥」诗刊（主编先后有陈锦标、李春生）。一九七五年十月创刊的「大海洋」诗刊（创办人朱学恕），是台湾唯一以推动海洋文学海洋诗为目标的大型诗刊，迄今已发行了三十三期。这些个诗社、诗刊，在台湾新诗史上，均有推波助澜，甚或独特发展的地位。其它很多发行短暂，或小型的诗刊，也可以采用列表的方式予以纪录，表示在新诗发展的过程中，它们也曾存在；存在本身就是意义。

三、台湾今日新诗的繁荣，固然在于诗的大力推动，诗人的积极创作。而各级学校的新诗教育，和诗评家的努力，也有其密切的关系。例如台大的吴宏一、颜元叔、张健、张汉良，师大的林绿、陈慧桦、杨昌年、邱燮友、何锜章（已故），政大的李弦，高雄师院的江聪平，东海和世新的上官予，辅大的林明德，文大的徐哲萍（已故）、李瑞腾等，他们均在大学开有文学和新诗的课程，为诗坛默默耕耘，功不可没。在台湾新诗史中，应以专章来论述。

　　四、台湾有成就的女诗人，至少有二、三十位。古氏三年前曾出版「柔美的爱情」，评论台湾女诗人十四家，其对台湾女诗人应该相当熟悉。在「台湾新诗发展史」中，似乎也应该闻一专章，加以论述，以凸显女诗人在台湾新诗史上的地位与意义。

　　以上几点，也许是数据欠缺，思虑不周或是观点差异，有意致之。但在今天两岸开放，文学交流也已逐渐展开的情况下，资料的收集，已经不是问题。因此，笔者建议，该著再版时，可以考虑再作进一步的增补修订，以达书善尽美的境界。

　　　　　　78 年 8 月 16 日于台湾中和半山居
　　　　　　（一九八七年）（原载台湾新闻报）

　　　（作者为葡萄园诗刊主编，诗人诗评家，已故。）

台湾新诗的现实主义传统

—— 评古继堂著「台湾新诗发展史」

李　魁　贤

　　未尝到过台湾的作者古继堂著《台湾新诗发展史》，1989年5月在北京出版，稍后并在台北同步印行。本书厚427页，近30万字，由远在台湾海峡彼岸，未尝到过台湾的作者，完成此第一部台湾诗史的力作，令人感佩。也不禁为台湾本地的学术生态环境感到汗颜，台湾学界老是在「放眼中国，胸怀世界」，可是「立足台湾」的影子却很少，不知何时才能进入「回归期」？

　　本书除「绪论」外，共分三篇，上篇为「台湾新诗的诞生和成长期」，占71页，中篇为「台湾新诗的西化期」，占209页；下篇为「台湾新诗的回归期」，占134页。按照作者对台湾新诗发展的时期划分是，「从1923年到1945年期间，是台湾新诗的祖国『五四』新文学运动的激励下，顶着日本帝国主义的高压政策顽强地诞生和在抗争中初步成长的时期」，这一时期的发展浓缩在上篇中叙述：「从1945年至1955年前后，为台湾新诗的省思、恢复和融合期」，设有专篇讨论，而在上篇末和中篇初涉及，实际上这段时期是在混乱的过渡时期中，大部分呈真空状态：「从 1956 年到 1970，为台湾新诗的『西化』期」，便是中篇的主幹，以及「从 1971 年至 1986 年，为台湾新诗的回归期」为下篇的内容，1986 年是作者写作完稿年度。

掌握精髓具客观史识

史书的架构是根据作者的史观、史识来建构的，因此对史的划分便会成为书的主脉。然而，在划分期上，应对各期有轮廓分明的呈现，就如本书的上、中、下三篇分别独立清晰地析论第一、三期和四期的发展，唯有第二期的「省思、恢复和融合期」付之阙如，那么这一时期在史论上有没有存在的意义，值得置疑。如果不否认文学发展会受到政治环境影响的话，粗分「战前期」和「战后期」，中间再按思潮变化加以细分，或许更能厘清历史发展轨迹。

从观作者对新诗发展的中心思想，基本上是基于现实主义的精神立场，同时肯定诗的艺术审美功能。因此，诗观的主轴在于「现实经验论的艺术功用导向」。作者基于此项诗观，完全掌握了台湾新诗传统以及发展方向的正确精髓，相当具有客观的史识。

从 1923 年追风发表「诗的模仿」起，到 1986 年本书完稿为止，台湾新诗 63 年发展过程中，是由现实主义起，又回归到现实主义，因此，以现实主义史观为主轴是符合台湾新诗发展的现实。

现代派不同於现代主义

实际上，现实主义是诗的精神论或本体论。因此，台湾诗人基于现实主义的精神立场，并没有放弃对艺术技巧的追求。从「诞生和成长期」，亦即战前时期的浪漫主义风格，到「回归期」当前的现代主义风格，可见审美趋向的变化。由此亦可见艺术审美是技巧论或形式论，与现实主义精神论或本体论，是一体的双轴，而非「抑此扬彼」二者选一的对立。

对于台湾新诗发展的研讨，包括本书在内，都以「现代派」和「乡土派」做为对比，实在不能显示其中真相。由于1977年的乡土文学论战被政治动作介入，因此「现代派」和「乡土派」也成了政治名词，而不是文学术语。

最简单的例子是：一般顾名思义，视「现代派」重视技巧，但实际上「乡土派」比「现代派」更重视秩序性的技巧。相较之下，反而显示「现代派」技巧的模糊，缺乏形象思维的合理性、联想跳接的暗喻性，而多的是徒然呈现文字技巧的趣味性和扭曲雕琢性。这种浮面上的讲究，渐渐取代诗想的新颖性，而诗人的批判精神更是完全陷落，造成虚无的泛滥，这才是一般所见「现代派」的「精华」。

然而，「现代派」不同于「现代主义」，从「现代派」的浮华、个性化、脱序等等的表现，毋宁说是反现代主义的，到了末期更是以无所表现为表现目的，全然虚无的态度，也不是可以超现实主义做借口的，形成「非现实主义」的质素。

乡土派不排除现代主义

　　一般指称的「乡土派」在艺术表现上同样在努力尝试各种技巧的实践，基本上不但没有排除现代主义，甚至反而说在技巧上呈现的冷静、秩序、准确，更符合了现代主义的要求。因此，「乡土派」和「现代派」的差异性不在技巧，而是在于精神立场，前者遵守现实主义，而后者则陷入非现实主义。所以「乡土派」和「现代派」顾名思义产生意义上的混淆，成为政治名词，而不是文学术语，其理在此。

　　作者在现实主义史观，从观「诞生和成长期」以及「回归期」整体性的肯定可以看出。而在对中篇「西化期」的三大诗社概论中，却都出现明确的批评，例如针对现代诗社：「现代派在五十年代，虽然有三大诗社鼎立，但内部纷争迭起，互相攻击和牵制，并没有在创作上取得很突出的成就」（108 页）；蓝星诗社：「在他们的诗歌理论中，覃子豪主张民族型、传统型的新诗，主张诗应反映现实和人生，关照读者。而余光中偏向于诗要学习西方，主张诗可以脱离现实，可以不顾读者。在创作上，同仁之间并不同属于一个流派」（160 页）；创世纪：「无需讳言，代表着国民党军中诗人倾向的《创世纪》诗刊，从一开始就显出较强的政治色彩，这是艺术的不幸，也是创世纪自我设置的一副镣铐……他们大量转载、倾销西方现代派的诗歌论著和诗歌作品，发表的台湾诗人的作品也都倾向晦涩难懂之作。……从这没有严密构思，缺乏理论深度，不成系统的东一條西一句拼凑起来的所谓「四反」原则可以看出，当时《创世纪》是处于一种手忙脚乱，穷于应付，走下坡路的有气无力的状态。这正是一个走向衰败和没落的半老人的精神状态」（231-234 页）。

否决纪弦带来火种之说

尽管作者对「西化期」的三大诗社有严正的批评，但基于他在技巧上审美功能的要求，仍不惜耗费很大精力对一些「晦涩难懂之作」，不厌其烦地加以解析，整个中篇的篇幅占了全书的大约二分之一，显示比例上不均衡。因为就台湾新诗发展的「现实主义」传统为主轴来看，倾向「非现实主义」的「西化期」应属异化阶段，如今反而以主流加以大量介绍叙述，似有本末倒置的现象。

本书从台湾新诗诞生的背景说起，用史实轻易就可以否决纪弦自诩由中国大陆带来新诗火种的诳言，而特别重视杨炽昌组织「风车诗社」的创举，也澄清了「纪弦并不能算是台湾诗坛上现代派的鼻祖。纪弦倡导的现代派诗仅是西方现代派诗的台湾的第二次回潮。现代派诗最早进入台湾的时间不是 1949 年，而是 1935 年；现代派诗在台湾的第一个倡导者是台湾省籍诗人杨炽昌；现代派在台湾的第一个社团不是纪弦的「现代诗社」，而是杨炽昌的「风车诗社」，现代派在台湾的第一个阵地不是纪弦的《现代诗》，而是杨炽昌的《风车诗刊》（44 页）」。相当清晰地掌握了台湾新诗发展的史实，并将战前和战后过渡时期「跨越语言」一代的诗人列在上篇之末加以介绍，领先于中篇的「西化期」，呈现了台湾新诗发展树枝图上本斡和旁枝的明确形象。

政治切断新文学传统

　　本书对台湾新诗朝向西化的背景有所分析，认为是政治、经济、社会的条件所造成，同时以政治手段切断新文学传统的接触，致使西化成为唯一可能的出路。实际上，这是社会外在因素，更重要的是精神内在的条件。从中国大陆流亡到台湾的政权和人民，一直保留流亡心态，而没有落实认同台湾土地，成为文学土壤上非现实的基础。

　　国民党政权来到台湾，立刻以独裁的政治和独霸的语言政策，造成台湾诗人和作家失去写作生态环境，全部真空由来台流亡人士所填补，他们在政治误导下，本身又缺乏内省，不能与台湾人民和土地形成连结关系，而成为精神虚无状态。

　　基本上，战后台湾如不是碰巧遇上中国政争造成分裂，以海洋文化的走向，与世界时潮的接触频繁，接受现代主义技巧的磨炼，也是必然的趋势，一九三五年就已成立风车诗社便是一项明证。可是只要植基于台湾人民和土地的文学发展，不论运用象徵主义、超现实主义、表现主义、新即物主义等的技巧手法，必然是立足于台湾现实的，不会脱离现实主义的精神。例如杨炽昌说明其引进超现实主义手法，便是旨在「透视现实的病态，分析人的行为、思维的所在……，稍避日人的凶焰」（45 页），这种积极的态度和来台流亡诗人「西化期」的虚幻消极表现，成为一大对比。

国民党大陆时期的翻版

从「西化期」所介绍的诗社所属诗人，可以明确看出一律是出生于中国大陆。随同国民党流亡来台，由于生存的倏件，只有依附政权，而形成与人民站在不同立场，完全是国民党在大陆时期的翻版。他们精神上的非现实，在社会的文学运动资源上由于与政权的结合，反而掌握了现实的有利条件，也因而放弃做为诗人应有批判角色的立场，这种代价使他们获得优越地位，各种选集可以大量出笼，而在编选上又刻意压抑现实主义诗人，误导读者和新进诗人，使新诗发展偏离现实主义传统。

站在作者立场，在彼岸收集台湾新诗发展资料，免不了受限于资源被扭曲垄断，而在材料取舍上形成以西化期为重的后果，这是可以充分理解的。到现在为止，战前日文作品以及战后现实主义的作品，台湾本地都还缺少较为普遍的整理和讨论，自是难怪。

本书还有一些地方稍有瑕疵，例如 23 页提到「追风〈诗的模仿〉应该承认它是台湾新诗的滥觞」，可是对于这首在台湾新诗发展历史上具有重要意义的作品，却没有加以引用。诚如陈千武为文指出的，〈诗的模仿〉所表达的抵抗、批评、爱、希望四项主题，正是开启了台湾新诗传统的四条轴线，其重要性不可忽略。34 页提到杨华「出版的诗集有《黑潮集》、《心弦集》、《晨光集》等」，其实只是发表的辑诗，并未以诗集（书）的方式出版。69 页提到陈千武「会出版日文诗集《彷徨的草笛（按：为「苗」之误）》、《花的诗集》以及与人合着《若樱》等」，也只是诗人自家装帧的版本而已，并未出版。

不忘强调血缘文化一体

此外，多处提到银铃会创办的《绿草》（38 和 55 页等），其实是《缘草》之误，意即边缘草或岸边草，或许因《缘草》名称难解，而被改「正」为绿草吧。65 页引用詹冰的诗〈山路上的蚂蚁〉，把三段中间的「蝗虫的大腿」、「蜻蜓的眼睛」和「蝴蝶的翅膀」排齐平，失去了诗人原先安排前后有距离的动感。69 页提到陈千武，现任台中博物馆馆长应该是「台中文化中心文英馆」之误。81 页提到「有位台湾老诗人称这种（大陆新诗和台湾新诗）的结合为：两个诗球根（按：应是「根球」的结合。」这位台湾「老诗人」便是陈千武。91 页提到现代诗社，后来发展到一百一十五人，实际不上是「一○二人」。这些是顺手摘下的一些误失。

至于人物阅历方面，显示作者的忠厚，尽管对西化期的三大诗社有些微辞，可是对于个人介绍和评断上，却偏向于肯定，且尽量挑选他们具有现实意义的作品予以粉妆。总之，古继堂著《台湾新诗发展史》以第一部台湾诗史的专著，值得肯定。作者对台湾现实环境和新诗发展过程并未身历其境，凭收集资料研究剪裁，颇有可观。或许是旁观者清，反而可以冷静耙梳出一些历史真相。而基于正确史观和史识，整理出正确的历史发展方向，具有较为客观的照顾。当然，书中也处处不忘强调台湾与中国的血缘和文化传统的一体性，多少有符合和牵就客观社会现实的需要，按政治术语来说，有些「统战」的意味。

台湾新诗发展史上的现实主义传统，从本书可以获得清晰的印证，鉴往知来，这是一本相当有参考价值的开创性的著作。

原载台湾《首都早报》1989 年 9 月 26 日。

（作者爲台湾著名诗人诗评家《笠》诗社同仁）

宏观的架构微观的剖析

—— 评《台湾新诗发展史》

陈　公　仲

随着国家改革开放的不断深入，海峡两岸民间学术交流的日益频繁，台湾文学的研究已进入了一个新的阶段，就是从一般介绍性、孤立单纯的文学思潮、流派、作家、作品研究的初级阶段，转到了全面整体的、既有宏观总体把握理论指导，又有微观细致分析的高层次的文学史研究阶段，古继堂着的《台湾新诗发展史》，新近在人民文学出版社正式出版，就是证明。

去年辽宁大学出版社出版的《台湾现代文学史》，可说是台湾文学研究新阶段所迈开的第一步，其功绩与影响不可低估。然而正因为是第一步，又加之是以大兵团、跨行业的集体编写，就难免会出现在总体格局上的部分失控，以及有些地方的较粗糙、各章节编写水平的参差不齐。所以，我总欣赏丁玲那句话："我倒希望能搞个人编写，写出有个性的文学史来。"继堂兄就是这样单枪匹马、埋头苦干地写出了这部洋洋三十万言的《台湾新诗发展史》。他这个人编写的专著，并不逊色于任何一部迄今已经出版的有关台湾文学的史书，而且，还应该说，这的确是一部富有个性的有水平有质量的台湾新诗史。这在海内外都还是第一部。

继堂兄是国内首批台湾文学研究的开拓者，也是一位思维十分灵敏、感情极其丰富、处事异常精细的兼具诗人气质和学者风范的可敬可亲的长者。这部《台湾新诗发展史》，就充分显示出了这种个性特征。

本来，文学史是一个历史时期的文学现象的科学总结，需要高度的理性原则和严密的逻辑论断，理智、冷静、客观、公正是不可缺的信条，来不得一点主观感情用事。然而，作为文学，特别是诗歌，正如继堂兄在书中评论所说："它是诗人敏锐的诗感对客观的一种感悟和呈观。在诸多的文学样式中，它是包含着诗人的主观感受、主观发现、主观创造最多最丰富的一种文学产品。因此，它具有最强的主体意识。"因而我认为，一部成功的、有个性的文学史，是应该具有唯物主义的历史观和辩证法，能够高瞻远瞩、实事求是地总结文学史的各种现象，并将其上升到理论的高度，同时，也不排斥作为一名文学史家的主体作用和作为文学史对象文学诗歌的形象、情感因素。这种主体的感情的因素，在不影响文学史总体理论架构前提下，往往能使其脱去那令人望而生畏的法官的裂裟，换上一副可亲可爱的美容，叫史书格外生辉。《台湾新诗发展史》正体现了这点。这对台湾新诗七十年代发展的概况及其规律，作家作品的成就地位评估，是放置在整个中国文学发展的总格局之中加以考察认识的，并且还充分分析了台湾新诗发展各个时期的海内外政治、经济、文化变异的大背景对其所产生的作用影响，作者就是以这样的纵横坐标来观照台湾新诗发展的轨迹。他从中还得出了与台湾学者们关于台湾新诗发展进程的一般观点有所不同的结论。他认为，七十年台湾新诗发展的进程，科学地划分该是初步成长期、省思恢复和整合期、"西化"期和回归期。这种总体的把握应该说大体是准确的，符合实际，客观公正而且有理论依据的。当然，把七、八十年代近二十年概称之为回归期，未免过于笼统，失之精确。其实，八十年代用多元化的发展期似更为贴切。该书值得注意之处还在于作者的主体意识和感情色彩十分鲜明，这不仅没有伤害对台湾新诗发展历史的理论探讨，而且相反加深和印证了书中的那些观点。如对五十年代后期和六十年代台湾现代派新诗的崛起，作者深刻地分析了其形成的历史社会背景，客观实事求是地评述了其艺术成就和一定的积极影响，同时，也毫不隐讳地指出了其不足与消极作用。书中说："由于它的过于洋化，使它没有能够在台湾诗园中真正扎下根来。象一个西方来的洋小姐，没有能入乡随俗，放下洋腔、洋调、洋架子，在中国的土壤里成长。而是孤傲清高，孤芳自赏，瞧不起土生土长的中国姑娘，因而引起了中国姑娘的气愤和反对，使它的处境越来越孤立，最后不得不干脆败下阵来。"这段话显然夹杂了作者的主观意志和感情倾向的，但是它与前文的理论观点和谐一致，而且由于语言的活泼生动，诗的拟人比喻手法形象恰当，大大加深了人们对当年现代派新诗的全面认识。

　　近几年，文学评论界似乎出现了一种"大而空"的文风，对于文学现象。作家作品好作一些博大、宽泛的宏观论述，而不屑于进行艰苦细致地微观剖析。应该特别肯定的是继堂兄一反这种风气，他的《台湾新诗发展史》就是建立在对于台湾新诗的全面系统、翔实充分的微观研究基础之上的，甚至可以说，对于新诗的微观剖析才是他之所长，才是这本书最大的成功，才显露出他诗人的气质和灵感，才表现了他感情丰富，处世精细入微的个性特征。不少名篇诗作的评论文字，本身就是一篇篇精美的鉴赏文章。我甚至认为写文学史的大手笔，对能描绘纤细的工笔画，实在难得。相对而言，对台湾新诗发展的宏观把握，理论深化似还弱了些。

当然，该书还有些未尽完善之处。比如，对五、六十年代新诗、诗人的讲述就比较充分详尽，而对笠诗社及其代表诗人、七十年代台湾青年诗人群的论述分析就较为单薄一些，而且，将五十多岁的诗人高准、张香华、朵思与二、三十岁的向阳、渡也等统统归之于青年诗人群来论述就似乎欠妥，总观全书，还觉得对台湾新诗的总体评价可能略为偏高，难免有一些过誉、溢美之辞。这也许是出自对骨肉同胞友善之情吧。但我相信，在文学史的神圣法庭上、客观公正、实事求是的裁决。

原载《文艺报》1989 年 9 月 23 日
（作者为江西大学中文系教授）

新颖的史识与独到的史笔

—— 评古继堂的《台湾新诗发展史》

古 远 清

古继堂的《台湾新诗发展史》，由北京人民文学出版社及台北文史哲出版社同时出版发行。这是海峡两岸第一部台湾新诗史，也是一部具有创见、无论是在史识还是史笔方面都具有特色的学术专著。

还在八十年代初，台湾新诗便开始在大陆出现。但当时的介绍仅限于爱国思乡主题的诗作，提到的也多半是老一辈诗人。即使这样，它也强烈地刺激了内地的诗人和文学研究工作者。之后，1983 年出版了流沙河编着的《台湾诗人十二家》（重庆出版社），1985 年又推出了他的《隔海说诗》（三联书店），翁光宇也选析了《台湾新诗》（1985，花城出版社）。此外，还涌现了李元洛、刘登翰等有影响的台湾诗研究者。但他们的论著，多半是诗人诗作或思潮流派的研究，而非全面整体性的文学史研究。古继堂的《台湾新诗发展史》，正好把大陆近几年兴起的台湾新诗研究，从一般性的评介过渡到高层次的文学史研究新阶段。

衡量一部文学史著作学术成就的高低，除了看史料是否掌握得充分以及是否可靠外，主要是看史识与史笔，古继堂的《台湾新诗发展史》出版后之所以能在海内外引起强烈反响，一个重要原因是这本书具有独到的史识。在台湾新诗的归属及如何摆正它的地位问题上，该书澄清了过去比较混乱的看法。如有的台湾诗人和学者认为，台湾新诗是一种独立的存在，它和大陆诗歌没有直接的联系，把台湾新诗史当作中国新诗发展史的一个组成部分，是不尊重台湾与大陆隔绝数十年的事实。另一种意见认为，台湾新诗走的道路并非"纵的继承"，而是"横的移植"。这种意见的代表者是现在移居美国的纪弦，他是在五十年代发起成立现代派时说的。按照这些人的意见，台湾新诗不再是祖国文学的一个有机组成部分，或虽是组成部分但它的"根"不在中国而在西方。著者用了大量的事实批评了这种错误看法。当然，作者并没有否认台湾新诗早期受过日本短歌和俳句的影响较深，近期又在"西化"的风潮中回旋。但在作者看来；诗经、楚辞、唐诗、宋词、元曲和"五四"新诗贯穿下来的那条茁壮、健硕、充满生机的诗根，深深地扎在台湾诗人心灵中，潜入每个作家的意识里。如果说台湾新诗与大陆新诗有什么不同的话，那是它的诗的密度和比例相当高，恐怕要数全中国之冠。另一方面，它的群体意识相当强烈，不似大陆诗坛各自为战。作者就这样通过比较的方法尤其是后面对乡土回归运动的论述，说明了这样一个颠扑不破的真理："不管是帝国主义的武装占领和文化渗透，都无法将台湾从中国版图上抹掉；不管是刺刀和鲜花，都无法将中华民族的诗魂从台湾的诗坛上驳走和诱离；不管经过什么曲折和磨难，台湾的诗园总是贴着母亲的胸怀开放出中国的民族之花。"正是基于对台湾新诗特征的这种正解认识，该书较全面地反映了"五四"以来台湾新诗发展的全貌，以叙述中老年诗人的艺术成就为主，兼及青年诗人和诗歌运动。全书涉及的诗人面广量大，这是海峡两岸已出版的任何一部研究台湾文学的史书所不可比拟的。

对于"现代诗"、"蓝星"、"创世纪"等大诗社的演变及相互竞争、诗坛内外的重大辩论，作者也没有照抄现成的结论，或根据个人的好恶随意褒贬，而是从历史事实出发，在充分占有材料的基础上去粗取精、去伪存真，纠正了一些以讹传讹的偏颇。最明显的是长期流传的台湾"现代派"始于纪弦的"现代诗"的说法。作者认为：现代派进入台湾的最早时间不是 1949 年，而是 1935 年；现代派在台湾的第一个阵地不是纪弦的《现代诗》诗刊，而是台湾省籍诗人杨炽昌主办的《风车诗刊》。这就将台湾现代派诗的历史回溯了 14 年之久，从而恢复了历史的原貌。

在处理诗歌运动与诗人诗作的关系上，同样表现了作者较高的史识。如上篇第一章虽然也象其它新文学史那样写了五四运动，但不是孤立地写，而是将五四运动与台湾新诗的发萌联系起来。作者用台湾新文学史上的第一部诗集《乱都之恋》写于北京，发表于《台湾民报》的事实，证明"五四运动为台湾新诗孕育了反帝反封建之健硕诗胎，又为台湾新诗培育了发难之诗人"。这种不是孤立地评介诗人诗作，将诗史弄成诗人诗作的大展，而是力图将文学运动与新诗发展结合起来，着眼于文学运动对诗歌发展影响的写法，在后面的章节中，又有助于作者更好地勾勒出台湾新诗不同阶段发展的风貌和特点。新诗创作和新诗研究虽然难以脱离政治，却不应该从属政治，它应有自己独立的价值尺度。《台湾新诗发展史》正是这样追求的。作者摆脱了长期在大陆从政治角度叙述文学历史发展的做法，没有把台湾新诗史当作台湾政治史的文学例证或艺术插图；也改变了研究台湾文学尤其要贯彻政治标准第一的过于拘谨的做法，在不违背大陆学者的立场、观点的原则下，对台湾各派新诗大胆做出独立评价，将自己的笔锋转向正面的系统学术建树。在作者看来，不管台湾新诗发展过程有多少回流和曲折，它仍离不了这四大时期：一是从 1932 年到 1945 年的台湾新诗顶着日本侵略者的高压政策顽强地诞生和在抗争中初步成长的时期；二是从 1945 年至 1955 年前后的省思、恢复和融合期；三是从 1956 年至 1970 年的西化期；四是从 1971 年至 1986 年的回归期。这种分期结构改变了文学史著作中常见的平铺直叙地陈述史实的手法，尤其打破了写文学史必须先论时代背景、社会概况然后才论文学自身的老套子。作者以台湾新诗发展为主线，以历史与美学的综合理论为尺度，寻求台湾新诗发展变迁的内在规律，使自己真正进入了台湾新诗史研究的角色。当然，写台湾新诗史还可以有不同的分期与结构处理，但谁也不会否认，古著的格局和体例，反映了史家的开拓精神和创造精神。

　　《台湾新诗发展史》不仅有较高的史识，而且有较好的史笔。台湾新诗社团林立，门户之见颇深。作者利用自己作为"局外人"的有利条件，不站在一家一派的立场，从史料入手，进行客观公正的评述。如对三大诗社的评价，在台湾难免夹带人情的私见，而古继堂常能跳出宗派的藩篱，以超脱的态度进行褒贬适度的品评。虽说是客观，但作者并不是奉行中庸之道 —— 要么平分秋色，要么各打五十大板，而是有自己鲜明的倾向性。作者不仅是文学史家，而且还是诗人。笔者六十年代和他在珞珈山同窗时，就十分佩服他的诗才。这次他同样以诗人的目光评价台湾诗人诗作，这就使他客观公正的叙述染上一层浓烈的感情色彩。象书中对洛夫、文晓村、李魁贤等人的评价，既不以观点的故意标新立异取胜，同时又不失自己的主体性，有自己立论的依据和评价的标准。对台湾现代派诗的评价，同样没有主观随意性，不以感情代替评价，同时又有自己的是非尺度。这样的史笔，正有利于作者连接和疏浚台湾新诗发展的流程。

有些海外人士认为，大陆学者研究台湾文学，是从政治需要出发，从统战出发进行研究。古继堂以自己扎实而卓有成效的研究实践，否定了这种偏见。拿《台湾新诗发展史》来说，作者是从台湾诗人创作实践出发，从诗歌作品实际出发进行研究的。如台湾新诗中的"现代派"与"乡土派"之争，作者并没有想当然地褒"乡土派"为进步的、健康的，而先入为主地贬"现代派"为没落的、腐朽的；相反，作者用了大量的篇幅评价台湾的"极端现代派"与"温和的现代派"的是非功过，分别给他们应有的历史地位。面对乡土派《笠》，也并没有脱离台湾新诗的现实将其抬高到不适当的高度，但不可否认，作者批评了唯西方马首是瞻的锗误倾向和肯定了回归传统这一文学思潮。这样做，并不是以大陆的文艺政策进行考量的结果，而是由于台湾诗坛发展实际状况所导致的，也是为广大台湾诗人、诗评家所认同的。为了突出回归传统这一主旋律，该书一方面从纵向上描绘台湾新诗发展历程，从横向上渲染各个时期的诗歌风貌，形成历史的整体感；另方面又在"现代派"、"乡土派"、青年诗人群的具体评价中，注意指出他们对诗坛的各自贡献及其历史局限性。这样前后呼应，把各个分流的河水纳入同一河道中，使台湾新诗发展的轨迹了了分明。象这种史笔，其意义当不止于台湾新诗研究本身，或可启发人们从一种文体发展过程的探索，产生出对整个台湾文学史研究的新的思考。据古继堂告诉笔者，他下一个目标是《台湾文学史》，这正说明作者经过台湾新诗史的研究，已有一种较新的文学史观在孕育之中。我作为他的同行和老同学，预祝他取得新的成功。

原载《诗刊》1990 年 3 月

干之以风力润之以丹彤

—— 读古继堂《台湾新诗发展史》

邹　建　军

　　古继堂《台湾新诗发展史》是一部风力独具的巨著，开拓了中国诗史建设的新局面。

　　（一）强烈凸现的主体意识。在材料翔实，态度公正客观的基础上，强烈的主体意识使它到处充满见识，正如古远清所谓"新颖的史识"。①这新颖的史识除了表现在摆正了台湾新诗的归属和地位，澄清了过去比较混乱的看法，恰当地处理了诗歌运动与诗人诗作关系之外，主要表现在独立自主地评价历史现象上。首先，他能把那些人们不太注意的诗根耙梳出来，令人关注。有人认为台湾新诗和五四新文化运动没有联系，是一个独立的文化现象。他则通过挖掘大量的史实进行论证，说："五四运动既为台湾新诗孕育了反帝反封建之健硕诗胎，又为台湾新诗培育了发难之诗人。"②这实际上找到了台湾新诗的祖根。有人认为现代派是 1949 年由纪弦带入台湾的，古君没有沿袭旧说，挖出了一个台湾早期的现代派诗人群，这即是 1935 年秋天杨炽昌、张良典、李张瑞等人组织的风车诗社和发行的《风车诗刊》。一般人认为 1945 年日降后到 1951 年是台湾新诗的断层期，没有诗社也没有诗人，但古君认为 1942 年由张彦勋等人组织的银铃会，是此期唯一继承与传播台湾新诗种子的诗社，其油印刊物，是此期台湾唯一的诗刊，故称银铃会为"开在断层上的诗花"。③古君这些挖掘性研究，恢复了台湾新诗的本来面目，令台湾的诗人学者重新面对这些历史遗产。其次，他能对诗人作出独立评价。杨唤在台湾，由于天才和早夭，受到诗家尊敬，但其诗史地位却少人论及。古君以历史家的眼光指出，杨唤在台湾新诗与大陆新诗的结合中，在台湾新诗的重要起步时期，是一个非常重要的诗人，可以说是"传播大陆新诗现实主义精神的诗坛慧星"。④对余光中，古君不因其名望而不批评其缺失，也不因其过失而贬抑其诗作的成就。古君严厉地批评了他《狼来了》"攻击乡土文学是'毛泽东的工农兵文艺'"、"攻击乡土文学的倡导者'要把中共的文艺理论暗渡到台湾'"。⑤说此文"相当强烈地显示了主张西化，无视读者和脱离现实，及依附于台湾当局，甘作御用文人的心态"。⑥批判意识是明显的。但古君还是仔细论述了余诗的三大特征，高度评价了它的思想与艺术价值。在台湾，有的批评家说，席慕蓉的诗是软性诗，是一种缺乏社会批判意识的靡靡之音而不以为然。古君认为，诗有多种题材，人们的艺术趣味和审美要求也非常广阔。如果硬让工人农民去刺绣，硬叫诗人作家去种田，岂不强人所难。只有让诗人有充分的选择自由，无拘无束地去写自己爱写的题材，去运用自己得心应手的形式，诗人才能丰富多彩，也才能满足广大读者的审美渴求。她以精巧的艺术构思，精练的语言和结构，优美动人的情调，令读者抢购，这本身是对她诗的群众性的无声评价。⑦所有这些，都是古君主体意识渗透的结果。以前多部中国现代或当代文学史，由于多人执笔而编，不是材料的大杂烩，就是观念的层层束缚，并非真正意义上的文学史。只有王瑶、刘绶松的几种，才稍具个人见识。《台湾新诗发展史》自始至终可以见出著者的个性和风彩，是对以往文学史格局的突破。

　　（二）诗、论联系中，揭示诗作特征，为诗人定位；宏、微结合，总结历史经验。作为一部系统的"发展史"，也必须确立每个诗社乃至诗人的历史地位。古君善于在诗与论的结合中揭示诗作特征，从而为诗人定位。覃子豪既有诗集，又有诗论集，不讨论其诗观，难以深论其诗作。古君首先批评了覃子豪诗观的要点及其价值，然而将他的创作分成三个阶段，揭示了其诗作的独特价值，从而确立了覃子豪台湾诗坛"父亲和师长"的地位。论洛夫的诗，痖弦的诗，以及论郑愁予、张默和叶维廉的诗，都是这样。诗人的诗观往往随他创作实践的丰富而变化，其诗作也往往受其诗审美观念有形无形的渗透，在相互的联系与印证中，更能廓清其诗论与诗作的价值。覃子豪主张诗应反映现实，表现人生，既重视诗的实质，又重视苦心经营诗的艺术，个人风格应与民族的气质、性格与精神溶为一体，中国的新诗应是中华民族性格、精神和气质的自然流露。而其创作基本上是秉其诗观，体现了一个中国传统型诗人的风貌，显示了深厚的功力和卓越的技巧，表现了明朗而不浅显，含蓄而不晦涩的雄浑、健朗的风格。覃子豪台湾诗坛播种者的地位皆由其诗论与诗作的涵量而奠定。在诗论与诗作的结合里，古君常能条分缕析地指出诗人的创作特色，如在二者的相互论述中揭示了洛夫诗意象单纯朴实、风格淡雅自适，爆发式的诗美，把自然和社会现象通过拟人化手法溶为一体而成复调诗三个特色等。

古君也能从宏观与微观两方面缕析规律与经验。他写《台湾新诗发展史》的目的之一即是"探讨我们民族新诗的共同规律和流向"。⑧首先，他能在微观上总结诗人的创作经验。他从郑愁予的创作得出了这样一个结论：以内容和精神为主来选择和运用形式者，内容和形式俱活，形式和内容融为一体；反之，如果不讲求精神和内容，只去注意和追求形式，就不仅使人感到内容空洞，而且让人感到形式别扭，形式与内容俱失。其次，他注意总结某一社团和某次诗歌论争的历史作用。他指出，现代派的兴起，打破了国民党对台湾文艺界的思想禁锢和精神封锁，为台湾文坛注入了新鲜血液，开创了台湾新诗探索、追求表达艺术的良好气氛，为诗坛增添了无数诗的珍品。但它过于洋化，装腔作势，故弄玄虚，没能在中国的诗园里扎下根来。再次，他善于总结一段时期的诗坛规律。他指出台湾新诗萌芽期的特点有三：a、思想和艺术的不平衡；b、形式上活泼多姿；c、语言上补实无华。他指出台湾新诗成长期的特点有三：a、比较注意艺术上的追求，开始向丰富性和多元化前进；b、诗人由个体化逐步向集团化变化；c、受到祖国新诗的直接影响，加强了对祖国文学和诗的凝聚力和亲和力。最后，他注意对整个台湾新涛发展经验的总结，如指出台湾新诗之所以密度大，质量高，主要有三条，即台湾诗坛的群体意识，凝聚力和个人拼搏。

总结经验与规律本来是史学研究的重要内容，但象古君这样充满个人见解，条缕分明的总结与揭示，确系少有。我们读了以后，对台湾新诗的发展有一个明了的史的线索，对诗人创作规律，诗群体的特征与风貌，以及每段时期的诗坛情状，也有一个系统的整体性把握。更重要的是，让我们掌握新诗发展的客观规律和经验教训，进一步推动未来新诗的健康发展。这是《台湾新诗发展史》所取得的重要成就。

（三）博然的赏诗艺术，高妙的解诗专家。《台湾新诗发展史》是那样深厚与广博，简直是一座天然自然博物馆，也如蓝天下的大海。这一方面得力于生机勃勃的史笔，一方面源于大量诗歌的独具风彩的鉴赏。写作《台湾新诗发展史》之前，古君费时去专门欣赏台湾女诗人情文并茂的佳作，出版了《柔美的爱情》和《台湾女诗人三十家》，又在此基础上写出了大量的研究台湾著名诗人的论文，出版了《静听那心底的旋律 —— 台湾文学论》。⑨如果说《台湾新诗发展史》是古君台湾诗研究的峰顶之作，那前三种则是奠基之作。《台湾新诗发展史》中专节论述的罗门、非马、许达然、痖弦、林泠、朵思等诗人，都在《静听那心底的旋律》里有专文作系统的研讨。只不过在后者中，将其更上升到史的高度，而确立其史的地位。古君的台湾诗研究是个三级阶梯，第一级是欣赏诗，第二级是论述诗，第三级是史的建构。

史的建构，具有了鉴赏的扎实基础，当然就十分牢固，而且也让史显得具体与深厚。郑愁予是台湾诗坛一颗闪亮而神秘的星，他身上弥漫着、笼罩着一层厚厚的、浓浓的神秘色彩。古君就通过对其佳作《如雾起时》、《错误》、《水手刀》、《情妇》、《雨丝》等认真的鉴赏，解开了郑愁予的诗之谜·他欣赏诗并非概括性的评论，也不是指点式的点及，而是细到一句一词，深入到诗的心灵的独到窥探。怪不得有人称他为"为诗解谜"的解诗专家。⑩郑有名作《水手刀》："长春藤一样热带的情丝／挥一挥手即断了／挥沉了处子般款摆着绿的岛／挥沉了半个夜的星星／挥出一程风雨来‖一把古老的水手刀／被离别磨亮／被用于寂寞，被用于欢乐／被用于航向一切逆风的／桅篷与绳索……。"古君认为，水手的生活充满离别、团聚、悲哀、痛苦和欢乐，作水手的妻子就意味着一生中绝大部分的时间要守活寡。而当一个水手就要作好忍受孤独与寂寞的准备。诗人取最有特征的水手刀作象征，来写水手的心情，实在高明。他说："因为以酒浇愁愁更愁，以刀断水水更流。水手们手中虽然有刀，能够斩断家乡的岛，能够斩断半夜的星星，能够挥出一程风雨颠沛的旅程，却斩不断、挥不沉心中之情。"一把古老的水手刀被离别磨亮，最见真情。水手们即使与海洋为伍，心情宽阔奔放，但也有深藏在心灵深处的乡情。水手刀被离别磨亮，虽无缠绵俳恻之态，却有动人心弦之情，从中可以感觉到那心灵深处的巨大而深沉的离别之痛。尤其是磨亮二字，下笔微妙，蕴蓄的情感深莫可测。古更进一层说："诗的尾句，被用于航向一切逆风的桅篷与绳索；表达了诗主人公所向航程的艰难和险恶。这种航程的艰险和离别的痛苦交织在一起，把诗的感情浓度上升到了难以化解的程度。"⑪

数倍于诗本身的文字，这触及灵魂与血脉的欣赏是以前的文学史著作所难于企及的。大量的对妙诗的精解，使《台湾新诗发展史》走向了个性化与主体化。古君不仅是一位具有观客史识的史家，也是一位具有诗人气质与心灵的学者。

（四）生机勃勃的史笔。《台湾新诗发展史》宏大严整，客观公正，也有《史记》之遗风。它生机盎然，丝毫没有一般学术著作的枯燥乏味，相反，显出博大的风采。这主要得力于充满个性的生机勃勃的文笔。首先，善用比喻。他这样评论赖和与杨华："如果说赖和是风暴，杨华就是凄雨；赖和是投枪，杨华就是颤动的鞭子；如果说赖和的诗是一支高亢的战歌，那么杨华的诗就是一曲凄怆的控诉。"⑫他说洛夫的诗"象溪水淙淙从涧中流出，象小鸟展翅在蓝天上自由飞翔，象串串葡萄在阳光中熟透，象朵朵小花在倾吐芬芳"。⑬如果只是用评判语言加以点明，或者再具体地加以辨析，也很难达到这般的深厚明朗。比喻式的语言，不仅诉清理智，也诉清情感和心灵，造成内伤而难忘。其次，常讲有趣故事和笑话，或引述妙意横连的诗人自传。在讲台湾诗坛的个人拼搏时，讲了辛郁自印诗集《军营手记》过程中的惊险情状，令人笑破肚皮。在专门论述辛郁诗创作时，又谈到了辛郁交往的"三公"、"五公"。"三公是：歪公商禽；瘟公焚戈，冷公辛郁。再加上木公秦松，毒公沈甸为五公。另外女诗人古月和她的丈夫画家李锡奇也加入这个阵营，被人呼作'蝗虫东南飞'，他们时时结队飞入不寻常的诗人家，吃个精光"。⑭以这加强论述的生动性，是古君的大胆尝试。在论管管时，他引了这个诗坛怪杰的自画像："管管，本名管运龙，中国人，山东人，胶县人，青岛人，台北人。写诗三十年，写散文二十年，画画十八年，喝酒三十一年，抽烟二十六年，骂人四十年，唱戏三十五年，看女人四十年七月，迷信鬼怪三十三年，吃大蒜三十八年零七天，单恋二十九年零二十八天，结婚八年，妻一女一子一。好友三十六，朋友四千，仇人半只，好牙三十九颗，光着屁股睡觉四十六年多一点点。书二千册，好书五六本，痔疮一枚。……"⑮的确，读这个自题小传，使你可以了解管管落拓不羁的性格，而且对理解他的诗也极有帮助。我们知道，老舍先生也有类似的一个小传，但似乎还没有一种现代或当代文学史有过引述。从这，可以看出古君写作诗史的新颖追求，它表明：任何学术著作，都要追求尽量高的可读性，不然就会极大地缩小读者的范围，也就限制了它的影响力。

　　"干之以风力，润之以丹彩"，这就是古继堂先生《台湾新诗发展史》的成功奥秘，也许就是他新颖的诗史观照主体概示。它凝聚了他近十年的心血，历史终将证明它确实是一部风力独具的划时代巨著。特别是当中国现代或当代新诗史还未诞生的时候，它的出版就更显得独秀孤标。

　　注：

①古远清：《新颖的史识与独到的史笔》，《诗刊》1990年第3期。

②③④⑤⑥⑦⑧古继堂：《台湾新诗发展史》第19，55，82，296；172，421，1页。

⑨《台湾女诗入三十家》，湖南文艺出版社1987年2月版，

《柔美的爱情 —— 台湾女诗人十四家》，春风文艺出版社
1987 年版；《静听那心底的旋律 —— 台湾文学论》，国际
文化出版公司 1989 年版。

⑩宋尚华：《为待解谜》，《文学报》1989 年 8 月 3 日。

⑪⑫⑬⑭古继堂：《台湾新诗发展史》第 123-124，32，255，
278，283 页。

（上接 52 页）中国社会科学出版社，1984 年 7 月第 1 版。

⑥庄子：《天下》，转引自李泽厚、刘纲绍主编《中国美学
史》第一卷，中国社会科学出版社，1984 年第 7 月第 1 版。

⑦朗吉弩斯：《论崇高》，转引自朱光潜《西方美学史》第
110 页，人民文学出版社，1979 年 6 月第 2 版。

⑨郭沫若：《写在〈三个叛逆的女性〉后面》，《郭沫若全
集》第六卷，人民文学出版社，1986 年 10 月第 1 版。

⑩荣格：《学理学与文学》第 9 页，生活·读书·新知三联
书店，1987 年 11 月第 1 版。

⑪郭沫若：《塔·序引》，《郭沫若论创作》，上海文艺出
版社，1983 年 6 月第 1 版。

⑫郭沫若：《印象与表现 —— 在上海美专自由讲座演讲》，
《郭沫若论创作》，上海文艺出版社，1983 年 9 月第 1 版。

⑬郭沫若：《孤竹君之二子·幕前序话》，《郭沫若全集》
第一卷，1982 年 10 月第 1 版。

（作者为中南民族学院中文系教授）

为诗 "解谜"

—— 读古继堂的《台湾新诗发展史》有感

宋 尚 华

古继堂新著《台湾新诗发展史》（下称古著）已由人民文学出版社出版。这在海峡两边，均属首部。

古继堂是大陆最早涉足台湾文学研究的少数几位学者之一。他是位收集数据的好手，除了必须的生活费之外，剩下的工资全用在购买和复印数据上。台湾的重要作家，他都一个个建立数据文件。在研究方法上，他采取宏观和微观，"钻井式"和"推土式"相结合的方法。他把握自己所长，集中火力，攻之必克。众文学样式中，诗是他的特长。他把对台湾文学研究的第一口"深井"，选在台湾的诗歌园地中，以便重点突破，四面开花；一树栽活，树树结果。

通读古著，掩卷思索，觉得它有诸多的突出贡献：一，准确地认定了台湾新诗的历史地位。50年代的台湾诗坛由于"西化"思潮的冲击，纪弦提出，台湾新诗"乃横的移植，而非纵的继承"，把台湾新诗的枝干错误地嫁接在西方诗的根茎上。80 年代以来，在关于台湾文学前途问题的争论和关于台湾作家"定位"问题的讨论中，有的评论家认为，把台湾文学史附在中国文学史后面。是一种历史的白费。照上述两种看法，仿佛台湾现代派的诗，和中国新诗无涉，而纯粹是西方货。他们可以脱离中国而存在古著极有针对性地从理论和史实两个角度，对台湾新诗的诞生和五四运动的关系，台湾新诗和中国新诗的关系，以及纪弦的现代派诗和戴望舒的现代派诗的关系等问题，进行了充分的论述，作出了肯定的结论，从而理清了台湾新诗历史定位上的重重迷雾，摆正了台湾新诗和祖国新诗的关系。其二，关于台湾新诗历史流程的连接和疏浚。台湾新诗发展历史的范畴和内涵，在许多台湾诗人、学者的眼里是很不一致的。其中有的对 1949 年以前只承认大陆诗歌史而不承认台湾新诗史，而对 1949 年以后又反过来，只承认台湾新诗而不承认大陆新诗史。把 1949 年前后海峡两岸的诗歌截然分开；各取一段。在台湾诗歌界又有不同看祛，在乡土派诗人的眼里，现代派未必能成为台湾诗的正宗。台湾年度诗选你选你的，我选我的，各持一派的观点，古著用统一的思想和结构，把两股分流的河水，纳入一条河道中；用一条线索对台湾 1949 年以前和以后的断带进行了疏浚和穿连，并以"台湾新诗的诞生和成长期"，"台湾新诗西化期"和"台湾新诗的回归期"三大块进行结构，使台湾 70 年的新诗史显得和谐而统一，适切而匀称，丰富而多姿。其三，古著最显著、最重要的功绩之一，是对台湾现代派的历史错位，进行了重大更正，恢复了历史的本来面貌。古著对台湾新诗发展的历史进行全面、系统、深入地研究和考证之后，得出了崭新的结论。该书第三章第三节，有这样一段为台湾现代派翻案的精辟论述。西方现代派文学思潮，并不是 1949 年国民党赴台时由纪弦等带去的，纪弦倡导的现代派仅是西方现代派在台湾的第二次回潮。现代派诗最早进入台湾的时间是 1935 年；现代派在台湾的第一个倡导者是台湾省籍诗人杨炽昌；台湾的第一个现代派诗歌社团是杨炽昌的风车诗社，台湾的第一个现代派诗歌阵地是《风车诗刊》。台湾杨炽昌从日本舶来的现代派和大陆李金发、戴望舒从法国舶来的现代派是同一个来源。

在没有前例可寻，没有前著可资借鉴，数据非常缺乏，台湾思潮汹涌，新诗论争迭起，现代派的诗又十分难懂的情况下，在不太长的时间内，独力完成这样一部 30 万字的著作，是付出了何等的艰辛和努力啊，难怪台湾诗人罗门感慨地称作者为"诗的解谜人"。

原载《文艺报》1989 年 8 月 3 日

喜见《台湾新诗发展史》

岳　阳

　　多年来一直为没有一部完整的台湾文学史而感到遗憾，最近却连续看到了两部这方面的著作，是很可喜的开端。一部是台湾文坛元老叶石涛先生著的「台湾文学史纲」（文学界杂志社出版），另外一部便是本文要介绍的，由大陆学者古继堂先生所撰写的「台湾新诗发展史」。

　　古继堂先生一九三六年生于河南省修武县，一九六四年武汉大学中文系毕业，现任中国社会科学院文学研究所研究员，专攻台湾文学。他发表有关台湾文学的论文已超过二百万字。除本书外，即将结集出版的专著有「台湾女诗人论」、「台湾电影研究」及「台湾童诗世界」。由他编辑出版的台湾文学作品有「台湾短篇小说选」、「台湾中篇小说选」、「台湾诗选」、「钟理和中短篇小说选」、「台湾民间故事选」、「台湾童诗选」、「台湾报导文学选」等数十部。另外他还同他夫人胡时珍女士合编了一本「台湾极短篇小说选」。产量相当丰富。

　　在「台湾新诗发展史」这本书里，作者对六十多年来台湾新诗的孕育、萌芽、发展、西化与回归的曲折历程作了相当全面的回顾舆展望；对台湾历次的文学思潮舆新诗论争的产生背景、演进及影响，作了颇为深入的分析舆探讨；对台湾新诗流派和社团的形成、主张、盛衰及功过，成员的艺术风格、表现手法以及他们在台湾新诗史上的地位，作了有系统的介绍舆评析。

全书分上、中、下三篇。上篇为「台湾新诗的诞生和成长期」。在这篇里面，作者论述了日据时期作为反抗日本帝国主羲的台湾新文学运动，以及在这个运动中处于先锋的台湾新诗的产生背景；在新诗成长期中，盐份地带的诗人群及风车诗社的现代派诗人群的成就同他们对台湾新诗发展的贡献；在台湾光复前不久成立、被作者称为开在断层上的诗花的「银铃会」的成员，卽所谓「跨越语言的一代」的诗人们，他们如何呵护台湾新诗的命脉，使不致在文化断层中殒灭。中篇为「台湾新诗的西化期」，作者在这篇里面论述了一九四九年一批大陆诗人将中国新诗的火种带到台湾，促成了台湾新诗的再出发。在纪弦的倡导下，台湾现代派的崛起以及它所引起的关于新诗的论争；现代诗社、蓝星诗社与创世纪诗社在整个西化过程中所充当的角色以及它们的功过。下篇为「台湾新诗的回归期」，这里作者论述了因过度西化而遭到广大读者的厌弃以及批评界严厉批判的台湾新诗，如何觉醒并掀起台湾文学回归乡土的澎湃浪潮；在这浪潮中崛起的年轻一代诗人，他们的成就与特色。在这一篇里面，作者特别详尽地论流了笠诗社在回归运动中的中枢地位，以及笠诗人们所扮演的重要角色。

　　全书计十五章七十八节，共三十五万字。书中论述的在台湾新诗发展史上起过重要作用的诗歌社团有：风车、银铃会、现代、蓝星、创世纪、葡萄园、新象、笠、龙族、主流、草根、大地、诗潮、掌门、阳光小集等。专章分别评价的台湾不同时期的老中青诗人有张我军、赖和、杨华、巫永福、杨炽昌、陈秀喜、林享泰、詹冰、桓夫、杨唤、纪弦、郑愁予、羊令野、方思、覃子豪、余光中、罗门、杨牧、周萝蝶、向明、痖弦、洛夫、张默、叶维廉、商禽、辛鬱、管管、白萩、赵天仪、李魁贤、非马、许达然、杜国清、高准、吴晟、蒋勋、罗青、施善继、林焕彰、向阳、郑炯明、李敏勇、陈明台等。女诗人中有蓉子、蔓虹、林冷、罗英、朵思、张香华等。

　　以上是该书内容的梗概。我今年年初在旅途中有幸读到这部著作的手稿，深为作者认真严谨的治学态度所感动。靠一个人的力量完成这么难的工作实在不是一椿简单的事。光是资料的收集，便不是一般人所做得到的。听说为了写这本书，作者花在买书及覆印上的费用便超过了他一年的工资。除了资料丰富翔实外，本书还有使我印象深刻的下列几个特点：

　　一、摒弃了一般习见的政治与意识的八股框框。以诗本身发展的规律为轴心，采取大构架、细论述、明分章节、暗中意运的方法、勾画出一个脉络清晰、层次分明、结构紧密的台湾新诗发展史。甚至对在台湾常为人诟病的一些「纯美」诗人的作品，都能客观地就诗论诗。

　　二、把台湾新诗放在整个中国新诗发展的背景下进行论

述，充份肯定了台湾新诗发展史中的突出地位。作者认为台
湾诗坛比大陆的诗人密度大，诗集的年出版量与整个大陆不
相上下。而对整個世界诗坛有相当贡献的台湾诗人比大陆还
要多。

三、突破了台湾诗一向因现代派占有较多的大众傅播工
具及发表手段等有利條件所造成的扬现代抑乡土的偏颇习
惯，把乡土派和现代派诗人放在同样的地位上，以作品的实
际水平及诗人的实际成就为标准，给予客观公允的评价。

四、打破了以纪弦为台湾现代诗的创始者的流行说法，
认为这种说法不公平地抹杀了台光复前台湾新诗领城中现代
派的存在以及前辈诗人们的创作成果。台湾现代诗的最早倡
导者是台湾诗人杨炽昌和以他为首的风车诗社的诗人们。纪
弦的功劳是把大陆现代派的火种带到台湾，使台湾现代诗再
度掀起高潮。这同最近几年一些台湾诗人所提出的两个根球
（一个来自日据时期的本土，一个来自大陆）的说法颇相符
合。

五、该书对个别诗人的作品有相当深刻而完整的了解，
对每个诗人的风格与特点，常用一针见血的评价；对台湾年
轻一代诗人的成就给予相当程度的肯定。作者认为台湾青年
诗人如郑炯明、李敏勇、等的作品，特别是前两人，既发扬
了乡土派的创作意识，又吸收了外国新的创作技巧，达到了
思想与艺术适当的平衡与结合，成为具有中国传统和风格的
台湾新诗的较佳范例。

虽然限于数据，本书在某些细节上也许不尽完善，但对
于想了解台湾新诗的来龙去脉的读者，本书将可提供一个明

确清晰的概貌。我们热切期待这本「台湾新诗发展史」的早
日问世。

　　　　原载美国《华侨日报》1987 年 4 月 30 日
　　　　作者爲旅美台湾诗人诗评家非马先生

一部人生的警示录

── 古继堂的《柏杨传》

杨　月

柏杨被称为"从地狱中回来的人。"他的人生充满艰难、苦难、诡异和传奇色彩，是一个极具传奇性的人物。柏杨是个诗人，是个小说家，是个杂文家，是个历史学家。诸多领域中，仅凭他其中一个领域的成就，就可称为大家。他是诸多大家组合成的文化名人。然而描写和表现柏杨，仅仅客观地叙述他人生的曲折和苦难，仅仅描绘他成就的巨大和宽广，对柏杨来说，可能是一种真实人生历程和非凡成就的展示，作为人生的总结和概括，这是非常必要的。但是如果把它作为人物传记提供给广大读者，那还远远不够。还必须经过作者理性的思考和概括，从描写对象的曲折人生和非凡成就中总结和概括出对广大读者有用的人生经验。

柏杨是一个适合写传记的人物。他生长在中国历史的急风暴雨时期，在祖国命运的危机中载浮载沉；他出生在一个奇异的家庭，他的成长和血泪凝集在一起；他的人生一幕幕都是戏剧，处处都是爆炸性的矛盾冲突；他一生中充满生死离别，但悲剧的源头又和喜剧开锣连在一起。《柏杨传》的作者没有停留在这样令人眼花缭乱的戏剧场面的铺陈上，也没有津津乐道于柏杨非凡成就的叙述上，而是高屋建瓴，事中出理，从柏杨的具体人生事件中提炼出许许多多的宝贵的人生哲理。柏杨一生具有太多太多成功的经验，也具有更多更多失败的教训。成功的经验和失败的教训比起来，那些溢满血泪的失败教训，可能对读者更为有用。《柏杨传》的突出之点，是作者对柏杨人生经验的哲理性概括和提炼。

此外，作者在柏杨人生的每个节骨眼上和每一次转变关头，及许多具有哲理内涵的事件上，都进行了挖掘和概括，都指明了它的哲理内涵和普通意义，将许多生活素材浓缩为哲理性的语言。例如："勇敢与机智，不是一样的概念，但它们之间有一个交汇点，在交汇点上把它们结合起来，就会产生综合张力，成为致胜法宝。"例如："固执和执着，两者有皆然不同的内涵，但它们有一个交叉点，在交叉上进行交织转换，固执便向执着转化，从而变成事业的伟力。"例如："成规和反叛，是两个相反的概念。柏杨的一生中不断与这两个东西打交道。遵守成规在于立住脚跟，进行反叛在于打破成规获得前进，柏杨的杂文将反叛定为最高原则……"例如："仇官与护民，这是柏杨人生中一对极重要的矛盾。柏杨杂文的基本精神就是仇官和护民……"

柏杨丰富的人生经历中，蕴藏着丰富的辨证法。作者像一个采掘工，在写《柏杨传》的过程中，不断地开掘着大大小小，深深浅浅的哲理矿层。尽可能将一人之经验，变为众人的营养，将一人行走之小道，变为众人前进之坦途。因而《柏杨传》除了它的惊险、迭宕、诡异、传奇色彩之外，它还是一部具有深沉的思想力量和丰富哲理内涵，对人生具有巨大启示性的人生警示录。

原载《世界信息报》1999 年 7 月 22 日

后　　记

　　本书是为纪念我们夫妻五十年金婚而出版的。其中的作品多数是发表过，但没出过书。少数是从过去的书中选出来的。本书从文字和照片两个方面展示出我们走过的道路和结出的果实。看照片，由单人照，到双人照，再到一家十口，由武汉到北京，再到地球那边的多伦多。这是一个发展演变的路线图。成果虽不算辉煌，但也殷实而小康。人生至此足矣！

　　本书能够顺利出版，要特别感谢台湾的老朋友出版家正雄兄。从上世纪八十年代起。他的文史哲出版社就出版我的著作，在我的创作道路上给予了很大的支持，如今又慷慨相助。使我们的友谊锦上添花，与书共存。

　　仅以此书怀念台湾文坛的朋友们！

作者：2013 年 6 月 8 日